학생 주도 탐구 학습을 위한

토의·토론 퍼실리테이션 전략

2022 개정 교육과정을 반영한 토의·토론 교육의 실제

학생 주도 탐구 학습을 위한
토의·토론 퍼실리테이션 전략
2022 개정 교육과정을 반영한 토의·토론 교육의 실제

2025년 12월 9일 초판 1쇄 찍음
2025년 12월 26일 초판 1쇄 펴냄

지은이 박창균·김채은·김효석·류효준·손광수

책임편집 김찬호
편집 김천희·엄귀영·박훈·정지현
디자인 김진운
마케팅 유명원
본문조판 민들레

펴낸이 윤철호
펴낸곳 ㈜사회평론아카데미
등록번호 2013-000247(2013년 8월 23일)
전화 02-326-1545
팩스 02-326-1626
주소 03993 서울특별시 마포구 월드컵북로6길 56
이메일 academy@sapyoung.com
홈페이지 www.sapyoung.com

ISBN 979-11-6707-214-6 93370

학생 주도 탐구 학습을 위한

토의·토론 퍼실리테이션 전략

2022 개정 교육과정을 반영한 토의·토론 교육의 실제

박창균·김채은·김효석·류효준·손광수 지음

사회평론아카데미

머리말

학습자 중심 교육이 강조되면서 교육 현장에서 토의·토론의 필요성은 더욱 커지고 있으며, 이제는 새로운 방법론이 아니라 교실 수업의 실천적 기제로 자리 잡아 가고 있다. 교실 수업에서 때로는 협력학습이나 모둠학습이라 일컫지만, 그 과정을 들여다보면 학생들이 서로 머리를 맞대고 토의하고 토론하며 학습이 이루어진다. 학생들이 어떻게 토의하고 토론하느냐에 따라 수업의 질이 달라진다.

토의·토론 수업은 변혁적 역량 함양을 목표로 학습자 주도성을 강조하는 2022 개정 교육과정에서 더욱더 확대되고 있다. 2022 교육과정에서는 학생들이 수업에 능동적으로 참여하고 학습의 즐거움을 경험할 수 있는 교수·학습을 강조하며, 토의·토론 활동을 통해 자신의 생각을 표현하는 기회를 제공하도록 안내하고 있다. 이에 교육과정 실행의 주체인 초중고 학교의 현직교사는 물론 교육대학과 사범대학 등 교원양성기관의 예비교사들의 토의·토론 수업 역량을 키우기 위해 애쓰고 있다.

토의·토론 수업은 학생들이 주체적으로 수업에 참여하여 능동적이고 높은 수준의 사고 활동을 가능하게 한다는 점에서 유익함이 많은 교육 방법이다. 그런데 토의·토론 수업의 실행 과정에서는 다양한 문제와 어려움에 직면하게 된다. 최근 디지털 미디어를 활용한 온라인 교육 환경은 토의·토론 수업의 설계와 실행에서 고려해야 할 또 다른 변인으로 대두하고 있다. 이와 같은 현실을 고려하여, 이 책에서는 현장교사와 예비교사의 토의·토론에 관한 이해와 실행을 돕고 촉진할 수 있는 구체적인 방법과 실천 전략을 소개하고자 한다.

이 책의 내용은 크게 3부로 구성하였다. 1부 '토의·토론과 교육'에서는 2022 개정 교육과정에 근거하여 학습자 주도적 탐구학습에서 토의·토론의 교육적 의미를 살펴보고, 깊이 있는 학습을 위한 토의·토론 수업에서 퍼실리테이터로서 교사의 역할을 안내하였다. 2부 '토의·토론 퍼실리테이션 전략'에서는 교실 수업에서 폭넓게 활용할 수 있는 전이성 높은 토의·토론 기법과 학생들을 협력적 의사소통 과정에 적극 참여시킬 수 있는 토의·토론 방법을 소개하였다. 교사와 학생 입장에서 각각의 과정을 안내하고, 수업 장면에서 응용할 수 있는 아이디어를 소개하여 적용을 돕고자 하였다. 또한 수업 장면에서 참고하거나 활용할 수 있는 자료는 QR 코드로 제공받을 수 있도록 하였다. 3부 '토의·토론의 적용 및 실천'에서는 학교 현장에서 토의·토론을 적용할 수 있는 4가지 주제를 선별하여 교육과정 분석에서 교수·학습 설계에 이르는 실천 과정을 제시하였다. 토의·토론의 적용 주제는 주제 중심 국어과 토의·토론 수업, 프로젝트 학습에서 토의·토론 수업, 온라인 학습과 연계한 토의·토론 수업, 비교과 영역의 토의·토론이다.

이 책의 머리말을 쓰기까지 상당히 오랜 시간이 걸렸다. 집필진은 원고를 쓰고, 토의하고 토론하며, 수정하는 과정을 수차례 되풀이하였다. 특히 교실 수업에서 폭넓게 활용될 수 있는 토의·토론 기법과 토의·토론 방법을 선정하고 하나하나씩 검토하고 수정하는 데 많은 공을 들였다. 또 뜻하지 않은 외부의 악재까지 겹쳐서 정말 지난한 과정을 거쳐서 원고를 마무리하였다. 이 힘든 과정을 함께 해 준 네 분 선생님께 미안하고 또 고맙다. 그들의 토의·토론 수업에 관한 실천적 경험은 현실감 있고 실제성 있는 원고 집필에 큰 도움이 되었다.

이 책을 통해 여러 독자들을 만날 수 있게 된 것은 사회평론아카데미 윤철호 사장님 덕분이다. 어려운 사정에도 불구하고 출판 기회를 주셔서 진심으로 감사드린다. 또 좋은 책을 만들기 위해 애써 주신 김찬호 선생님께 감사드린다. 아울러 원고를 꼼꼼히 읽고 교정 작업을 도와준 어영준 선생에게도 고마운 마음을 전한다.

2025년 12월

저자를 대표하여 박창균 씀

차례

머리말 5

1부 토의·토론과 교육

1장 토의·토론의 개념과 교육적 의미 12
토의·토론을 통한 학습자 주도적 탐구 학습하기

토의, 토론 그리고 토의·토론 13
1 토의와 토론의 개념 13 | 2 통합적인 관점의 토의·토론 15
토의·토론의 특징 17
토의·토론의 교육과정론적 위상 20
1 교육과정 총론에서의 토의·토론 21 | 2 교과 교육과정에서의 토의·토론 23

2장 토의·토론 수업과 교사의 역할 28
깊이 있는 학습을 만드는 최고의 퍼실리테이터 되기

토의·토론 수업 과정과 평가 29
1 토의·토론 수업 과정 29 | 2 토의·토론 수업 평가 34
토의·토론 수업의 의의와 한계 39
1 토의·토론 수업의 의의 39 | 2 토의·토론 수업의 한계 41
토의·토론 수업에서 교사와 학생의 역할 43
1 토의·토론 수업에서 교사 역할 44 | 2 토의·토론 수업에서 학생 역할 45
토의·토론 효과를 극대화하는 퍼실리테이션 전략 47
1 토의·토론 퍼실리테이션의 의미 48 | 2 토의·토론 퍼실리테이션의 방법 50
3 토의·토론 퍼실리테이션의 적용 54

2부 토의·토론 퍼실리테이션 전략

3장 토의·토론 핵심 기법 60

전이성 높은 토의·토론 기법 이해하기

준비하기 61

1 진진가 61 | 2 밸런스 게임 64 | 3 최후의 인물 찾기 67
4 손님 모셔 오기 68 | 5 머리-몸통-다리 72 | 6 서바이벌 브레인스토밍 75

아이디어 생성 및 확산하기 78

1 브레인스토밍 78 | 2 브레인라이팅 81 | 3 명목집단법 84
4 마인드 맵 87 | 5 육색 사고 모자 91 | 6 스캠퍼 95 | 7 무작위 단어법 98
8 만다라트 100

아이디어 수렴 및 구조화하기 103

1 벤 다이어그램 104 | 2 T-차트 107 | 3 논리 나무 110 | 4 PREP 113
5 생선뼈 다이어그램 116 | 6 스토리보딩 120 | 7 멀티 플로 맵 123

의견 공유 및 합의 형성하기 126

1 의사 결정 그리드 126 | 2 의사 결정 매트릭스 130 | 3 의사 결정 나무 132
4 주먹에서 보까지 135 | 5 다중 투표 139 | 6 PMI 141 | 7 다수결 143
8 동의 척도자 145

4장 토의·토론 참여 방법 149

협력적 의사소통 과정에 적극적으로 참여시키기

토의 방법 150

1 원탁 토의 150 | 2 카드 토의 153 | 3 교차 토의 155 | 4 피라미드 토의 158
5 둘 가고 둘 남기 161 | 6 갤러리 워크 164 | 7 다르니모으니 토의 168
8 직소 토의 172 | 9 어항 토의 174 | 10 월드카페 토의 178

토론 방법 185

1 하브루타 토론 185 | 2 가치 수직선 토론 189 | 3 신호등 토론 193
4 협력적 찬반 토론 196 | 5 회전목마 토론 198 | 6 패널 토론 202
7 찬반 대립 토론 206 | 8 교사 조사 토론 212

3부 토의·토론의 적용 및 실천

5장 주제 중심 국어과 토의·토론 수업 218

국어과 영역 통합형 토의·토론 수업 실천하기

이야기 속 인물에 대한 토의·토론 수업 219

1 수업 주제 선정 219 | 2 교육과정 분석 220

3 토의·토론 기법 및 방법 선택 220 | 4 수업 설계 및 실행 방안 222

일상생활 속 문제 상황에 대한 토의·토론 수업 224

1 수업 주제 선정 225 | 2 교육과정 분석 225

3 토의·토론 기법 및 방법 선택 226 | 4 수업 설계 및 실행 방안 227

사회 문제에 대한 토의·토론 수업 230

1 수업 주제 선정 231 | 2 교육과정 분석 231

3 토의·토론 기법 및 방법 선택 232 | 4 수업 설계 및 실행 방안 233

6장 프로젝트 학습과 토의·토론 236

프로젝트 학습에서 토의·토론 실천하기

저학년 프로젝트 학습과 토의·토론 237

1 수업 주제 선정 237 | 2 교육과정 분석 238

3 토의·토론 기법 및 방법 선택 238 | 4 수업 설계 및 실행 방안 240

중학년 프로젝트 학습과 토의·토론 243

1 수업 주제 선정 243 | 2 교육과정 분석 244

3 토의·토론 기법 및 방법 선택 245 | 4 수업 설계 및 실행 방안 246

고학년 프로젝트 학습과 토의·토론 249

1 수업 주제 선정 249 | 2 교육과정 분석 250

3 토의·토론 기법 및 방법 선택 251 | 4 수업 설계 및 실행 방안 252

7장 온라인 학습과 연계한 토의·토론 수업 256

온라인 학습과 연계한 토의·토론 수업 실천하기

실시간 화상 토의·토론 수업 257

1 수업 주제 선정 257 | 2 교육과정 분석 257

3 활용 매체 및 협업 도구 선정 259 | 4 토의·토론 기법 및 방법 선택 260

5 수업 설계 및 실행 방안 262

비실시간 비대면 토의·토론 수업 264

1 수업 주제 선정 265 | 2 교육과정 분석 266

3 활용 매체 및 협업 도구 선정 267 | 4 토의·토론 기법 및 방법 선택 268

5 수업 설계 및 실행 방안 269

대면 기반 온라인 연계 토의·토론 수업 271

1 수업 주제 선정 272 | 2 교육과정 분석 272

3 활용매체 및 협업 도구 선정 273 | 4 토의·토론 기법 및 방법 선택 273

5 수업 설계 및 실행 방안 274

8장 비교과 영역의 토의·토론 278

비교과 영역에서 토의·토론 실천하기

학급 경영을 위한 토의·토론 279

1 주제 선정 279 | 2 교육과정 분석 279

3 토의·토론 기법 및 방법 선택 281 | 4 수업 설계 및 실행 방안 283

토의·토론 동아리 운영 287

1 운영 방향 288 | 2 운영 계획 288 | 3 토의·토론 기법 및 방법 선택 290

4 운영 계획 및 실행 방안 291 | 5 참고 자료 296

독서 토론 대회 운영 299

1 토론 대회 주제 선정 299 | 2 관련 도서 소개 299

3 토의·토론 기법 및 방법 선택 300 | 4 토론 대회 계획 및 실행 방안 302

참고문헌 306

찾아보기 309

저자소개 311

1부 토의·토론과 교육

1장

토의·토론의 개념과 교육적 의미

토의·토론을 통한 학습자 주도적 탐구 학습하기

OECD(2018)는 Education 2030 학습 역량 프레임워크를 통해 역량 기반의 교육 프레임을 제시하고 있다. 학습 역량 프레임워크는 학습 나침반이라는 비유를 통해 학생들이 미래사회에서 나아가야 할 방향을 제안하는데 그 바탕에는 '학생 주도성(agency)'이 있다. 또한 2022 개정 교육과정에서도 '주도성과 책임감'을 미래 인재가 갖추어야 할 주요한 자질 중 하나로 설정하였다.

학생 주도성이란 학생들이 스스로 성장하고 웰빙을 추구하기 위하여 자신이 처한 상황 속에서 목적을 설정하고, 이를 달성하기 위해 계획, 학습, 실행하며 그 행동에 대한 책임을 질 수 있는 능력이나 성향을 의미한다(김종윤 외, 2021). 주도성을 가진 학습자는 상황에 대한 비판적인 판단과 다른 사람과의 협력적 소통을 통해 더 나은 삶을 위한 방향을 설정하고 이를 달성하기 위해 노력한다.

토의·토론은 우리 삶과 밀접한 관련이 있는 여러 문제에 대해 상호교섭적인 소통의 과정을 통해 '주도적'이고, '깊이 있는 학습'을 가능케 한다는 점에서 교육적 의의가 있다. 이 장에서는 토의·토론의 개념과 특징을 살펴보고, 2022 교육과정에서 제시하고 있는 토의·토론의 교육적 의미를 확인하고자 한다.

토의, 토론 그리고 토의·토론

토의와 토론은 개념적으로 서로 차별화되는 독립적인 담화 유형으로 구분하기도 하고, 엄밀히 구분하기보다 통합적인 개념으로 다루기도 한다. 따라서 먼저 독립적인 담화 유형으로서 토의와 토론 개념에 대해 각각 알아보고, 다음으로 두 담화 유형의 관계적인 측면에 주목하여 통합적인 관점에서 그 개념을 살펴보도록 한다.

1 토의와 토론의 개념

국립국어원 표준국어대사전에 따르면 토의(討議)는 '어떤 문제에 대해 함께 검토하고 협의함'으로, 토론(討論)은 '어떤 문제에 대하여 여러 사람이 각각의 의견을 말하여 논의함'으로 정의된다. 이러한 정의는 두 담화의 의사소통 목적과 관련된다. 어떤 문제에 대해 의견을 주고받는 것이 토의이고, 의견을 말할 때 논리를 중요시하는 것이 토론이다. 따라서 토의는 의견을 교환하는 것 자체가 목적인 반면, 토론은 자신의 의견을 내세워 상대방을 설득하는 것이 목적이기 때문에 논리적으로 말하는 것이 중요하다.

토의와 토론에 해당하는 영어 단어는 'discussion'과 'debate'이다. 토의(discussion)는 '사람들이 무언가에 대해 이야기하고 서로의 생각이나 의견을 말하는 활동'으로 정의되는데 이는 표준국어대사전에서의 정의와 비슷하다. 토론(debate)은 ① '많은 사람들이 참여하는 주제에 대한 진지한 토의', ② '주제에 대해 가장 좋은 논의를 한 팀이나 학생이 이기는 경쟁'으로 정의된다. 첫 번째 정의의 '진지한 토의'는 표준국어대사전에서 '논리적으로 의견을 말한다(論議)'와 비슷한 의미라 할 수 있다. 두 번째 정의는 주제에 대해 최선의 논의(arguments)를 통해 이기는 경쟁으로 토론의 성격을 규정한다.

| 더 알아보기 |

어원으로 살펴보는 토의와 토론

토의를 뜻하는 영어 표현 'discuss'는 라틴어 'discussus'에서 유래하였다. 이는 '분리', '이탈'을 뜻하는 접두사 'dis'와 '후려치다', '흔들다' 등을 뜻하는 'quatio'의 합성어인 'dis-cutio'에 어원을 두고 있다. 이 말은 주로 '무엇을 분쇄하다', '(의학에서) 부어오른 염증이나 종기를 가라앉히다', '안개나 구름 따위를 거치게 하거나 쫓아 버리다' 등의 의미가 있는데, 진리를 둘러싼 의심을 떨치거나 무수한 논란을 가라앉히기 위한 말로 쓰였다. 한편, 토론을 뜻하는 영어 표현 'debate'는 중세 프랑스어 'debatre'에서 유래하였다. debatre는 '아래로'를 뜻하는 'de'와 '치다'를 의미하는 'batre'의 합성어로 상대방을 쳐서 아래로 고꾸라뜨리는 것을 의미한다. 이처럼 어원적으로 토의가 의심과 논란을 걷어내고 진리를 확인하고 입증한다는 의미가 강하다면, 토론은 말을 무기로 상대방과 싸워 이긴다는 의미가 강하다(유종열, 2021: 16, 18).

이와 같은 정의를 살펴보면 토의와 토론은 어떤 문제에 대해서 여러 사람이 의견을 주고받음을 의미하되, 서로 변별되는 자질을 갖고 있다. 표 1.1은 토의와 토론의 변별적 차이점을 정리한 것이다.

토의의 목적이 정보 및 의견 교환이라면, 토론의 목적은 주장과 설득이다. 토의는 문제 해결을 위한 다양한 의견이 제시될 수 있지만, 토론은 주로 찬반의 두 가지 대립적인 의견이 제시된다. 또한 토의는 모든 참여자가 보다 나은 해결책을 마련하기 위해 상호 협력적인 태도로 이야기를 나누며, 이 과정에서 문제 해결력과 협력적 사고력이 강조된다. 반면에 토론은 찬반 입장에 선 주장자들이 상대방을 설득하기 위해 상호 경쟁적으로 대화가

표 1.1 토의와 토론의 차이

기준	토의	토론
목적	정보 및 의견 교환	주장과 설득
의견	다양한 의견	대립적 의견
과정	유연함	엄격함
참여자	모든 참여자	양편의 주장자
태도	상호 협력적	상호 경쟁적
사고력	문제 해결력 및 협력적 사고력	논리적, 비판적 사고력

전개되며, 이 과정에서 논리적 사고력과 비판적 사고력이 강조된다.

이와 같이 토의와 토론의 개념을 상호 대립적인 관점에서 변별적인 차이에 주목하기도 하지만, 두 개념을 포함 관계에서 규정하기도 한다. 토론이 논쟁이라는 개념이나 찬반으로 나눠지는 경쟁적 의사소통에만 사용되지 않고 더 일반적으로 쓰인다는 점에서 토론을 토의의 상위 개념으로 정의하기도 한다. 토론은 주어진 문제에 대하여 참여자들이 다양한 생각이나 의견을 나누어 그것에 대한 어떤 합의점이나 해결 방법을 찾는 협동적 의사소통인 '토의'와 주어진 문제에 대하여 찬성과 반대의 의견을 가진 사람들이 각기 자신의 주장을 관철하거나 설득하기 위해 논리적인 근거를 제시하면서 상대방의 의견에 반박하는 경쟁적 의사소통인 '논쟁'으로 구분된다(구현정 외, 2005: 341-342). 토의는 참가자들이 의견을 모아 문제 해결책을 도출하는 것을 목표로 하지만, 토론은 반드시 해결책을 도출할 필요 없이 대립되는 주장을 펼치면서 새로운 해결 방안을 모색하는 데 중점을 둔다. 따라서 토론을 토의의 한 방식으로 보기도 한다.

2 통합적인 관점의 토의·토론

토의와 토론의 개념에 대한 사전적 정의나 특성을 살펴보면, 두 담화 유형 사이에는 분명한 차이가 존재한다. 그러나 토의와 토론의 개념적 차이에도 불구하고 실제 토의와 토론의 수행 과정은 분명하게 구분되지 않고 혼재되는 경우가 있다. 즉, 토의를 하면서 토론이 이루어지기도 하고, 반대로 토론을 하면서 토의가 이루어지기도 한다.

토의 중 의견 조정 과정에서 참여자 간의 대립이 발생하면, 상호 경쟁적인 요소가 나타나면서 토론의 성격을 띠게 된다. 반면에 찬반을 나누어 토론할 때 같은 주장을 펼치는 참여자 간의 대화는 협력을 중시하는 토의의 성격을 띤다. 예를 들어 가치 수직선 토론이나 신호등 토론 같은 비경쟁적 토론은 찬반의 입장을 정하지만, 전체적으로 의견을 주고받으며 관점의 변화에 초점을 두어 판정을 내리지 않는다는 점에서 토의의 성격을 보인다. 패널 토의(panel discussion)는 연구자에 따라 패널 토론(panel debate)과 명확하게 구분하기도 하고(노승욱, 2019), 토의의 한 종류로 소개하지만 그 방법은 토론의 과정을 거치기도 한다(장경원 외, 2018).[1] 이는 토의·토론 목적과 패널의 역할 규정에 따라 달라진다. 무엇보다도 실제 토의와 토론 형태의 집단 의사소통 과정에서는 두 담화 유형의 특성이 복합적으로 드러난다.

따라서 토의와 토론은 독립적인 담화 유형으로 구분하여 다룰 것이 아니라 각각의 개별적인 개념이나 특성을 인정하지만, 토의를 하다가 토론이 일어나거나 토론을 하다가 토의로 넘어가는 장면처럼 서로 관계적이며 통합적인 측면을 고려할 필요가 있다(노승욱, 2019; 정문성, 2021; 유종열, 2021). '토의·토론'이라는 용어를 쓰는 까닭도 이와 같은 이유에서다. 토의·토론은 다음 그림 1.1처럼 ① 전형적인 토의가 이루어지는 경우(A)와 ② 전형적인 토론이 이루어지는 경우(B), ③ 토의식 토론이나 토론식 토의처럼 토의와 토론이 혼재되거나 구분이 불필요한 경우(C) 모두를 아우르는 포괄적인 개념으로 설정할 수 있다. 이와 같은 개념역에 기반하여 토의·토론은 '어떤 주제에 대하여 참여자들이 서로의 의견을 협력적으로 교환하거나 자신의 입장을 내세워 논리적으로 상대방을 설득하는 집단 의사소통'이라고 정의할 수 있다.

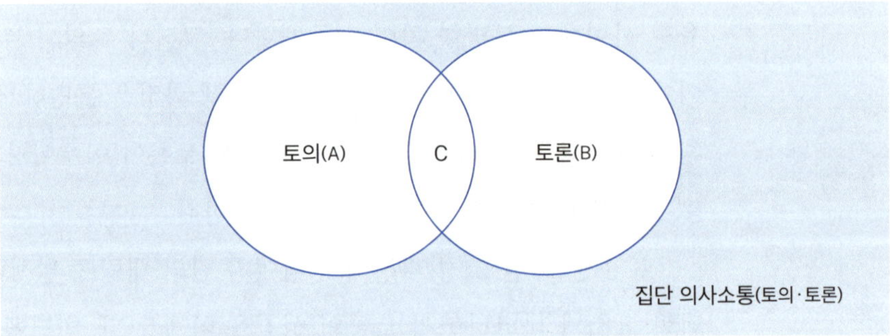

그림 1.1 토의·토론의 개념역

1 장경원 외(2018: 87-88)에서는 패널 토의를 같은 관점을 가진 학습자 집단과 다른 관점을 가진 학습자 집단이 대표 토의자(패널)을 2~5명 정하여 토의하는 방법이라고 정의한다. 그런데 실제 패널 토의 과정은 찬성 측과 반대 측이 정해진 시간에 입론과 반박을 번갈아 가면서 발언하는 의회식 토론 과정을 제시한다.

이와 같이 통합적인 관점에서 토의·토론을 바라보면 논의나 적용 맥락에 따라 토의와 토론 각각의 개념이나 특성을 독립적인 관점에서 다룰 수 있고, 토의와 토론에 대한 개념적 구분과 같은 불필요한 논쟁을 없애고 토의와 토론을 보다 실용적으로 다룰 수 있다는 이점이 있다. 토의와 토론은 서로 상반된 의미를 갖고 있는 듯 보이지만, '생산적인 소통을 이루기 위해 필요한 두 날개'라 할 수 있다(노승욱, 2012: 3). 즉, 토의·토론에 관한 통합적 관점의 개념 규정은 토의와 토론의 경계를 융통성 있게 인식하고 운영할 수 있도록 한다.

토의·토론의 특징

앞서 토의와 토론을 상호 관계적이고 통합적인 측면을 고려하여 개념화하였다. 이를 토대로 토의·토론의 특징을 정리하면 다음과 같다.

첫째, 토의·토론은 집단 의사소통이다. 집단 의사소통은 독백(獨白)이나 대화(對話)와 달리 여러 사람이 함께 이야기를 주고받는 것이다. 집단은 대개 3~8명으로 구성된 소집단을 가리키지만 적게는 3명, 많게는 100명, 심지어는 1,000명 이상의 대규모로 구성되기도 한다. 따라서 토의·토론은 참여하는 인원에 따라 다양한 형태와 방식으로 이루어지며, 집단과 조직, 나아가 사회나 국가의 발전을 위한 필수적인 의사소통 방식이다.

| 더 알아보기 |

문제 해결을 위한 집단 의사소통

후지신(Fujishin, 2013)은 문제 해결 집단을 3명의 사람이 공동의 과제를 공유하고 대면으로 상호 작용하며 서로 영향을 주고받는 공동체라고 정의한다. 이때 3명 이상의 참여자를 문제 해결 집단의 첫 번째 구성 요소로 꼽는다. 2명이 대화할 때 대화 상황을 지켜보거나 대화를 방해하는 사람은 없다. 2명의 대화에서는 제3자가 없으므로 자기 노출을 더 많이 하는 경향이 있다. 바꿔 말하면 3명 이상의 집단 의사소통에서는 의사소통을 지켜보는 사람과 또 방해하는 사람이 존재하기 때문에 자기 노출을 꺼리는 경향이 있다.

둘째, 토의·토론은 고등 사고 과정이다. 토의·토론에 참여한 사람들은 서로 말을 주고받는데, 이때 말은 곧 생각이고 사고다. 토의·토론에서 듣기와 말하기는 의사소통의 과정이자 사고 과정이다. 토의·토론의 사고 과정은 단순히 안부를 묻고 이야기를 나누는 것과 달리 높은 수준의 인지적 과정이 수반되는 이해와 표현의 과정이다. 또 개인적 차원에서는 암묵적 지식이 명시적 지식으로 변환되는 탐구 과정이다. 이는 개인적인 사고에 그치는 것이 아니라 다수의 참여자들이 협력하고 경쟁하는 과정에서 새로운 의미를 생성하는 집단지성의 과정이자 결과로, 개별 참여자들의 인식이나 지적인 한계를 뛰어넘을 수 있다. 학교이든 직장이든 어디에서나 토의·토론이 강조되는 것은 이와 같은 효용성에 기인한 것이다.

셋째, 토의·토론은 공동의 주제가 있다. 토의·토론이 일상 대화와 다른 점은 참여자들이 특정한 주제에 대해 함께 이야기를 나눈다는 것이다. 주제는 토의·토론 담화의 응집성을 높여 주는데, 이는 참여자들 모두가 주제를 인식하고 이해할 때 그러하다. 따라서 보다 효과적인 토의·토론을 위해 사전에 주제에 관한 자료를 검토하고 준비하는 과정을 거쳐 이해도를 높이기도 한다. 그리고 참여자의 삶과 직접 관련되는 실제적인 토의·토론 과제를 다루어 더욱 적극적인 참여를 이끌기도 한다.

넷째, 토의·토론은 목적 지향적인 의사소통 행위이다. 자연발생적이고 즉흥적인 대화와 달리, 토의·토론은 진행하는 동안 정해진 주제에 대해서 이야기를 나누기 때문에 목적의식이 분명하다. 따라서 문제를 이해하기 위해 의견을 주고받는 것에서부터 문제 해결, 의사 결정, 설득 그리고 인식이나 지식의 확장에 이르기까지 다양한 목적을 달성하기 위한 의사소통 행위라고 할 수 있다.

다섯째, 토의·토론은 듣기와 말하기를 통해 이루어진다. 참여자들이 토의·토론 목적을 달성하기 위해서 듣기와 말하기를 통해 의사소통한다. 이때 주제에 대해 자신의 생각을 분명하게 표현할 수 있어야 하며, 다른 사람의 생각도 잘 이해할 수 있어야 한다. 토의·토론은 일방적으로 말하고 듣는 것이 아니라 듣기와 말하기를 동시에 수행하므로 잘 듣고 말하는 것이 무엇보다 중요하다. 흔히 토의·토론에서 다른 사람의 의견을 제대로 듣지 않은 채 자신의 의견을 소리 높여 말하는 경우가 있다. 그러나 상대방의 말을 경청하지 않은 참여자의 발언은 정상적인 의사소통이라 하기 어려우므로, 토의·토론이 제대로 이루어질 수 없다.

여섯째, 토의·토론에는 다양한 기법과 방법이 존재한다.[2] 토의·토론을 수행하는 데는 여러 가지 기법과 방법이 있으며, 나름의 형식과 절차를 갖추고 있다. 자유 토의처럼 특별한 형식과 절차가 없는 경우도 있지만, 경쟁식 토론처럼 발언 순서와 시간제한 등 엄격한 규칙과 진행 방식이 존재하기도 한다. 때로는 이러한 형식과 절차가 토의와 토론을 어렵게 하는 제약요인이 되는가 하면, 참여 방법이나 사고 활동과 관련하여 참여자들의 효과적인 토의·토론을 촉진한다. 따라서 어떤 방법은 참여자들에게 일정한 역할을 부여하여 특정 활동을 안내하고, 또 어떤 기법은 무엇을 어떻게 생각하고 정리해야 하는지를 알려 준다.

일곱째, 토의·토론은 참여자 간의 관계에 영향을 받는다. 토의·토론에 참여하는 구성원들 간의 관계는 매우 중요하다. 아무리 토의·토론의 효용성이 크다고 할지라도 참여자 간의 협력, 규칙 및 예절 준수 등이 이루어지지 않으면 무용지물이다. 따라서 토의·토론에서 참여자들은 서로에 대한 호의와 믿음을 전제로 한 상호 우호적인 관계를 형성하고, 개별 참여자가 아닌 한 팀의 일원으로서 문제 해결에 참여해야 한다. 만약 팀 구성원 간에 갈등이 발생하면 극단적으로는 토의·토론 자체가 불가능한 상황이 발생하여 성공적인 과제 해결을 기대하기 어려울 뿐만 아니라, 설령 토의·토론을 통해 문제를 해결한다고 하더라도 결과의 질적 우수성을 담보할 수 없다.

여덟째, 토의·토론은 퍼실리테이터(facilitator)의 역할에 따라 질이 달라진다. 퍼실리테이터는 말 그대로 토의·토론을 도와주고 촉진시키는 사람이다. 토의·토론을 진행하는 사회자나 토의·토론 수업에서 교사가 퍼실리테이터의 역할을 한다. 조직이나 기업체에서는 성공적인 토의·토론 위해 전문적인 퍼실리테이터의 도움을 받기도 한다. 토의·토론은 특별한 사회자나 조력자 없이도 가능하지만, 퍼실리테이터가 진행하거나 도와줄 경

2 이 책에서는 '기법'을 토의·토론의 각 과정이나 단계에서 활용할 수 있는 구체적인 활동으로, '방법'을 토의·토론의 전반적인 절차를 포괄하는 활동으로 구분한다.

우 더욱 활성화될 수 있다. 특히 토의·토론 담화에 익숙하지 않은 학생들에게 퍼실리테이터가 방향을 제시하거나 피드백을 제공할 경우 토의·토론의 질은 달라진다. 퍼실리테이터의 역할은 교사에게 국한되는 것이 아니며, 학생들이 토의·토론에 주도적으로 참여할 수 있도록 시범이나 연습을 통해 책임을 이양해 줄 수 있다.

아홉째, 토의·토론은 우리 삶과 밀접한 관련을 맺는다. 토의·토론은 우리 인간이 사회적 관계 속에서 살아가는 한 언제, 어디에서나 필요하다. 가정이든 직장이든 삶의 장면 장면마다 토의·토론은 끊임없이 이루어진다. 토의와 토론 참여자들은 다른 사람들 앞에서 자신의 생각을 말하게 되는데, 이때 자신이 한 말이 일종의 약속처럼 작용하면서 말과 행동이 일치된 삶을 살아갈 수 있도록 견인해 주는 효과를 나타내게 된다(노승욱, 2019: 14). 또한 토의·토론의 결과는 참여자들 간의 공동의 의견이자 약속이므로, 토의·토론에 따라 생각이나 행동 방식이 달라지고, 우리의 삶 또한 변화할 수 있다.

열째, 토의·토론은 체계적으로 가르치고 배워야 하는 활동이다. 이는 생득적인 것도 아니고 자라면서 자연적으로 습득되는 것 또한 아니며, 교육을 통해서 그 능력을 신장해야 하는 것이다. 다만 다른 의사소통 능력과 달리 혼자만의 노력이 아닌 다른 참여자들과 함께 상호 작용하며 배우고 익혀야 한다는 점에서 교육의 어려움이 더 크다.

토의·토론의 교육과정론적 위상

토의·토론은 일상생활에서는 의사소통의 한 유형인 집단 의사소통 방식으로, 교육 영역에서는 일종의 학습 양식이자 목표 달성을 위한 교수·학습 방법으로 인식되어 왔다. 특히 학교 교육에서 토의·토론은 전통적인 교사 중심의 교육 방법에 따른 대안으로서 자주 언급되었으며, 최근에는 협력 학습, 탐구학습, 자기주도적 학습 등 새로운 학습 패러다임에서 더욱 강조되는 추세이다. 새로이 고시된 2022 개정 교육과정에서도 토의·토론에 관한 내용을 찾아볼 수 있다. 교육과정 총론은 물론 각 교과 교육과정에서 토의·토론을 교수·학습 방법이나 평가 방법으로 적용하도록 안내하고 있다.

1 교육과정 총론에서의 토의·토론

2022 개정 초·중등학교 교육과정 총론에서 학교 교육과정 설계와 운영 중 '교수·학습'에 관한 부분을 살펴보면 다음과 같은 방향을 제시하고 있다.

가. 학교는 학생들이 깊이 있는 학습을 통해 핵심 역량을 함양할 수 있도록 교수·학습을 설계하여 운영한다.
나. 학교는 학생들이 수업에 능동적으로 참여하고 학습의 즐거움을 경험할 수 있도록 교수·학습을 설계하여 운영한다.
다. 교과의 특성과 학생의 능력, 적성, 진로를 고려하여 학습 활동과 방법을 다양화하고, 학교의 여건과 학생의 특성에 따라 다양한 학습 집단을 구성하여 학생 맞춤형 수업을 활성화한다.
라. 교사와 학생 간, 학생과 학생 간 상호 신뢰와 협력이 가능한 유연하고 안전한 교수·학습 환경을 지원하고, 디지털 기반 학습이 가능하도록 교육 공간과 환경을 조성한다(교육부, 2022: 10-11).

위와 같은 교수·학습 운영 방향 중에서 토의·토론을 직접 언급한 것은 두 번째 '학생들이 수업에 능동적으로 참여할 수 있는 교수·학습' 관련 항목이다. 수업에 능동적으로 참여하여 토의·토론을 통해 자신의 생각을 표현하는 기회를 제공하도록 안내하고 있다.

1) 학습 주제에서 다루는 탐구 질문에 관심과 호기심을 가지고 스스로 문제를 해결하는 학생 참여형 수업을 활성화하며, 토의·토론 학습을 통해 자신의 생각을 표현하는 기회를 가질 수 있도록 한다(교육부, 2022: 10).

교육과정 문서상에서 직접적인 언급은 없지만, 총론에서 지향하는 '깊이 있는 학습', '다양한 학습 집단 구성', '상호 신뢰와 협력이 가능한 유연하고 안전한 교수·학습 환경', '디지털 기반 학습'은 모두 토의·토론과 관련되는 교수·학습의 지향점이다. 이처럼 토의·토론은 총론에서 지향하는 교수·학습의 방향과 밀접하게 관련이 된다. 이 중에서 특히 주목할 부분은 '깊이 있는 학습'과 '토의·토론'의 관련성이다.

1) 단편적 지식의 암기를 지양하고 각 교과목의 핵심 아이디어를 중심으로 지식·이해, 과정·기능, 가치·태도의 내용 요소를 유기적으로 연계하며 학생의 발달 단계에 따라 학습 경험의 폭과 깊이를 확장할 수 있도록 수업을 설계한다.
2) 교과 내 영역 간, 교과 간 내용 연계성을 고려하여 수업을 설계하고 지도함으로써 학생들이 융합적으로 사고하고 창의적으로 문제를 해결하는 능력을 함양할 수 있도록 한다.
3) 학습 내용을 실생활 맥락 속에서 이해하고 적용하는 기회를 제공함으로써 학교에서의 학습이 학생의 삶에 의미 있는 학습 경험이 되도록 한다(교육부, 2022: 10).
4) 학생이 여러 교과의 고유한 탐구 방법을 익히고 자신의 학습 과정과 학습 전략을 점검하며 개선하는 기회를 제공하여 스스로 탐구하고 학습할 수 있는 자기주도 학습 능력을 함양할 수 있도록 한다(교육부, 2022: 10).

깊이 있는 학습의 방향 중 토의·토론 관련 내용을 살펴보면, 토의·토론을 통한 깊이 있는 학습은 학습 경험의 폭과 깊이를 확장, 융합적인 사고와 창의적인 문제 해결 능력 함양, 학생의 삶에 의미 있는 학습 경험을 제공, 스스로 탐구하고 학습할 수 있는 자기주도 학습 능력을 함양할 수 있다는 점에서 의의를 찾을 수 있다. 이를 위해서는 핵심 아이디어를 중심의 지식·이해, 과정·기능, 가치·태도를 유기적으로 연계, 교과 내 영역 간, 교과 간 내용 연계성 고려, 실생활 맥락 속에서 이해하고 적용할 수 있는 기회 제공,

학습 과정에 대한 성찰 등과 같은 토의·토론 수업 설계의 방향성도 확인할 수 있다.

2 교과 교육과정에서의 토의·토론

2022 개정 교육과정의 토의·토론에 관한 구체적인 내용은 각 교과 교육과정의 '교수·학습 및 평가' 부분에 주로 안내되어 있다. 각 교과의 특성에 따라 교수·학습이나 평가 방법으로 토의·토론 활동을 제시하고 있다. 각 교과 교육과정의 토의·토론 관련 내용을 정리하면 다음 표 1.2와 같다.

표 1.2 2022 개정 초등학교 교과 교육과정의 토의·토론 관련 내용

교과	토의·토론 관련 내용	특징
국어	**[교수·학습 방법]** - '국어'를 통해 다양한 정보를 분석·평가·종합하여 대안을 제시하는 문제 해결 능력을 신장하고 학습자의 적극적인 참여와 상호 작용을 독려하기 위해서는 **토의·토론** 및 협동 수업을 활용할 수 있다. • **토의·토론** 및 협동 수업을 활용할 때는 학습자가 개인별 언어 활동 외에도 **토의·토론**과 같은 협력적 활동을 통해 보다 효과적으로 문제를 해결할 수 있음을 인식하게 하고, 학습자 간의 적극적인 상호 작용을 지원하는 것에 초점을 둔다. • **토의·토론** 및 협동 수업의 주제로는 안전·건강 교육, 인성 교육, 진로 교육, 민주시민 교육, 인권 교육, 다문화 교육, 통일 교육, 독도 교육, 경제·금융 교육, 환경·지속 가능발전 교육 등의 범교과 학습 주제를 고려하여 '국어'와 타 과목 간의 주제 통합적인 수업을 구성할 수 있다. • **토의·토론** 및 협동 수업 과정에서 개개인의 학습자가 책임감을 가지고 적극적으로 참여할 수 있도록 학습자 간의 협의를 통해서 적절한 역할을 부여하고, 이러한 역할 수행 과정을 교사가 주의 깊게 관찰하고 피드백함으로써 학습자 간의 협력적 수행을 독려한다. - '국어' 학습 과정에서 학습자의 깊이 있는 학습이 이루어질 수 있도록 영역별 성취기준의 특성을 고려하여 효과적인 교수·학습 방법을 적용한다. • 듣기·말하기 영역에서는 듣기와 말하기를 유기적으로 통합하여 구어 의사소통에 적극적이고 협력적으로 참여하는 데 필요한 능력과 상대를 배려하고 공감하는 소통 태도를 중점적으로 평가한다. 대화, 면담, 발표, 연설, **토의, 토론** 등 담화 유형별 수행 능력을 평가할 때는, 각각의 담화를 수행하는 데 필요한 지식·기능·태도를 모두 평가하기보다 학년군별 내용 요소를 고려하여 해당 학년군의 성취기준에 부합하는 평가 기준을 설정한다. 구어 의사소통 활동을 직접 수행하는 과정을 평가하는 것이 중요하므로, 구체적이고 실제적인 담화 맥락을 조성하여 평가의 실제성을 확보하고, 직접 평가를 실시하도록 한다. 학습자 특성이나 학급 상황을 고려하여 녹화 기록법, 관찰 평가 등 다양한 방법을 활용할 수 있다. 태도를 평가할 때는 일상의 구어 의사소통을 개선하고 성찰적 태도를 형성하는 데 도움이 되도록 자기 점검표나 성찰 일지를 활용하여 태도 변화를 지속적으로 점검하고 그 결과를 누적하여 평가한다.	• 교수·학습 방법으로 토의·토론 수업 (토의·토론 방향, 주제, 교사 역할) • 듣기·말하기 영역에서 토의와 토론 평가(성취기준 부합, 실제성을 확보한 직접 평가, 다양한 방법 활용, 태도 변화 지속적 평가)

교과	토의·토론 관련 내용	특징
사회	**[교수·학습 방법]** - 학습 내용에 따라 질문, 조사, **토의·토론**, 논술, 관찰 및 면담, 현장 견학과 체험, 초청 강연, 실험, 역할 놀이와 시뮬레이션 게임, 모의재판과 모의국회, 사회 참여 활동, 사료 학습, 제작 학습, 추체험 학습, 야외답사 등의 다양한 학습 방법을 적절하게 활용한다. - 지필평가 외에 구술, 면접, **토론**, 논술, 관찰, 활동 보고서, 포트폴리오 등을 통한 다양한 수행평가를 실시한다. **[평가 방법]** - 발표, **토론**, 역할 놀이, 시뮬레이션 등 개인 및 집단 활동에 대한 관찰이나 면접과 같은 평가 방법을 활용하여 문제 및 갈등 해결 능력, 공감 능력, 친사회적 행동 실천 능력 등을 평가한다.	• 교수·학습 방법으로 토의·토론 • 평가 방법으로 토론
도덕	**[교수·학습 방법]** - 학습 내용, 학생의 발달 수준, 삶의 맥락 등을 종합적으로 고려하여 개념학습, 주제학습, 탐구학습, **토의·토론**학습, 논술학습, 협동학습, 역할놀이학습, 프로젝트학습, 봉사학습, 사회정서학습, 내러티브학습 등 다양한 교수·학습 모형 및 방법을 활용할 수 있다. **[평가 방법]** - 도덕적 딜레마와 윤리적 쟁점에 대한 **토론**과정의 관찰을 통해 자신의 도덕적 주장을 합리적으로 정당화하고 상대방의 도덕적 주장에 대해 반론을 제기하며 소통할 수 있는 도덕적 의사소통 능력과 **토론**을 준비하는 자세, 상대방에 대한 존중, **토론** 규칙 준수, **토론**에 대한 반성 등의 도덕적 태도를 종합하여 평가한다.	• 교수·학습 방법으로 토의·토론 학습 • 평가 방법으로 토론과정 관찰평가 (준비, 규칙, 반성)
수학	**[교수·학습 방법]** - 수학과의 수업은 학습 내용, 학생의 학습 능력과 수준 등을 고려하여 다음의 교수·학습 방안을 적절히 선택하여 적용한다. • **토의·토론** 학습은 특정 주제에 대해 협의하거나 논의하는 교수·학습 방안으로, 학생들이 수학 내용을 폭넓게 이해하고 자신의 주장을 효과적으로 표현하고 다른 사람의 의견을 비판적 사고를 통해 수용하여 합리적으로 의사 결정하는 태도를 기를 수 있게 한다. - 범교과 학습 또는 타 교과와의 연계를 고려하여 수학 교수·학습 과정을 설계할 수 있다. • 범교과 학습 주제에 관심을 갖고 각종 자료와 정보를 수집하여 수학적으로 분석 및 해석하게 하고, 수학적 분석 결과에 근거하여 **토의와 토론**에 참여하게 한다.	• 교수·학습 방법으로 토의·토론 학습
과학	**[교수·학습 방법]** - 강의, 실험, **토의·토론**, 발표, 조사, 역할 놀이, 프로젝트, 과제 연구, 과학관 견학과 같은 학교 밖 과학 활동 등 다양한 교수·학습 방법을 적절히 활용하고, 학생이 능동적으로 수업에 참여할 수 있도록 한다. • 과학 및 과학과 관련된 사회적 쟁점을 주제로 과학 글쓰기와 **토론**을 실시하여 과학적 사고력, 과학적 의사소통 능력 등을 함양할 수 있도록 지도한다.	• 교수·학습 방법으로 토의·토론 (과학 토론)

이밖에 실과, 음악, 미술 등을 비롯하여 대부분 교과 교육과정에서 토의·토론을 교수·학습 방법으로 수업에서 적절하게 활용할 수 있도록 안내하고 있다. 그리고 특정 교과는 토의·토론을 교수·학습 방법에 그치는 것이 아니라 평가 방법으로 활용하도록 권장하고 있다.

| 더 알아보기 |

역량 함양을 위한 교과 교육의 강조점

2022 개정 교육과정에서는 '교육과정 구성의 중점' 중에서 "마. 교과 교육과정에서 깊이 있는 학습을 통해 역량을 함양할 수 있도록 교과 간 연계와 통합, 학생의 삶과 연계된 학습, 학습에 대한 성찰 등을 강화한다."라고 제시하고 있다.

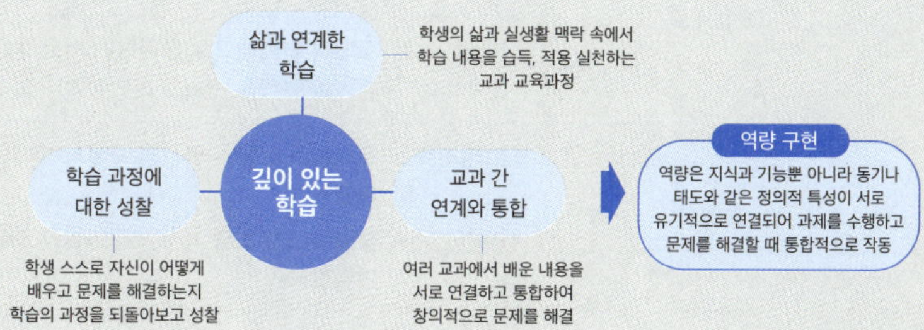

교과 교육과정 중 토의·토론을 가장 비중 있게 다루고 있는 교과는 국어과이다. 국어과에서는 문제 해결 능력을 신장하고 학습자의 적극적인 참여와 상호 작용을 독려하는 방법으로 토의·토론 수업을 권장하며, 토의·토론 수업의 방향, 주제, 교사의 역할 등을 구체적으로 안내한다. 특히 안전·건강 교육, 인성 교육, 진로 교육 등과 같은 범교과 학습 주제를 고려하여 타 과목과의 주제 통합적인 수업을 안내하고 있다. 특히 듣기·말하기 영역에서는 평가 방법이 아닌 평가 대상으로 토의와 토론을 다루고 있으며, 성취기준에 부합하는 평가 기준 설정, 평가의 실제성을 확보한 직접 평가, 다양한 평가 방법 활용, 태도 변화를 지속적으로 점검하고 누적하는 평가와 같이 구체적인 평가 방법을 안내하고 있다는 점이 특징이다. 이처럼 토의·토론을 평가 대상으로 다룬다는 것은 토의·토론이 국어과 교육과정에서 가르치고 배워야 할 고유의 교육 내용이기 때문이다.

국어과에서는 교육 내용으로서 토의와 토론은 독립적인 담화 유형으로 다루는데 본격적인 토의 교육은 3~4학년군에서, 토론 교육은 5~6학년군에서 이루어진다. 토의 교육은 의견 교환, 의견 조정, 문제 해결, 토론 교육은 이유와 근거 제시, 논증 구성과 반박으로 학생들의 발달 단계에 따라 학습 내용을 계열화하여 지도하도록 성취기준을 설정하였다. 이에 관한 내용은 다음 표 1.3을 통해 살펴볼 수 있다.

표 1.3 2022 국어과 교육과정의 토의·토론 관련 성취기준

구분		성취기준
초등학교	3~4학년	[4국01-06] 주제에 적절한 의견과 이유를 제시하고 서로의 생각을 교환하며 토의한다.
	5~6학년	[6국01-06] 토의에 협력적으로 참여하며 서로의 의견을 비교하고 조정한다. [6국01-07] 절차와 규칙을 지키고 타당한 이유와 근거를 제시하며 토론한다.
중학교	1~3학년	[9국01-07] 토의에서 다양한 의견을 교환하여 대안을 마련하고 문제를 해결한다. [9국01-08] 토론에서 반론을 고려하여 타당한 논증을 구성하고 논리적으로 반박한다.

한편 다른 교과 교육과정을 살펴보면, 사회과는 학습 내용에 따라 다양한 학습 방법을 활용하도록 안내하며 그중에 토의·토론을 포함하고 있다. 특히 토론을 다양한 평가 방법 중 하나로 제시한다는 점이 특징이다. 도덕과는 학습 내용, 학생의 발달 수준, 삶의 맥락 등을 종합적으로 고려하여 활용할 수 있는 다양한 교수·학습 모형 및 방법 중 하나로 토의·토론 학습을 안내하고 있다. 도덕과 또한 사회과와 같이 평가 방법 중 하나로 토론을 소개하고 있다. 도덕적 딜레마와 윤리적 쟁점에 대해 토론 과정을 관찰하며 도덕적 의사소통 능력과 토론을 준비하는 자세, 상대방에 대한 존중, 토론 규칙 준수, 토론에 대한 반성 등의 도덕적 태도를 종합적으로 평가하도록 평가 방법을 제시한다. 수학과는 토의·토론 학습을 특정 주제에 대해 협의하거나 논의하는 교수·학습 방안으로 성격을 규정한다. 토의·토론 학습을 통해 수학 내용을 폭넓게 이해하고 자신의 주장을 효과적으로 표현하고 다른 사람의 의견을 비판적으로 수용하여 합리적으로 의사 결정하는 태도를 기를 수 있음을 명시하고 있다. 과학과도 다른 교과와 마찬가지로 다양한 교수·학습 방법 중 하나로 토의·토론을 제시하고, 이를 통해 학생이 능동적으로 수업에 참여할 수 있도록 안내하고 있다. 특히 과학과 관련된 사회적 쟁점을 주제로 하는 과학 토론을 구체적인 방법으로 제시하고 있다.

위에서 살펴본 바와 같이 학교 교육과정의 토의·토론 교육 내용은 토의·토론에 관한 교육과 토의·토론을 통한 교육으로 대별할 수 있다(박창균 외, 2022). 전자는 주로 국어과에서 토의·토론의 절차와 방법을 익혀 토의·토론 능력을 신장하는 데 초점을 둔다. 반면에 후자는 여타의 교과 학습 과정에서 토의·토론이 교수·학습이나 평가 방법으로 활용되는 경우에 해당한다.

2장

토의·토론 수업과 교사의 역할

깊이 있는 학습을 만드는 최고의 퍼실리테이터 되기

깊이 있는 학습이란 단순히 정보를 암기하거나 표면적으로 이해하는 수준을 넘어서, 지식의 본질을 탐구하고, 이를 실제 삶이나 다양한 맥락에 연결하며, 학습자가 스스로 의미를 구성해 나가는 과정을 말한다. 깊이 있는 학습이 일어나기 위해서는 안전하고 신뢰할 수 있는 학습 환경, 활발한 상호작용, 도전적인 질문, 그리고 학습자 중심의 설계가 필수적이다. 퍼실리테이터는 이러한 학습 환경을 조성하고, 학습자의 내적 동기를 자극하며, 단순 지식이 아닌 '지혜'를 나눌 수 있는 장을 만들가는 역할을 한다.

퍼실리테이터는 단순히 지식만을 가르치는 사람이 아닌, 학습자 스스로 사고하고, 탐구하며, 성장할 수 있도록 돕는 조력자다. 다시 말해, 질문을 던지고, 토의·토론 등의 대화를 촉진하며, 배움의 과정 전체를 설계하고 운영하는 능력을 갖춘 전문가라 할 수 있다.

2장에서는 깊이 있는 학습을 실현하기 위해 실질적인 토의·토론 수업 과정과 평가, 토의·토론 수업의 의의와 한계, 토의·토론 수업에서 교사와 학생의 역할, 토의·토론 효과를 극대화하는 퍼실리테이션 전략 등을 살펴본다. 이를 통해 학습자의 변화와 성장을 이끄는 진정한 퍼실리테이터로 거듭나기 위한 교사의 길을 함께 모색해 보고자 한다.

토의·토론 수업 과정과 평가

토의·토론 수업은 토의·토론 과정에 따라 전, 중, 후로 구분할 수 있다. 그리고 토의·토론 수업 평가는 평가 목적, 대상, 상황에 따라 다양한 방식으로 이루어질 수 있다.

1 토의·토론 수업 과정

토의·토론 수업은 다양한 형태를 설계하고 실행할 수 있다. 특정 기법이나 방법을 강조하여 적용할 경우 토의 중심 수업과 토론 중심 수업으로 초점화할 수 있으며, 굳이 개념 구분이 필요하지 않는 경우에는 일반적인 토의·토론 수업으로 전개할 수도 있다.

토의 수업 과정

토의 수업은 일반적으로 토의 주제를 제시하고 모둠별로 토의를 실시한 후에 전체적으로 토의 내용을 정리하는 과정을 거친다. 이와 같이 토의 전, 중, 후 과정에 따른 토의 수업의 절차를 정리하면 다음 그림 2.1과 같다.

토의 전
- 모둠 편성
- 주제 제시
- 자료 및 준비물 제시
- 토의 방법 안내 및 연습

▶

토의 중
- 주제 확인
- 역할 분담
- 토의 실시
- 결과 정리

▶

토의 후
- 토의 결과 발표
- 전체 토의(질의/응답)
- 종합 정리

그림 2.1 토의 수업 과정

위의 토의 수업 과정은 토의의 절차적 과정에 따라 주요한 교수·학습 활동을 제시한 것이다. 교수자와 학습자의 역할을 중심으로 토의 수업 과정을 살펴보면 다음과 같다.

첫째, 토의 전 단계는 토의 수업을 준비하는 과정으로, 이 단계에서는 토의가 이루어지기 위한 환경을 조성한다. 먼저 토의를 위해 모둠을 편성하고 주제를 제시한다. 필요한 경우에는 자료를 제시하고 준비물을 나누어 준다. 학습자에게 토의 과정, 지켜야 할 예절, 시간 등 토의 방법을 구체적으로 안내한다. 특히 특정 방법론을 적용할 경우 학생들이 그 방법을 충분히 이해하고 토의에 참여할 수 있도록 자세하게 설명하고, 필요에 따라 사전 연습을 진행할 수도 있다. 토의 수업 준비 과정에서 무엇보다 모둠 편성이 중요하다. 특별한 기획과 의도로 다양한 모둠 편성이 가능하지만, 모둠이 하나의 팀을 이뤄 우호적이며 협력적으로 토의에 참여할 수 있도록 주의를 기울여야 한다. 아이스브레이킹 활동은 토의에서 모둠이 팀으로 기능할 수 있도록 도와주는데, 토의 주제나 내용과 관련하여 진행하면 더욱 좋다. 전반적으로 토의 전 단계는 교수자의 역할이 중심이 되며 그 역할에 따라 토의 수업의 전반적인 질이 결정된다고 할 수 있다.

둘째, 토의 중 단계는 모둠별로 토의를 실시하는 과정으로, 이 단계에서 교수자는 학습자들의 토의 과정을 점검하고 토의가 제대로 이루어질 수 있도록 도와주어야 한다. 학습자들은 토의 주제를 확인하고 토의 방법에 따라 역할 분담을 한 후에 토의를 실시한다. 이때 필요하다면 토의를 진행할 사회자를 정하거나 토의 결과를 정리하고 발표할 사람을 정하기도 한다. 토의를 실시할 때는 정해진 시간을 준수하여 진행하도록 한다. 이 과정에서 교수자는 모둠별로 학습자들의 토의를 정상적으로 진행하고 있는지를 관찰하고, 도움이 필요한 경우에는 토의 과정에 참여하여 실질적인 도움을 제공해 주어야 한다. 이때 교수자가 해야 할 바람직한 행동은 힌트나 정답 제시나 아니라 질문이다. 학습자들이 교수자가 제시한 질문에 대답하는 과정에서 자신이 이해한 것을 정리하고, 점검하고, 비교하고, 적용할 수 있어야 한다(장경원 외, 2018: 17). 전반적으로 토의 중 단계는 학습자의 역할이 중심이 되지만 교수자는 학습자들의 토의 활동을 점검하며 지원할 수 있도록 노력해야 한다.

셋째, 토의 후 단계는 토의 수업을 정리하는 과정으로, 이 단계에서는 학습자들의 토의 결과를 공유하며 수업을 마무리한다. 학습자들이 모둠별 토의 결과를 발표하고 그 내용에 대해 질의하고 응답하는 과정을 통해 학급 전체 토의를 거쳐 수업을 정리한다. 이 과정에서 학습자들의 발표로만 수업을 마무리하는 대신, 해당 내용에 대한 전문가인 교사가 주요 내용을 요약하고 정리해 주어 학생들이 해당 주제에 대해 명확하게 이해하고 이를 다양한 맥락에 적용할 수 있도록 도와주어야 한다. 전반적으로 토의 후 단계에서는 학습자의 발표가 중심이 되지만 교수자의 요약과 정리로 중요한 기능을 한다는 점을 유념할 필요가 있다.

토론 수업 과정

토론 수업은 일반적으로 토론을 준비하는 과정, 실제 토론이 이루어지는 과정, 토론을 평가하는 과정을 거친다. 이와 같이 토론 전, 중, 후 과정에 따른 토론 수업의 일반적인 절차는 다음 그림 2.2와 같이 나타낼 수 있다.

토론 전
- 논제 선정
- 자료 수집 및 분석
- 입장 정하기
- 주장 및 논거 작성
- 토론 방법 안내 및 연습

▶

토론 중
- 입론하기
- 교차 조사하기
- 반론하기
- 최종 발언하기

▶

토론 후
- 토론 평가
- 소감 발표
- 종합 정리

그림 2.2 토론 수업 과정

위의 토론 수업 과정은 일반적인 토론 절차에 따른 주요 교수·학습 활동을 제시한 것이다. 교수자와 학습자의 역할을 중심으로 토론 수업의 과정을 살펴보면 다음과 같다.

첫째, 토론 전 단계는 토론 수업을 준비하는 과정으로, 이 단계에서는 논제를 제시하는 것에서부터 토론 방법을 안내하는 것에 이르기까지 다양한 활동들이 이루어진다. 일반적으로 논제 선정은 교수자가 하는데, 논쟁을 통해 여러 관련된 쟁점이 드러날 수 있는 논제를 선정해야 한다. 토론 논제는 사실 판단 논제, 가치 논제, 정책 논제 등으로 크게 대별된다. 논제가 정해지면 학습자들은 입장을 정하여 자신의 주장과 논거를 작성한다. 이때 논제에 따라 배경지식이나 경험만으로 토론 활동이 어려울 경우에는 관련 자료를 충분히 검토하고 내용을 정리하는 활동이 충실히 이루어져야 한다. 또한 본격적인 토론에 앞서서 토론의 규칙이나 방법을 안내하고 이해하는 시간을 갖는다.

둘째, 토론 중 단계는 토론 방법에 따라 각기 다른 방식으로 진행된다. 그러나 어떤 방법으로 토론을 진행하든 입론, 교차 조사(cross examination), 반론, 최종 발언 등은 필수적인 과정이다. 입론은 토론 주제에 따라 찬성 또는 반대의 입장에서 근거를 들어 주장을 말하는 과정이다. 토론 전에 이루어지는 주장 및 논거 작성을 기반으로 한다. 교차 조사는 반대 신문이나 상호 질의라고도 하는데, 토론 방법에 따라 생략되는 경우도 있지만 찬성과 반대의 역동적인 상호 작용을 위하여 포함하는 경우가 많다. 질문은 상대방의 논거를 요약하여 제시하고 부정확한 부분이 무엇인지를 언급하거나 논리적 허점을 지적하는 과정이다. 이때 논리를 흐리지 않도록 간결하고 명확하게 질문할 필요가 있다. 질문에 효과적으로 답변하기 위해서는 질문 내용을 경청하여 핵심을 파악하고 입론에서 주장했던 내용과 배치되지 않도록 일관성 있는 논리를 전개해야 한다. 반론은 상대측의 입론에 대한 반대 입장을 분명히 나타내며 이에 대한 반박 논증을 구성하여 자신의 논증을 공고히 하는 것이다. 입론이 새로운 주장과 이유, 근거 제시에 초점을 둔다면 토론의 반론 단계는 입론에서 제기한 쟁점을 바탕으로 확대하거나 심화된 논증의 양상을 보인다. 최종 발언은 찬성과 반대 입장에서 마지막에 하는 발언으로 반론을 보충하거나 입론과 반론을 통해 논의했던 내용에 대한 요약 및 정리를 하며 최종적으로 마무리하는 과정이다. 토론자는 지금까지 진행된 토론의 흐름을 잘 정리할 필요가 있으며, 자신의 주장이 지닌 설득력을 최대한 인정받을 수 있도록 논리적 구성과 효과적인 표현에 신경을 써야 한다(한국화법학회 화법 용어해설위원회, 2014).

셋째, 토론 후 단계는 토론 수업의 전반을 평가하여 성패를 가리며 수업을 마무리하는 과정이다. 평가는 주로 토론에 직접 참여하지 않은 학습자들이나 교사가 진행하며 다양한 평가표를 활용할 수 있다. 그리고 경쟁식 토론으로 성패를 가리더라도 토론을 준비하고 직접 해 봄으로써 느끼는 과정을 발표해 보는 것도 학습 과정의 일부로 중요하게 고려해야 한다.

토의·토론 수업 과정

토의·토론 수업은 토의와 토론을 개념적으로 구분하지 않는 일반적인 수업이다. 대체로 토의·토론 주제를 선정하고 토의·토론을 준비하여 실행하고 평가는 과정을 거친다. 다음은 토의·토론 수업 과정을 그림으로 나타낸 것이다.

토의·토론 준비하기

-주제에 대한 자신의 관점 정하기
-주제와 관련한 자료 수집 및 정리
-토의·토론 방법 및 절차 확인

▶

토의·토론하기

-각자 의견 발표
-반대 또는 찬성 의견 제시

▶

정리 및 평가하기

-토의·토론 결과 정리
-토의·토론 결과 평가

그림 2.3 토론·토론 수업 과정[1]

토의·토론 수업의 준비하기 단계는 먼저 토의·토론 주제를 확인하고 주제에 관한 자신의 관점을 정하거나 관련한 아이디어를 떠올린다. 토의·토론 주제에 관한 아이디어를 떠올릴 때, 필요한 경우에는 주제와 관련한 자료를 각종 도서나 인터넷 검색, 조사 등 다양한 방법으로 수집하고 내용을 정리하며 본격적인 토의·토론을 준비한다. 그리고 토의·토론이 구체적인 방법이나 과정에 따라 이루어질 경우 그것을 확인하고 숙지하는 것도 준비하기 단계에서 해야 할 일이다.

토의·토론하기는 수업의 핵심적인 과정으로 주제와 관련하여 떠올린 아이디어나 정리된 자료를 바탕으로 각자 자신의 의견을 제시하는 단계이다. 이 단계에서는 토의·토론 주제의 성격에 따라 찬성이나 반대 입장을 정

1 국어과의 토의·토론 학습 모형을 수업 과정에 따라 절차화하여 변형한 것이다. 국어과의 토의·토론 학습 모형은 교사와 학생 또는 학생들끼리 일정한 규칙과 단계에 따라 대화를 나눔으로써 학습 문제를 해결하거나 학습목표에 도달하고자 하는 공동 학습 모형으로 제안한다. 이 모형은 '주제 확인하기-토의·토론 준비하기-토의·토론하기-정리 및 평가하기' 4단계로 구성되어 있는데, 여기에서는 토의·토론 주제 확인을 준비하기 단계에 포함하여 제시하였다.

하여 의견을 제시하기도 하고 문제 해결을 위한 다양한 아이디어를 자유롭게 말하기도 한다. 이때 토의·토론의 규칙을 준수하며 다른 사람의 의견을 경청하고 자신의 의견을 명확하게 말해야 한다.

정리 및 평가하기 단계는 토의·토론의 주요 내용이나 결과를 정리한다. 일반적으로 이 과정에서는 모둠별 토의·토론 결과를 발표하고 상호 질의응답하는 방식을 취한다. 그리고 토의·토론의 전반적인 과정을 점검하고 평가하는 활동도 이 단계에서 이루어진다.

2 토의·토론 수업 평가

토의·토론 수업에서 평가는 평가 목적, 대상, 상황 등에 따라 다양한 방식으로 이루어질 수 있다. 여기에서는 토의·토론 수업 상황을 중심으로 토의가 중심이 되는 수업과 토론이 중심이 되는 수업으로 구분하여 구체적인 평가 내용과 방법에 대해 알아보도록 한다.

토의 수업 평가

토의 수업 평가는 토의 수업의 핵심인 팀의 토의 활동과 토의 수업 전반에 대해 평가할 수 있다. 개별 학생들이 팀 내 토의 활동에 어떻게 참여하였는지는 표 2.1과 같은 평가표를 활용할 수 있다.

이와 같은 토의 수업 평가는 팀 활동에서 개인의 참여를 점검하고 평가함으로써 무임승차를 방지하고 개별 학생들의 적극적인 참여를 유도할 수 있다. 이때 평가 내용에 따라 평가 등급을 세분화(5단 척도)하거나 점수화(매우 우수함 5점, 매우 부족함 1점)하여 활용할 수 있고, 평가 목적이나 상황에 따라 개별 학생들의 자기평가, 동료평가 또는 교사용 관찰 평가의 준거로 활용할 수도 있다. 어떤 방법으로 평가하든 평가 결과를 학생들의 토의 활동 및 토의 수업 개선의 피드백 자료로 활용할 수 있다.

교사가 토의 수업 개선을 목적으로 평가할 경우에는 학생들의 토의 활동뿐만 아니라 토의 수업 과정을 전반적으로 평가할 필요가 있다. 표2.2는 토의 수업 전, 중, 후의 과정을 반성적으로 성찰하며 수업 개선의 방향을 모

표 2.1 학생 토의 활동 평가 기준

평가 내용	이름				
1. 팀 활동에 적극적으로 참여하였는가?					
2. 토의 결과를 도출하는 데 기여하였는가?					
3. 다른 사람의 의견을 경청하였는가?					
4. 질문을 제기하고 다른 사람 질문에 대답하였는가?					
5. 유용한 정보를 제공하였는가?					
6. 다른 팀원들과 협력하였는가?					
7. 긍정적인 의견을 제시하였는가?					
8. 리더십을 발휘하였는가?					
9. 다른 팀원을 칭찬하고 격려하였는가?					

출처: Lambros(2004)

평가 척도: 상 ◎, 중 ○, 하 △

색할 때 활용할 수 있는 평가 도구이다. 이는 교사나 수업 관찰자가 수업 개선을 위한 토의 수업에서 관찰하고 분석할 내용을 중심으로 평가 내용을 마련하고, 각 항목을 평가하는 방식으로 구성한 것이다. 이때 평가 내용은 토의 수업 목적이나 상황에 따라 재구성할 수 있으며, 토의 수업을 양적으로만 평가하지 않고 그 수업에서 드러난 특이 사항이나 문제점을 분석하여 대안을 모색하여 수업 개선 자료로 활용하도록 한다.

토론 수업 평가

토론 수업 평가는 토의 수업과 마찬가지로 학생들의 토론 활동과 토론 수업 전반에 대해 평가할 수 있다. 그런데 토론 수업이 토의 수업과 다른 점이 있다면 토론에 직접 참여하는 토론 참여자들과 이를 지켜보는 청중이 판정단으로 자리한다는 점이다. 따라서 학생들의 토론 활동을 평가할 때는 판정단이 토론 과정을 지켜보며 토론을 평가할 수 있다. 이때 표 2.3과 같은 토론 평가표를 활용할 수 있다.

표 2.2 토의 수업 평가 기준

평가 내용			평가 척도				
			1	2	3	4	5
토의 주제		토의 주제가 학생들의 흥미를 끄는가?					
		토의 주제가 학생들의 수준에 적절한가?					
토의 준비		학생들에게 토의 주제를 명확히 안내하였는가?					
		학생들에게 토의 방법(절차와 규칙)을 안내하였는가?					
		학생들은 토의에 참여할 준비(자료 등)가 되었는가?					
		허용적인 분위기를 조성하였는가?					
토의 실시	학생	학생들이 적극적으로 자신의 의견을 표현하였는가?					
		학생들이 다른 사람의 의견을 경청하였는가?					
		학생들이 토의 결과를 잘 정리하였는가?					
	교사	팀 구성 및 역할 분담을 하였는가?					
		학생들의 참여를 독려하고 격려하였는가?					
		적절한 질문(주제 환기 등)과 피드백을 제공하였는가?					
		시간 관리를 잘하였는가?					
토의 정리		토의 결과를 공유할 기회를 제공하였는가?					
		토의 과정 및 결과를 성찰할 기회를 제공했는가?					
		토의 내용을 학습 주제와 관련하여 정리하였는가?					
특이 사항 및 개선 사항							

출처: 장경원 외(2018: 184)를 참고하여 재구성

이와 같은 토론 수업 평가표는 논제에 대해 찬성과 반대로 나누어 토론 수업을 진행할 때 활용할 수 있다. 찬성과 반대 토론 입장의 개별 학생들을 평가할 때 활용할 수 있고, 또 찬성과 반대 팀을 평가할 때도 활용할 수 있다. 찬성과 반대, 판정단을 구분하지 않고 학급 전체가 참여하는 토론 수업에서는 자기 평가나 교사 관찰 평가의 평가 준거로 활용할 수도 있다. 토의 수업 평가와 마찬가지로 어떤 방법으로 평가하든 평가 결과를 학생들의 토론 활동 및 토론 수업 개선을 위한 피드백 자료로 활용할 수 있다.

표 2.3 학생 토론 활동 평가 기준

평가 내용	토론 참여자							
	찬성				반대			
1. 주장을 논리적으로 제시하였는가?								
2. 주장에 대한 타당한 근거를 제시하였는가?								
3. 상대방 주장의 오류나 문제점을 논리적으로 잘 지적하였는가?								
4. 상대방의 질문에 적절한 근거를 들어 대답하였는가?								
5. 주어진 토론 시간을 잘 지켰는가?								

출처: 장경원 외(2018: 201)를 참고하여 재구성

평가 척도: 상 ◎, 중 ○, 하 △

표 2.4 학생 토론 평가표

평가 항목	찬성측		반대측	
	제1토론자	제2토론자	제1토론자	제2토론자
입론(10점)				
교차 조사(10점)				
반론(10점)				
정리(10점)				
평가 근거	1. 2. 3. 4.	1. 2. 3. 4.	1. 2. 3. 4.	1. 2. 3. 4.
개별 점수(40점)				
전체 점수(80점)				

일반적인 토론 수업이 아니라 정형화된 토론 방법에 따라 진행되는 경우에는 토론의 형식과 절차에 따라 평가하는 것이 구체적인 피드백을 제공하는 데 유용하다. 예를 들어 2:2 교차 조사 토론 방법으로 수업을 진행할 경우에는 표 2.4와 같은 토론 평가표를 활용할 수 있다. 토론 평가표는 토론 수업에서 토론 과정에 따라 구체적인 피드백을 제공할 수 있으며, 토

론의 승패를 결정하는 토론 수업이나 토론 대회에서 평가 도구로 활용할 수 있다.

표 2.5 토론 수업 평가 기준

구분		평가 내용	평가 척도				
			1	2	3	4	5
참여자	사회자	사회자가 진행(시간 엄수, 중립 등)을 잘 하였는가?					
	토론자	토론 주제에 대해 잘 인지하였는가?					
		토론 방법에 대해 잘 인지하였는가?					
		적절한 근거를 갖고 자신의 의견을 주장하였는가?					
		토론에 적극적으로 참여하였는가?					
	판정단	토론 과정에 관심을 갖고 집중하였는가?					
		토론 내용에 대해 적절한 의견을 제시하였는가?					
교수자		토론 주제가 찬성과 반대로 구분되는 주제인가?					
		토론 주제가 학생들의 수준에 적절한가?					
		토론 수업을 위한 환경 구성(좌석 배치 등)이 적절한가?					
		토론 절차와 방법에 대해 적절하게 안내하였는가?					
		토론 수업을 주어진 시간 안에 적절히 전개하였는가?					
		토론에서 다루어진 주요 내용을 정리하였는가?					
		토론 내용 및 방법에 대해 피드백이 이루어졌는가?					
특이 사항 및 개선 사항							

출처: 장경원 외(2018: 201)를 참고하여 재구성

교사가 토론 수업 개선을 목적으로 평가를 실시할 경우에는 학생들의 토론 활동을 포함하여 토론 수업의 전반적 과정을 평가해야 한다. 표 2.5는 토론 수업의 구성 요소를 중심으로 한 평가 도구이다. 이는 학생들과 교사를 함께 평가하여 토론 수업 개선을 위한 피드백 자료로 활용하기 위한 것이다. 이때 학생들은 토론 수업에 참여하는 방식에 따라 사회자, 토론자, 청중의 역할을 제대로 수행하는지를 평가하고, 교사는 토론 수업 계획에서 실행의 전반적인 과정을 평가할 수 있다. 토론 수업의 목적이나 상황에 따라 평가 내용은 재구성할 수 있다.

토의·토론 수업의 의의와 한계

토의·토론 수업은 전통적인 강의식 수업의 대안적 방법론이다. 전통적 강의식 수업은 교사가 주로 설명을 통해 학생들에게 지식을 전달하고 학생들은 이를 수용하는 방식의 수업을 일컫는다. 이와 같은 수업 형태에서는 학생들이 수업에 수동적으로 참여하게 되어 높은 수준의 사고 활동을 하기 어렵다. 반면 학생들이 주체적으로 참여하는 토의·토론 수업은 능동적이고 높은 수준의 사고 활동을 가능하게 하므로, 유익한 학습을 위한 대안적 방법이자 미래지향적 수업 방법이라 할 수 있다. 토의·토론은 교육적 효과가 많은 수업 방법임은 분명하다. 그러나 토의·토론 수업 실행 과정에서는 다양한 어려움과 문제로 인한 한계점도 존재한다.

1 토의·토론 수업의 의의

토의·토론 수업이 권장되는 까닭은 토의·토론의 학습 효과에서 기인한다. 브룩필드와 프레스킬(Brookfield & Preskill, 2012)은 토의·토론의 효과에 대해 다음과 같이 말한다.

(1) 다양한 관점을 탐색하도록 한다.
(2) 애매성이나 복잡성에 대한 인식과 참을성을 증진시킨다.
(3) 각자의 가정(assumptions)을 인지하고 탐구하도록 한다.
(4) 다른 사람의 이야기를 존중하는 마음으로 경청하도록 장려한다.
(5) 해소되지 않는 차이점을 새롭게 이해하도록 한다.
(6) 지적인 민첩성을 증진시킨다.
(7) 주제와 연결될 수 있도록 도와준다.
(8) 목소리와 경험이 존중된다는 것을 보여 준다.
(9) 민주적인 담론(discourse)의 과정과 태도를 배우도록 도와준다.
(10) 지식의 공동 창조자(cocreator)임을 확인시켜 준다.
(11) 아이디어와 의미를 분명하게 전달하는 능력을 발달시켜 준다.

(12) 협력적 학습 태도틀 발달시켜 준다.

(13) 더욱 공감할 수 있도록 범위를 확장시켜 준다.

(14) 다양한 내용을 종합, 통합하는 기능을 개발하도록 도와준다.

(15) 변혁(transformation)을 유도한다.

이처럼 토의·토론은 학습자들에게 다양한 유익함을 제공한다. 따라서 토의·토론을 수업에 적용할 때 다음과 같은 교육적 효과를 기대할 수 있다.

첫째, 학습자들의 수업 참여도와 학습 흥미가 증대된다. 학생들이 자신들의 의견을 자유롭게 표현하는 과정이나 논리적으로 말할 수 있는 기회를 제공함으로 수업 참여도가 높아진다. 아울러 토의와 토론을 통해 수업에 주체적이고 능동적으로 참여함으로써 학습 흥미 또한 높아질 수 있다.

둘째, 학습자들의 고등 사고 능력을 신장할 수 있다. 주제와 관련하여 문제를 해결하거나 새로운 대안을 모색하기 위해 토의하는 과정에서 창의적인 사고 능력을 키울 수 있다. 또한 서로 다른 의견을 비판하는 과정에서 비판적 사고력을 갖추고, 자신의 주장을 펼치는 과정에서 이유와 근거를 들어 논증하는 과정을 통해 논리적 사고력을 기를 수 있다.

셋째, 학습자들의 의사소통 능력을 함양할 수 있다. 토의·토론 과정에서 끊임없는 듣기와 말하기 활동이 이루어진다. 따라서 토의·토론을 통해 타인의 의견을 듣고 이해하고 평가하며 자신의 의견을 효과적으로 표현할 수 있는 능력뿐만 아니라 서로의 의견이 다를 때 이를 조정하고 협의하는 능력을 기를 수 있다.

넷째, 학습자들의 협업 능력 및 대인관계 능력을 배양할 수 있다. 토의와 토론은 집단에서 이루어지는 상호 작용이기 때문에 참여자들은 서로 소통을 위한 예의와 규칙을 지켜야 한다. 또한 서로 다른 경험이나 생각을 가진 사람들과 함께 팀을 형성하여 우호적인 관계와 협력해야 성공적인 토의·토론이 가능하다.

다섯째, 자기주도적 학습력을 향상시킬 수 있다. 토의·토론에 참여하는 동안 주제에 대해 자료를 조사·탐구하고, 자신의 의견을 표현하고 다른 사람의 의견을 이해하며, 비판적이고 창의적인 사고를 통해 대안을 제시하는 과정을 거친다. 이 과정에서 자신의 말이나 생각의 타당성과 적절성을 판단하는 상위 인지 과정을 거친다. 이러한 과정은 바로 자기주도성과 밀접하게 관련된다.

여섯째, 학업 성취도 향상에 도움이 된다. 학습 피라미드에서도 토의·토론을 통한 지식의 기억 파지율은 상당히 높다. 토의·토론은 지식을 체화할 수 있는 유용한 방법이다.

| 더 알아보기 |

학습 피라미드(Learning Pyramid)

학습 피라미드는 다양한 학습 활동에 따라 외부 정보가 두뇌에 기억되는 비율을 나타낸 것이다. 효과가 높은 학습 방법은 '서로 가르치기(90%)', '실제로 해 보기(75%)', '집단 토의(50%)', '시범 보기(30%)', '듣고 보기(20%)', '읽기(10%)', '강의 듣기(5%)' 순이다. 학습 피라미드에 의하면 토의·토론은 참여적 학습 방법으로 분류되는데 다른 학습 방법에 비해 학습 효과도 높다.

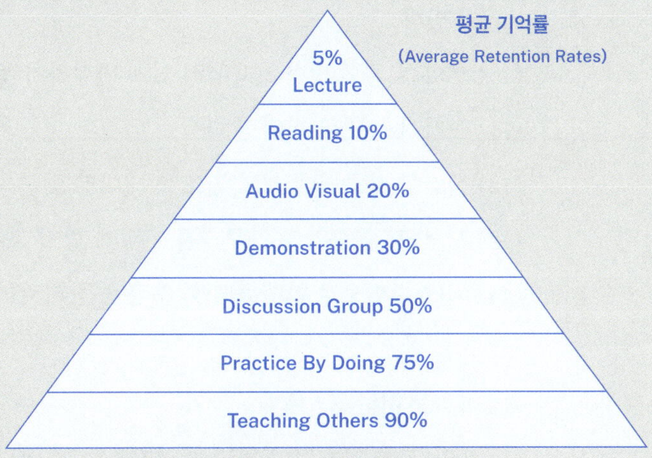

출처: National Training Laboratories, Bethel, Maine

2 토의·토론 수업의 한계

토의·토론 수업은 분명히 장점이 많지만 현실적인 한계와 제약 요인도 분명히 안고 있다. 다음은 토의·토론 수업에서 교사와 학생이 겪는 어려움과 문제점을 정리한 것이다(박창균, 2017; 유종열, 2021; 김숙혜 외, 2022의 내용을 참고하여 재구성).

교사가 겪는 어려움과 문제

(1) 모둠 편성 시 학생들의 수준 차이로 인한 어려움을 겪는다.
(2) 흥미나 수준을 고려한 주제 선정이 어렵다.
(3) 주제에 관련한 자료 조사를 어디까지 해야 할지 고민이다.
(4) 역할 분담할 때 사회자 등의 역할이 특정 학생에게 한정된다.
(5) 순회 지도할 때 무엇을, 어떻게 도와주어야 할지 모른다.
(6) 토의·토론에 대한 평가가 어렵다.
(7) 토의·토론 과정에 대한 이해가 부족하여 제대로 진행하지 못한다.
(8) 학생 간에 감정적인 대립이 생기면 조정하기 어렵다.
(9) 토의·토론의 과정과 절차를 익히는 데 수업의 많은 비중을 두는 경우가 있다.
(10) 토의·토론의 방법을 융통성 있게 변형하지 못하고 경직되게 적용한다.
(11) 교사가 준비할 것이 많다.
(12) 시간이 부족하여 교과 진도를 제대로 맞출 수 없다.
(13) 토의·토론 수업의 마무리를 어떻게 할지 모른다.
(14) 어떤 방법으로 학생들의 학습 훈련을 시켜야 할지 모른다.

학생이 겪는 어려움과 문제

(1) 토의·토론 규칙이나 방법을 인지하는 데 어려움이 있다.
(2) 발언권이 편중되어 모둠 구성원의 의견이 골고루 반영되지 않는다.
(3) 서로의 주장이나 의견 대립이 아니라 인격을 무시하거나 비난하는 경우가 있다.
(4) 주제에 대한 아이디어가 빈약하고 아이디어의 적절성을 잘 판단하지 못한다.
(5) 토의·토론 결과를 공유할 때 활발한 의견 교류가 일어나지 않는다.
(6) 발표력이 부족하고 근거가 부족한 주장이 많다.

(7) 다른 사람의 의견을 경청하여 수용하고 자신의 의견을 수정하는 데 어려움을 겪는다.
(8) 논리보다 감정에 호소하거나 타당성과 신뢰성이 떨어지는 논거를 사용한다.
(9) 토의·토론 자체를 귀찮아하거나 수동적인 자세로 참여한다.
(10) 학업 능력이 떨어지는 학생의 의견을 배제하는 경우가 있다.
(11) 수업 주제를 간과한 토의·토론이 이루어진다.
(12) 토의·토론 능력이 부족하다.
(13) 배경지식이 부족하여 다양한 의견이 나오지 않는다.
(14) 친구들의 의견을 그대로 따라가는 경우가 많다.
(15) 공격적인 태도나 자기 방어적인 태도가 강하다.

일반적인 어려움과 문제
(1) 학생 수가 많다.
(2) 학생들의 능력 차이가 크다.
(3) 토의·토론 절차가 복잡하다.
(4) 토의·토론을 막는 문화적 장벽이 있다.

토의·토론 수업 실행의 다양한 어려움과 문제가 존재한다. 이러한 어려움과 문제가 극복되어야 토의·토론 수업의 교육적 효과를 기대할 수 있다. 이를 위해서는 토의·토론 수업에서 교사와 학생이 수행해야 하는 역할을 명확히 이해하고 적용해야 할 필요가 있다.

토의·토론 수업에서 교사와 학생의 역할

토의·토론 수업은 교사가 중심이 되는 전통적 수업과 달리 학생이 중심이 된다. 따라서 토의·토론 수업에서 교사와 학생 모두에게 전통적 수업과는 다른 역할이 필요하다. 성공적인 토의·토론 수업을 위해서 교사와 학생에게 다음과 같은 역할이 요구된다.

1 토의·토론 수업에서 교사 역할

교사는 효과적인 토의·토론 수업을 위해서 다양한 역할을 수행해야 한다. 교사가 해야 하는 역할을 정리하면 다음과 같다(정문성, 2021; 장경원 외, 2018).

첫째, 토의·토론 수업을 관리해야 한다. 교사는 수업을 구체적으로 계획하고 조정해 나가며 관리하는 역할이 필요하다. 토의·토론 수업은 교사가 많은 부분들을 학생에게 위임하기 때문에 수업 전에 더욱 치밀하고 정교하게 수업을 설계하고, 수업 중에는 학생들의 토의·토론이 제대로 이루어지고 있는지 확인하고, 수업 후에는 토의·토론 활동을 평가하고 정리할 수 있도록 도와주어야 한다.

둘째, 토의·토론 수업의 동기를 유발해야 한다. 토의·토론 수업은 학생들의 적극적인 참여가 있을 때 원활하게 진행될 수 있다. 학생들이 수업에 관심과 흥미를 가져야 적극적인 참여가 이루어질 수 있으므로, 토의·토론 수업에 대한 동기를 느낄 수 있도록 해야 한다. 특히나 학생들이 어리거나 학습 수준이 높지 않아 자발적인 동기 유발이 어려운 경우 주제와 관련된 사진이나 영상 자료 등을 통해 토의·토론에 대한 필요성을 인식시키거나 호기심을 갖도록 도와주어야 한다. 토의·토론 수업에 대한 동기 유발은 수업 전에만 가능한 것이 아니며, 성공적인 수업의 결과로 토의·토론의 유용성을 인식하게 함으로써 적극적인 참여의 계기를 마련할 수도 있다.

셋째, 토의·토론 수업을 안내해야 한다. 토의·토론 수업은 종류가 많고, 수업에 따라 학생들이 다양한 역할을 수행해야 하므로 이를 안내하는 역할이 필요하다. 특히 학생들에게 익숙하지 않은 새로운 토의·토론 기법이나 방법에 대해서는 사전에 상세하고 친절한 안내가 이루어져야 한다. 그렇지 않으면 토의·토론 활동 중에 상당한 혼란을 초래하고 정상적인 수업 전개가 어려워질 수 있다.

넷째, 토의·토론 수업을 촉진(facilitation)해야 한다.[2] 교사는 학생들이 토의·토론에 적극 참여하도록 촉진하는 퍼실리테이터의 역할을 해야 한다. 특히 학생들의 토의·토론 활동 중에 학생들의 말을 경청하고, 격려하고, 독려하는 것은 학생들의 참여도를 높이는 데 도움이 된다. 또한 학생들이 이야기한 내용은 분석, 종합, 연결할 수 있도록 안내하여 토의·토론의 결과의 타당성과 수준을 높일 수 있도록 효과적인 질문을 통해 학생들의 토의·토론 활동을 촉진할 수 있다.

다섯째, 토의·토론 수업을 정리해 주어야 한다. 교사는 토의·토론 수업이 끝날 때 과정에 결론을 요약하고 정리하는 역할을 해야 한다. 토의·토론에서 많은 양의 정보, 경험, 지식 등이 다루어지는데, 이를 학생들이 개인 수준에서 수용한 상태로 수업이 끝나면 이해하기에 혼란스러울 수 있다. 학생들이 토의·토론 결과를 발표하는 것으로 수업을 마무리하는 경우 다른 학생들은 발표 내용에 대한 이해가 명확하지 않을 수 있고, 전체적인 토의·토론 수업의 의미를 파악하지 못할 수도 있다. 이러한 혼란을 막기 위해서 교사가 학생들의 토의·토론을 종합적으로 정리해 줄 필요가 있다.

여섯째, 토의·토론 수업을 평가해야 한다. 교사는 학생들의 토의·토론 능력을 평가해서 피드백을 제공하는 역할을 해야 한다. 궁극적인 평가는 교사가 하지만 학생들이 자신과 동료의 토의·토론 과정을 평가할 수 있도록 기회를 제공할 필요가 있다. 토의·토론에 대한 평가 과정에서 자신의 부족한 점을 인식하고 동료들의 장점을 본보기로 삼을 수 있기 때문이다. 또한 토의·토론 수업 전, 중, 후 과정을 전반적으로 성찰하며 수업의 성공과 실패의 원인을 파악하여 보다 나은 수업으로 이어질 수 있도록 노력해야 한다.

2 토의·토론 수업에서 학생 역할

토의·토론 수업에서 학생의 역할은 교사 역할 못지않게 중요하다. 무엇보다도 토의·토론 수업을 위해서 학생의 참여가 필수적이다. 토의·토론

2 이 장의 '토의·토론 효과를 극대화하는 퍼실리테이션 전략'은 이와 같은 교사의 역할에 초점을 둔 것이다.

에서 참여는 개인을 향상시키고 집단을 성장시키며, 이를 통해 폭넓고 지속 가능한 동의를 만들어 낼 수 있다. 따라서 성공적인 토의·토론을 위해서 학생들은 집단의 의사 결정 과정에서 참여적 가치를 실현할 수 있어야 한다(Harnett, 2010; Kaner et al., 2014; 박창균, 2020).

첫째, 완전한 참여가 이루어져야 한다. 이때 '완전한'이란 학생 모두가 참여하여 자신의 목소리를 내고, 속마음을 털어놓을 수 있는 양과 질적인 측면의 참여를 뜻한다. 목소리가 큰 학생이 토의·토론을 지배하고 다른 학생은 침묵하는 상황이나 학생들의 적대적이고 거부하는 반응은 완전한 참여를 어렵게 한다. 완전한 참여는 다듬어지지 않는 생각이나 민감한 문제도 용기 내어 말하고 다양한 관점을 고려할 수 있게 하며, 집단의 통일감이나 결속성을 높여 준다.

둘째, 서로 이해하기 위해 노력해야 한다. 최선의 아이디어를 찾기 위해서는 다른 학생들의 관점뿐만 아니라 감정이나 욕구를 이해하는 것도 중요하다. 상호 이해의 노력이 없는 경우 자신의 관점에 갇혀 대화보다 일방적인 설득이 주를 이루게 되고, 다른 학생들의 아이디어나 관점은 귀 기울이지 않은 채 배제하기 시작하면서 감정적인 대립과 소모적인 논쟁이 잦아진다. 서로를 이해하지 못하면 최선의 사고를 할 수 없으며, 상호 이해의 틀을 구축함으로써 비로소 서로의 욕구나 관점에 대한 정당성을 이해하고 수용할 수 있다. 이는 학생들의 관계 발달로 이어져 참여 동기를 높이고 각자의 관점대로 생각할 수 있도록 하여 모두에게 유익한 혁신적 아이디어를 개발하는 데 도움이 된다.

셋째, 동료들과 협력해야 한다. 여기서 협력이란 학생들이 규칙을 지켜 대화하며 문제 해결을 위한 공동 사고를 하는 것을 말한다. 토의·토론에서 일차적인 협력은 정상적인 의사소통이 가능하도록 절차와 방법을 지키는 것이다. 무엇보다도 토의·토론에서 협력이 중시되는 이유는 복잡한 문제를 해결할 수 있는 최선의 방식이기 때문이다. 협력이 이루어지면 한 사람의 힘으로는 도저히 불가능한 창의적인 해결책을 내놓을 수 있다. 즉, 토의·토론에서 학생들이 서로 어떻게 협력하느냐에 따라 토의·토론의 질은 달라진다. 따라서 자신의 관점만을 고수하지 않고, 다른 학생들의 근본적인 요구나 관심사를 이해하고 통합하려는 노력이 필요하다.

넷째, 포괄적 해결책을 지향해야 한다. 가능한 한 많은 학생의 요구와 관점을 충족시키기 위해 모든 의견을 담아내는 포괄적인 대안을 지향해야 한다. 어느 한쪽 입장에서 의견을 굳히거나 다수결과 같은 편의적 방법으로 성급하게 대안을 도출하는 대신, 가능한 모든 새로운 의견을 논의에 포함해야 한다. 이러한 포괄적 해결책은 집단이 숙고하고 인내하는 과정에서 드러나고 형성된다. 학생들은 서로의 관점을 이해하고 통합해 나가는 과정에서 창의적이고 혁신적인 아이디어를 만들어 낸다. 따라서 토의·토론은 학습의 효율성이 떨어지는 시간 낭비가 아니라 시간을 투자하여 의미 있는 지식을 탐구하고 생산하는 효과적인 학습 방법이라는 인식이 있어야 한다.

다섯째, 주인의식(ownership)을 공유해야 한다. 학생 모두가 토의·토론의 과정과 결과에 주인의식을 갖고 책임감을 느껴야 한다. 주인의식은 학생들에게 내적인 동기로 작용하여 최종 결정에 이르기까지 서로의 의견을 주고받는 데 모든 노력을 쏟도록 한다. 또한 토의·토론을 진행하는 과정이나 결과에 대해서도 책임감을 갖고 행동하게 한다. 이러한 주인의식은 학생들 간의 약속으로 공동의 책임감을 갖게 하며, 토의·토론에서 자신의 요구와 의견이 다른 학생들에게 명확하게 이해되고 문제 해결 과정에 수용되고 통합되면서 만족감을 느낄 수도 있다. 이처럼 학생들이 토의·토론의 주도성을 갖도록 하기 위해서는 참여적 의사 결정에 필요한 절차와 기능을 가르치고 배울 기회를 제공해야 한다.

토의·토론 효과를 극대화하는 퍼실리테이션 전략

수업 중 학생들의 토의·토론이 제대로 이루어지지 않으면 그 수업에서 추구하는 목표에 도달하기 어렵다. 학교 현장의 토의·토론 수업에서는 크고 작은 문제들이 발생한다. 교사가 토의·토론 목적이나 상황을 고려하지 않고 익숙한 특정 방법을 고수하거나 학생들에게 구체적인 방법을 안내하지 않고 토의·토론을 진행하는 경우, 또는 학생들의 토의·토론 과정에 대한 적절한 피드백을 제공하지 못하는 경우 등 여러 상황을 생각해 볼 수 있다. 이와 같은 문제들은 토의·토론 본연의 목적 달성은 물론 성공적인 수업을 가로막는 주요 요인이다. 학생들의 토의·토론이 효율적으로 이루어지기 위해서는 보다 체계적이고 전략적인 접근이 필요하다.[3]

1 토의·토론 퍼실리테이션의 의미

퍼실리테이션(facilitation)의 사전적 의미는 '용이하게 함, 편리화, 촉진'이다. 즉, 무엇인가를 용이하게 만들고 도와 주는 것을 뜻한다. 이는 어떤 것을 '쉽게 하도록 도와 주는', '목적 달성을 촉진시키는'이라는 뜻을 가진 라틴어 'facile-'에서 온 것이며, 퍼실리테이션을 성공적으로 이끌어 가는 전문가를 퍼실리테이터(facilitator)라 한다. 퍼실리테이션은 간혹 집단 의사소통을 돕는 단순한 지원 활동으로 해석하지만, 그보다는 오히려 집단의 문제 해결이나 의사 결정을 체계적으로 그리고 보다 쉽게 이뤄질 수 있도록 촉진 역할을 수행하는 적극적인 의미로 해석하는 것이 바람직하다(오우식, 2017: 16). 퍼실리테이션은 경영학 분야에서 폭넓게 쓰이고 있는 용어로 조직이나 회사에서 구성원들이 역량을 발휘할 수 있도록 지원하는 수단이며 동시에 조직 내 소통을 촉진시키는 기술과 기법을 일컫는다. 즉, 조직 변화와 발전의 핵심은 회의에 달려 있다고 보고, 효과적인 회의를 위해 다양한 퍼실리테이션 도구와 기법을 활용한다(박창균, 2020: 994).

경영학 분야에서는 퍼실리테이션의 도입 배경을 다음과 같이 설명한다. 첫째, 판에 박힌 회의 방식에 대한 반성. 둘째, 새로운 소통 문화 구축 필요성의 증대. 셋째, 협력의 가치에 대한 새로운 인식. 넷째, 다수결의 의사 결정 방식에 대한 보완이다(오우식, 2017). 이와 같은 맥락은 교실 토의 수업이 처한 문제 상황이나 해결의 지향점과 매우 유사하다. 회사나 조직의 회의도 토의의 일종이고 퍼실리테이션에서 지향하는 집단의 문제 해결

3 이하 '1. 토의·토론 퍼실리테이션의 의미'와 '2. 토의·토론 퍼실리테이션의 방법'은 박창균(2020)을 참고하여 재구성한 것이다.

이나 의사 결정, 창조적 성과 도출이라는 목표는 토의 수업 목표와 유사하며, 성공적인 퍼실리테이션을 위한 퍼실리테이터의 역할은 토의 수업에서 교사의 역할과 크게 다르지 않아서 토의 수업에 시사하는 바가 매우 크다. 이에 박창균(2020)에서는 퍼실리테이션의 개념을 개념화하고[4] 토의 수업 활성화를 위한 퍼실리테이션 전략을 제안한 바 있다. 이 연구는 토의 수업에 한정했지만, 퍼실리테이션 개념은 토의·토론 수업 맥락에 적용해도 크게 무리가 없어 보인다.

토의·토론 수업에서 '퍼실리테이션' 개념에 주목하는 또 다른 이유는 팀이나 조직을 다루는 방법인 코칭이나 컨설팅과 차별화되는 퍼실리테이션의 특성 때문이다. 코칭은 개인이 갖고 있는 잠재력과 능력을 밖으로 끌어내도록 돕는 것(inside out)이라면, 컨설팅은 전문가의 눈과 역량으로 조직 차원의 역량을 개발하는 데 필요한 자원을 제공한다(outside in). 반면에 퍼실리테이션은 참여자들의 관점, 지식, 기능을 끌어내기도 하지만(inside out), 필요한 과정이나 방법을 어느 정도 범위 내에서 제공하기도 하다(outside in). 즉, 퍼실리테이션은 다수의 사람들이 중심에 서게 하면서도 동시에 진행을 잘 도모해야 하는 책임이 있다(김종남, 2016: 43).

이와 같은 퍼실리테이션의 특성을 토의·토론 수업 맥락에 적용해 보면 크게 두 가지 차원에서 그 의의를 찾을 수 있다. 첫째, 토의·토론 수업 퍼실리테이션은 교사의 실천적 경험을 존중하면서 새로운 지식이나 방법을 제공하는 균형 잡힌 관점에서 수업 개선을 꾀할 수 있다. 즉, 교사의 실천적 경험 속에서 토의·토론 수업의 이상태를 발견하기도 하고, 현실의 토의·토론 수업의 어려움과 문제점을 해결하기 위한 새로운 방법론을 알려 주기도 한다. 이는 토의·토론 수업 개선의 주체인 교사의 경험을 충분히 인정하면서도 전문성 향상을 위한 지식과 기능을 지원해 준다는 점에서 교사 교육의 의미 있는 방향성이 될 수 있다.

4 퍼실리테이션에 관한 여러 정의를 검토하여 퍼실리테이션은 기법을 넘어선 종합적이고 전략적인 과정으로 규정하고, 퍼실리테이션의 본질적인 의미를 반영하여 토의·토론 수업 상황에 맞게 그 개념을 다음과 같이 정의한다. 토의 수업에서 퍼실리테이션은 '학생들이 소집단 의사소통에서 적극적으로 상호교섭하여 창의적 학습 성과를 도출하도록 촉진하고 지원하는 체계적이고 전략적인 제 과정'이다.

둘째, 토의·토론 수업 퍼실리테이션은 토의·토론에 참여하는 학생들이 수업의 중심에 서게 하고 교사는 이를 지원하는 교사와 학생의 역할 모델을 제공한다. 특히 학생들의 토의·토론 활동 퍼실리테이션은 토의·토론에 참여하는 학생들의 생각을 밖으로 잘 끌어내도록 하는데 비중을 두면서도 필요한 경우에는 교사가 적절한 지원을 제공하는 것인데 이는 토의·토론 수업의 핵심적인 가치와 지향점을 잘 드러내는 것이라 할 수 있다.

따라서 토의·토론 수업에서 퍼실리테이션은 개념은 종래의 토의·토론 수업에서 학생들의 토의·토론을 도와주는 교사의 전반적인 교수 행위와 크게 다르지 않다. 즉, 토의·토론 수업에서 퍼실리테이션은 새로운 토의·토론 수업 모형이나 전략과 같은 완전히 새로운 접근이 아니라 기존의 토의·토론 수업 실행 과정에서 드러나는 문제점을 해결하기 위해 교사의 역할에 초점을 둔 체계적이고 전략적인 방법론으로 이해할 수 있다.

2 토의·토론 퍼실리테이션의 방법

토의·토론 수업의 지향점에 따라 퍼실리테이션의 전략은 달라진다. 박창균(2020)에서는 토의 수업의 지향점을 '참여적 의사 결정'으로 보고, '토의 분위기와 환경 조성하기', '퍼실리테이션 도구와 기법 활용하기', '참여 형식 바꾸기', '참여자의 갈등 조정하기', '토의 관찰 및 피드백 제공하기', '퍼실리테이터 책임 이양하기'를 토의 수업 퍼실리테이션 전략으로 제안하였다. 여기에서는 토의·토론 수업 맥락에서 퍼실리테이션 기법과 참여 형식을 중심으로 살펴보도록 한다.

퍼실리테이션 기법 활용하기

퍼실리테이션의 가장 큰 특징은 다양한 도구와 기법을 활용하는 것이다. 퍼실리테이션 기법은 그 종류만 해도 수십 가지에 이른다(Doyle & Straus, 1976; Justice와 Jamieson, 2012; Kaner 외, 2014; Bens, 2018; 임해성, 2014; 김종남, 2016; 오우식, 2017).

퍼실리테이션은 제반 여건에 맞게 기획된 과정에 따라 충분한 소통과 토의·토론을 촉진하고 결정에 대해서는 만장일치나 합의에 의한 결론을 이끌어 내도록 하는 것을 원칙으로 한다. 이때 참여자들의 의견이나 아이디어를 체계적으로 이끌어 내고 충분한 소통이 이루어지도록 하기 위해서 경험과 기능 외에도 다양한 도구와 기법들이 필요하다. 따라서 퍼실리테이터는 진행 과정의 각 단계별로 최적의 성과를 도출하기 위해 그에 적합한 기법을 선정하고 그때마다 필요한 도구들을 사전에 준비하여 진행에 차질이 없도록 해야 한다. 또한 각각의 도구와 기법은 나름의 목적과 기능, 그리고 역할이 있으므로 이를 적절하게 사용하는 것은 퍼실리테이터의 기본 역량과 직결된다(오우식, 2017: 27-28).

교사들은 토의·토론 수업의 전 과정에서 다양한 문제와 어려움에 직면하게 된다. 이때 문제와 어려움을 해결할 수 있는 하나의 방법으로 퍼실리테이션 기법을 활용할 수 있다. 그림 2.1은 토의·토론 과정에서 활용할 수 있는 다양한 퍼실리테이션 기법이다.

토의·토론 과정은 토의·토론을 준비하는 '준비하기' 단계, 아이디어를

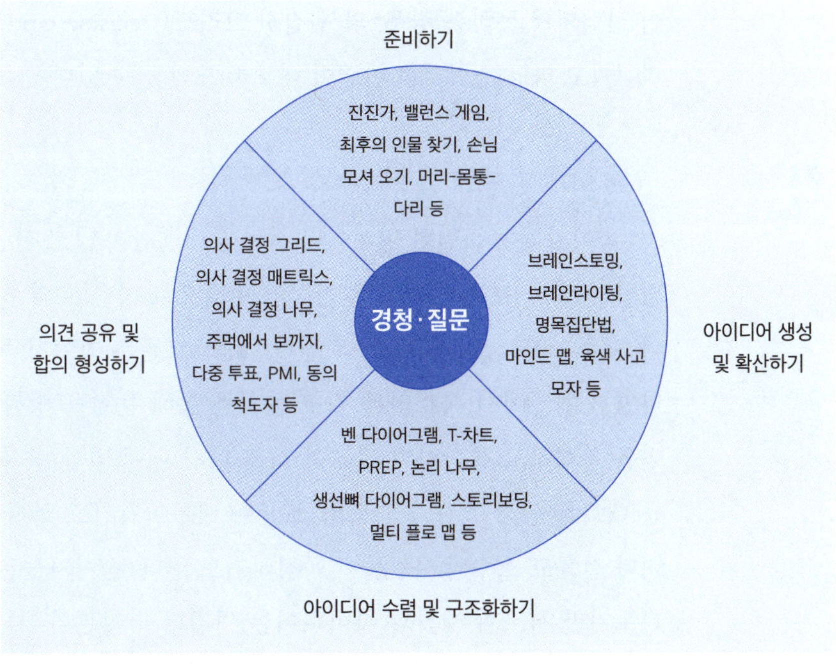

그림 2.1 토의·토론 과정별 퍼실리테이션 기법

출처: 임해성(2014)과 오우식(2016)을 참고하여 재구성

생성하고 확산하는 '아이디어 생성 및 확산하기' 단계, 도출된 아이디어를 범주화하고 내용의 수준을 향상시키기 위한 '아이디어 수렴 및 구조화하기' 단계, 아이디어를 공유하고 이를 평가하여 결론을 도출하는 '의견 공유 및 합의 형성하기' 단계로 구분할 수 있다. 이때 토의·토론 절차가 고정된 것은 아니다. 그리고 단계별 퍼실리테이션 기법은 각 과정에서 요구되는 최적의 산출물을 효율적으로 만들어 내기 위한 구체적인 방법이다. 토의·토론 전 과정에서 필요한 경청과 질문은 퍼실리테이션의 핵심적인 의사소통 기능을 나타낸 것이다.

이러한 퍼실리테이션 기법은 토의·토론의 전 과정에 적용하는 것이 아니라 전반적인 토의·토론 수업 맥락을 고려하여 어느 단계에서, 어떤 퍼실리테이션 기법이 필요한지 선택해야 한다. 예를 들어 아이디어 확산 단계에서 특정 학생이 발언권을 점유하여 다른 학생들의 목소리가 배제될 경우, 모든 구성원의 참여와 개별 학생의 의견 개진에 초점을 둔 명목집단법(Norminal Group Technique)을 활용할 수 있다. 또 팀의 아이디어를 결정하기 위한 합의 형성 단계에서 다수결에 따른 편의적 결정으로 타당한 의견이 선택되지 못하는 경우, 의사 결정 그리드(Decision Grid)를 활용하여 합리적이고 타당한 합의를 이끌어 내도록 도와줄 수 있다.

토의·토론 참여 형식 바꾸기

참여자들이 특별한 형식이나 절차에 구애받지 않고 편안하게 대화하는 방식의 토의·토론은 가장 일반적인 방법으로 자유 토의(open discussion)나 자유 토론(open debate)라 한다. 토의·토론은 참여자들이 주제에 대해 다양한 관점에서 목소리를 내고 논의를 통해 논점을 명확히 하여 아이디어를 분석하고 통합하며 정교화 시켜 나간다. 특별한 형식이 없는 자유로운 대화를 통해 효과적인 토의·토론이 이루어지기도 하지만, 대화가 꼬이거나 겉돌고 소수의 사람들이 독점하기도 한다. 참여자들은 함께 이야기를 나누지만 서로의 생각과 아이디어는 연결되지 않는다. 자칫하면 토의·토론이 지루하고 비생산적인 방식으로 흘러갈 수 있다. 이러한 경우에 참여자들의 흥미를 유도하고 집단의 잠재력을 생산성 있게 이끌어내기 위해 다양한 형식을 도입하여 참여 형식(participation format)[5]을 전환할 필요가 있다(Kaner 외, 2014). Kaner 외(2014: 117)는 참여 형식을 바꾸면 집단의 행동이 달라지기 때문에 참여 형식 변화를 통한 집단의 에너지 관리를 제안한다. 한 활동에서 다른 활동으로 집단의 행동을 변화시키는 구조와 체계를 만드는 참여 형식을 조정하여 집단의 에너지를 전환할 수 있다는 것이다.[6]

Kaner 외(2014)에서 말하는 참여 형식은 참여자의 수, 움직임, 발언권, 상호작용 방식 등 토의·토론 방법을 말하는데 각각의 방법에 따라 토의·토론 참여 방식이 달라진다. 이러한 토의·토론 방법은 크게 주제에 관한 참여자들의 의견 교환에 초점을 둔 토의 방법과 주제에 관해 참여자들이 입장을 정하여 자신의 생각을 논리적으로 말하는 데 초점을 둔 토론 방법으로 구분할 수 있다.

표 2.6 토의·토론의 방법[7]

토의 방법	원탁 토의, 카드 토의, 교차 토의, 피라미드 토의, 둘 가고 둘 남기, 갤러리 워크, 다르니모으니 토의, 직소 토의, 어항 토의, 월드카페 등
토론 방법	하브루타 토론, 회전목마 토론, 가치 수직선 토론, 신호등 토론, 협력적 찬반 토론, 페널 토론, 찬반 대립 토론, 교차 조사 토론 등

표 2.6 같은 토의·토론 방법은 자유로운 형식의 토의·토론이 효과적으로 이루어지지 않는 경우나 특별한 목적으로 토의 수업이나 토론 수업을 기획할 때 학생들의 참여를 유도할 수 있는 다양한 방식이다. 하지만 이와 같은 대안적 방식은 각기 나름의 참여 구조와 절차가 있기 때문에 이에 대한 별도의 안내와 학습이 필요하다. 따라서 본격적인 토의·토론 수업에 앞서 미니레슨(mini lesson)을 통해 토의·토론 방법을 구체적으로 안내하거

5 구기욱(2017: 147)은 '의형(議形)'이라 하였는데 사람들이 모여 있는 형태와 움직임, 집단의 크기, 집단 내 발언 순서, 상호작용 방식 등이 결합되어 일정한 시간 동안 시도되는 특별한 토의 방식을 의미한다.

6 Kaner 외(2014)에서는 자유 토의·토론의 대안적 참여 형식으로 '목록 적기(Listing ideas), 짜임 한 바퀴(Structured go-arounds), 갤러리 투어(Gallery tour), 개인 기록(Individual writing), 박람회(Trade show), 소집단 순회(Rotating breakout groups), 대결 토론(Debate mode), 어항토론(Fishbowls), 인터뷰(Ask the expert), 뒤섞기(Scrambler), 따로 또 같이(Jigsaw), 변형 어항토론(Enter the center)' 등을 제시했다.

7 토의 방법과 토론 방법의 구체적인 내용은 2부에서 참고할 수 있다.

나 토의·토론 워크숍(workshop)을 통해 과정을 직접 체험해 봄으로써 그 방법을 익힐 수 있는 기회를 제공해야 한다. 아무리 이상적인 토의·토론 방법이라도 학생들이 방법론에 대한 이해가 부족하거나 익숙하지 않을 상태에서 토의·토론 수업의 효과를 기대하기는 어렵기 때문이다.

3 토의·토론 퍼실리테이션의 적용

토의·토론 수업 퍼실리테이션은 앞서 살펴본 것처럼 상황에 따라 특정 기법이나 방법을 활용할 수 있다. 하지만 퍼실리테이션은 토의·토론 수업에 관한 인식 변화와 더불어 거시적인 차원의 토의·토론 수업 문화 정착이라는 방향성을 가져야 한다. 그리고 토의·토론 수업을 설계하거나 실행할 때 학교 현장에서는 토의·토론 수업의 맥락을 다각적으로 고려하여 퍼실리테이션 방안을 모색해야 한다.

적용 방향

토의·토론 수업을 위한 퍼실리테이션은 기법이나 방법 차원뿐만 아니라 교사의 관점이나 철학 차원의 인식 변화, 나아가 학생들의 자기주도성을 갖고 깊이 있는 학습이 가능한 교실 토의·토론 수업 문화 정착이라는 거시적이고 장기적인 차원에서 이루어져야 한다. 다음은 토의·토론 수업에서 지향해야 할 퍼실리테이션 방안이다.

첫째, 토의·토론 퍼실리테이션 기법과 방법에 관해 이해하고, 이를 기반으로 수업 맥락에서 적절하게 활용해야 한다. 브레인스토밍, 갤러리 워크, 하브루타처럼 이미 토의·토론 수업 상황에서 폭넓게 활용되는 방법이 있지만, 새롭게 이해하고 활용할 수 있는 다양한 퍼실리테이션 기법과 방법이 있다. 따라서 이에 대한 이해를 기반으로 토의·토론 수업 개선을 위한 실천적 전략으로 활용해야 할 것이다.

둘째, 토의·토론 퍼실리테이션은 기법이나 전략적인 방법론에서 나아가 관점이나 철학 차원의 인식으로 확대해야 한다. 퍼실리테이션은 구체적인 도구나 기법을 활용해야 하는 것만이 아니라 토의·토론 수업에 관한 인식과 그에 따른 노력도 포함된다. 예를 들어 토의·토론에서 갈등은 학생들 간 사고 차이로 인해 발생하는 자연스러운 과정이므로 논쟁의 과정을 통해 상호 이해할 수 있도록 도와주거나 토의·토론 과정 중 의례적인 개입을 삼가고 과정을 관찰한 후 교사의 중재가 필요하다고 판단되는 시점에 개입하여 도움을 제공하는 등 내실 있는 토의·토론 수업을 위해 문제를 점검하고 대안을 모색하는 것도 퍼실리테이션 전략에 포함된다.

셋째, 토의·토론 퍼실리테이션은 보다 거시적인 차원에서 기획하고 실행해야 한다. 퍼실리테이션 전략은 한 차시 단위 수업에 한정해서 실행하거나 효과를 기대하기 어려운 경우가 많다. 새로운 형식의 토의·토론은 사전에 충분히 안내해야 하고, 참여자의 감정 대립이 생겼을 때는 토의·토론 후에 중재가 필요하다. 또 학생들에게 경청과 질문의 기술을 가르치려면 별도의 시간을 확보해야 한다. 더욱이 토의·토론 수업의 참여 문화를 구축하기 위해서는 보다 긴 호흡에서 퍼실리테이션 전략을 적용하고 평가하며 보완해 나가야 할 것이다.

넷째, 토의·토론 퍼실리테이션의 책임을 학생에게 점차적으로 이양하도록 한다. 교사가 토의·토론 수업에서 퍼실리테이터로서 학생들이 참여적 가치를 실현하도록 돕는 데 한계가 있다. 한 명의 교사가 여러 소집단을 동시에 지도해야 하는 현실적인 어려움이 따르기 때문이다. 이러한 어려움을 극복하기 위해서는 학생들 스스로 토의·토론에 참여하여 그 과정을 이끌어 가며 의사 결정에 대한 책임감을 갖도록 해야 한다. 학생들이 토의·토론 참여자의 역할에 그치는 것이 아니라 퍼실리테이로서 역할을 수행할 때 토의·토론에 대한 주도성이 생기며 지속가능한 참여 문화를 형성할 수 있을 것이다.

적용 방안

토의·토론 수업 퍼실리테이션은 수업을 설계하거나 실행하는 단계에서 토의·토론 수업의 맥락을 다각적으로 고려해야 한다. 이때 퍼실리테이션은 '지금 여기(now & here)'의 정신으로 상황에 맞게 선택적으로 초점화하여 적용하는 것이 바람직하다.

① **토의·토론 과정에 따른 촉진 전략** 토의·토론 전(모둠 편성, 역할 분담, 주제 선정, 토의 절차 안내 등), 토의·토론 중(토의 방법 적용, 아이디어 생성 및 분석, 의사 결정, 순회지도, 시간 배분 등), 토의·토론 후(토의 결과 공유, 발표, 평가, 피드백 등)의 과정 중에 특정 과정에 초점을 둘 것인지, 모든 과정에 초점을 둘 것인지에 따라 적절한 방법을 선택한다. 예를 들어 의사 결정 그리드(decision grid)는 토의·토론 중에 의사 결정 과정을 촉진할 수 있는 방법이며, 토의·토론 수업 모형에 따라 지도하는 것은 토의·토론 전-중-후의 전반적인 과정을 촉진하기 위한 방법으로 활용한다.

② **토의·토론 목적에 따른 촉진 전략** 토의·토론 목적이 참여자들이 현 상태에서 변화가 필요한 문제 상황에 대한 정보 공유가 주가 되는 것인지, 문제를 이해하고 분석하는 것에 더하여 실질적인 해결안을 모색하는 것인지, 문제 분석과 해결 방안 모색을 바탕으로 가장 합리적이라고 판단되는 해결안을 최종적으로 선택하고 해결 방안을 위해 구체적인 계획을 수립하는 것인지에 따라 적절한 촉진 전략을 선택한다. 예를 들어 토의·토론의 목적인 문제를 이해하고 분석하는 것에 목적이 있다면 브레인스토밍이나 육색 사고 모자와 같은 창의성 사고 기법으로 토의·토론 수업을 촉진할 수 있고, 의사 결정을 최종 목적으로 한다면 주먹에서 보까지, 다중 투표와 같이 의사 결정을 내리는 데 도움이 되는 방법을 활용할 수 있다.

③ **토의·토론 주제에 따른 촉진 전략** 토의·토론 주제나 내용이 학습자들의 배경지식이나 경험과 직결되는 것인지, 그렇지 않은지에 따라 적절한 촉진 전략을 선택한다. 예를 들어 전자의 경우에는 본격적인 토의·토론에 들어가기 전에 학생들의 경험이나 배경지식을 활성화할 수 있는 아이디어 생성 및 확산하기 활동이 중요하게 다루며, 후자의 경우에는 토의·토론에 앞서 조사 학습이나 과제 학습을 이루어질 수 있도록 안내하고 그 내용을 바탕으로 토의·토론에 참여할 수 있도록 전략을 차별화한다.

④ **토의·토론 수업 참여자 수준에 따른 촉진 전략** 토의·토론 수업을 설계할 때는 학습자의 인지적, 정의적 발달 특성을 고려해야 한다. 저학년은 토의·토론 경험이 없어 토의·토론 방법 및 절차에 익숙하지 않고 기초적인 의사소통 기술 또한 미숙할 수 있다. 중학년은 토의·토론 경험은 있지만 본격적

으로 토의·토론에 대해 학습하지 못한 경우가 많고, 근거나 논거 들어 말하는 능력이 부족할 수 있다. 고학년은 토의·토론 학습 경험은 있지만, 토의·토론 과정에서 관계 문제가 발생할 수 있다. 따라서 토의·토론 수업 참여자의 수준에 맞추어 적절한 촉진 전략을 선택해야 한다. 구체적으로 저학년의 경우 토의·토론에 처음으로 입문하는 단계이므로 무엇보다도 기초적인 듣기와 말하기 활동에 초점을 두어 소집단 의사소통의 특성을 살려 의견을 주고받는 활동에 중점을 두어야 한다. 고학년의 경우 국어과 교육과정과 연계하여 국어 시간에 배운 토의·토론 방법을 다른 교과 수업에 적용할 수 있고, 토의·토론 참여자들의 관계를 돈독하게 하기 위해 아이스브레이킹 활동을 활성화하거나 기본 규칙을 마련하여 다툼이나 갈등을 사전에 예방할 수 있다.

⑤ 토의·토론 수업 교수자 경험에 따른 촉진 전략 교사가 토의·토론 수업을 설계하고 실행하는 경험이나 능력이 부족한 초심자인지, 여타 교육 기회에서 토의·토론 수업의 설계와 실행에 대한 경험이나 능력을 어느 정도 갖고 있는지에 따라 적절한 촉진 전략을 활용한다. 전자의 경우에는 다양한 토의·토론 수업 방법이나 기법에 대한 정확한 이해를 기반으로 한 적용과 효과 검증이 필요하며, 후자의 경우에는 토의·토론의 본질(역동적 상호 작용, 협력적 사고, 사고의 폭과 깊이 확장 등)과 토의·토론 기법 및 방법에 대한 이해를 기반으로 상황에 따라 적절하게 변용하고 응용하며 반성적으로 성찰한다.

⑥ 토의·토론 수업 목표에 따른 촉진 전략 토의·토론 수업의 목표가 학생들의 토의·토론 능력을 신장시키기 위한 것인지(토의·토론 자체가 목적), 학생들의 토의·토론을 통해 교과 학습에서 추구하는 목표에 도달하는 것인지(토의·토론 자체가 수단)에 따라 적절한 전략을 선택한다. 예를 들어 토의·토론 능력의 신장이 토의·토론 수업의 목표일 경우에는 녹화 기록법(video recoding)처럼 개별 학생이나 모둠별 학생들의 전반적인 토의·토론 능력을 직접적으로 평가할 수 있는 전략이 필요하며, 교과학습의 목표 달성을 위한 수단으로 토의·토론이 활용될 경우에는 성찰 일지 쓰기와 같은 토의·토론 능력과 교과 학습 목표 도달 여부를 함께 평가할 수 있는 전략이 필요하다.

⑦ 토의·토론 수업 상황에 따른 촉진 전략 토의·토론이 수업에서 얼마만큼의 비중을 차지하느냐(부분 또는 전체)에 따라 촉진 전략이 달라져야 한다. 예를 들어 수업의 일부분이 토의·토론 활동으로 이루어진다면 새로운 토의·토론 기법이나 방법을 적용하기보다는 종래에 익숙한 토의·토론 방식을 그대로 적용하면서 토의·토론 규칙 강화와 같은 방법으로 그 효과를 배가시키기 위한 노력이 필요하다. 단위 수업 시간 전반이 토의·토론 활동으로 이루어진다면 월드카페(world cafe)나 교차 토의(cross interview)와 같이 정형화되거나 절차화된 토의·토론 기법이나 방법을 새롭게 적용해 보는 것이 바람직하다.

⑧ 토의·토론 수업 환경에 따른 촉진 전략 토의·토론 수업은 온라인 기반의 협업 도구나 학습 플랫폼을 활용할 수 있는지에 따라 수업 설계와 방법이 달라져야 한다. 특히 토의·토론 활동에서 학생들이 협력 활동을 지원하고 촉진할 수 있는 다양한 협업 도구를 활용하는 것은 최근 변화한 디지털·미디어 교육 환경에서 토의·토론의 실천적 효율성을 높이는 방안이기도 하다. 예를 들어 화상회의 플랫폼을 활용하여 교실과 학교 공간을 벗어나 다른 교실, 다른 학교의 학생들과도 함께 토의·토론 수업을 기획함으로써 대면 상황의 토의·토론 수업과 차별화할 수 있다. 온라인 기반 토의·토론 수업을 단순히 대면 수업 환경의 대체적 방법으로만 생각하기보다는 온라인 협업 도구나 플랫폼과 연계하여 토의·토론 수업의 효과를 높이는 방안을 적극적으로 고려할 필요가 있다.

2부 토의·토론 퍼실리테이션 전략

3장

토의·토론 핵심 기법

전이성 높은 토의·토론 기법 이해하기

토의·토론 수업이 단순히 '말하는 수업'에 머물지 않고 학습자의 깊이 있는 사고와 자기주도적 탐구로 이어지기 위해서는, 기법의 선택과 구조적 운영이 무엇보다 중요하다. 퍼실리테이션 기법은 학생들이 교과 개념이나 실제 문제 상황에 대한 이해를 확장하고, 그 속에서 새로운 관점을 만들어 가는 교사의 퍼실리테이션 전략에 따라 강력한 학습 도구로 작동할 수 있다.

이 장에서는 이러한 기법을 네 가지 핵심 단계로 나누어 살펴본다. 첫째, '준비하기'에서는 토의·토론 주제를 명확히 설정하고 학생들이 사고를 시작할 수 있도록 안전하고 열린 분위기를 조성하는 방법을 제시한다. 둘째, '아이디어 생성 및 확산하기'에서는 다양한 사고 기법과 협업 활동을 통해 생각을 자유롭게 표현하고 확장할 수 있는 전략을 소개한다. 셋째, '아이디어 수렴 및 구조화하기'에서는 분산된 생각을 연결하고 분류하며, 학생들이 스스로 확장된 아이디어를 재구성하고 구조화하는 사고 과정을 다룬다. 마지막으로 '의견 공유 및 합의 형성하기'에서는 공동의 결론이나 실행 가능한 아이디어를 도출하며, 민주적 의사 결정과 비판적 사고를 함께 기를 수 있는 퍼실리테이션 기법을 제시한다.

토의·토론 수업에서 학생들은 단순한 참여자가 아니라 '생산적 학습자'로 성장하게 된다. 이 장은 그 출발점으로서 기법의 개념과 특징, 적용 과정과 전략을 함께 살펴보며 교사들이 다양한 교육 맥락에서 기법을 활용할 수 있도록 안내한다.

준비하기

이 단계에서는 효과적인 토의·토론을 위해 학습자들이 편안하게 사고하고 대화할 수 있는 환경을 마련한다. 학생들의 흥미를 유도하고, 주제에 대한 배경지식을 자연스럽게 연결하며, 토의에 참여할 준비 태도를 형성하는 데 중점을 둔 6가지 준비 기법을 소개한다.

1 진진가

'진진가' 게임은 '진짜(眞), 진짜(眞), 가짜(假)'의 줄임말로 세 가지의 정보 중 두 가지는 진실, 한 가지는 거짓을 제시하고 어느 것이 가짜인지를 추측하는 놀이다. 진진가는 아이스브레이킹 및 친목 활동으로 널리 쓰이는 놀이로 집단의 분위기를 한층 유연하게 만들어 주면서 참여자에 대한 정보를 제공하여 친밀감을 높일 수 있다. 또 간단하면서도 진짜 혹은 가짜라고 생각하는 논리적 근거를 제시하는 경험을 할 수 있기 때문에 토의·토론 관련 놀이로 적합하다.

수업 진행 과정

step1 아래와 같이 두 가지는 진실, 한 가지의 거짓인 세 가지 정보를 준비한다.

① 선생님은 결혼을 했다.
② 선생님은 누나가 있다.
③ 선생님은 학교 근처에 산다.

step2 학생들에게 문제를 제시하고 근거를 들어 가짜 정보를 추측하게 한다.

정보를 읽고 무엇이 가짜일지 추측하고 그 근거를 생각하게 한다. 예를 들어 "선생님께서 학교 근처에 산다는 것은 가짜일 것이다. 왜냐하면 선생님께서 아침마다 차를 타고 출근하는 것을 보았는데 집이 가깝다면 걸어서 출근할 것이기 때문이다." 등의 형태로 추측하도록 안내한다.

step 3 추측한 내용을 근거와 함께 발표하고 정답을 공개한다.

정답은 최대한 많은 학생이 자신의 추측과 근거를 발표한 후 공개한다. 저학년의 경우 "저는 ○번이 가짜라고 생각합니다. 왜냐하면~"과 같이 주장과 근거를 제시하는 말하기 형식을 제공하여 말하는 연습을 병행할 수도 있다.

학생 참여 과정

1		2		3		4
원형으로 배치된 의자에 앉는다.	▶	3가지 정보 중 거짓이라고 생각되는 정보를 추측하고, 근거를 떠올린다.	▶	"왜냐하면"이라는 말을 넣어 거짓이라고 생각하는 정보와 그 근거를 말한다.	▶	정답을 확인하고 자신의 추측과 근거가 적절했는지 평가한다.

퍼실리테이션 방안

토의·토론 수업에 적용할 때? 진진가 게임은 여러 가지 정보를 종합하여 자신의 주장을 정하고 근거를 떠올려 말하는 연습을 위한 활동으로 적합하다. 이 게임의 목적은 승패를 나누는 데 있는 것이 아니라 논리적 말하기를 연습하는 것에 있으므로 적절한 추론의 근거를 들어 말한 학생에 대한 칭찬을 통해 학생들이 자연스럽게 '주장+근거'의 형태로 말할 수 있도록 유도하는 것이 중요하다. 놀이 활동 마무리 단계에서 추측을 잘한 친구나 스스로 잘한 점, 아쉬웠던 점 등의 소감을 공유하는 것도 유익하다.

진진가 게임의 주제 선정은? 주제는 활동 목적에 따라 다양하게 선정할 수 있다. 학급 공동체 구성원에 대한 정보를 주제로 선정하면 서로에 대해 자세히 알아볼 수 있다. 독서 활동의 읽기 전 단계에서 활용하여 삽화를 보고 책의 주인공에 대해 근거를 들어 추측해 보는 방법도 가능하다. 또한 토의·토론 주제와 관련된 정보를 문제로 제시하여 배경지식을 쌓게 하는 효과도 생각해 볼 수 있다.

문제 출제 시 주의할 점은? 진짜와 가짜, 즉 참과 거짓 명제를 명확하게 구분할 수 있는 문제를 제출하도록 안내해야 한다. 예를 들어 '심청이는 어머니가 일찍 돌아가셨다.'는 '진짜'라고 말할 수 있는 정보지만, '심청이가 아버지 대신 인당수에 뛰어든 것은 효도라고 할 수 있다.'는 참인 명제가 아닌 '의견'이다. 이것은 초등학교 3~4학년군에서 국어과 성취기준으로 다루어지는 '사실'과 '의견' 구분의 학습과도 연계할 수 있다.

근거를 제시할 때는? 자신이 생각한 가짜 혹은 진짜에 대한 근거를 함께 말하도록 하면 놀이를 통해 근거를 들어 주장을 말하는 연습을 충분히 해 볼 수 있다. 이때 3가지 모두에 대해 근거를 제시하기는 어렵더라도 1~2가지 정도 정보에 대해 '~이기 때문에', '거짓이라고 생각합니다' 등의 말을 연습해 보는 것이 중요하다. 또 '그냥'이라고 말하기보다 '우리 아빠보다 나이가 더 들어 보이기 때문에' 등으로 근거를 들도록 안내한다.

디지털·미디어 교육 연계 방안은? 진진가는 온라인 상황에서 활용하기에도 굉장히 용이한 기법이다. '구글 문서(Google Docs)'이나 '띵커벨(ThinkerBell)', '카훗(Kahoot)' 등의 플랫폼을 활용하면 교사나 학생 중 누구나 문제를 만들어 상대방에게 쉽게 제시할 수 있고, 응답 형태도 다양하게 나타낼 수 있다. 정답을 말로 하는 대신 채팅창 메시지나 댓글 등의 형태로 쓰거나 설문지에 답변을 작성하는 형태로도 운영할 수 있다.

진진가 게임에서 제시하면 좋을 주제는? 처음에는 간단하고 쉬운 주제로 시작하여 점점 더 복잡하고 학생들의 일상생활 문제와 관련이 있는 주제로 심화하는 것이 좋다. 예를 들면 다음과 같다.

- 구성원에 대한 정보: 나이, 가족관계, 취미, 특기, 사는 곳 등 서로 잘 알지 못하는 정보
- 토의·토론 주제와 관련된 정보: '청소년의 비만 문제가 심각하다, 청소년의 30% 이상이 비만이다, 비만을 해결하는 데 가장 시급한 것은 식단 조절이다.' 등 실제 뉴스 기사나 텍스트 내용을 기반으로 한 정보

2 밸런스 게임

'밸런스(balance) 게임'은 일상생활에서 마주하는 여러 상황 중 선택하기 어려운 질문에 대해 논리적 근거를 들어 한 가지를 선택하는 놀이를 말한다. 이 놀이를 통해 학생들이 토론 활동에 관심을 가지고 토론이 어려운 것이 아님을 느끼게 할 수 있다. 또 간단한 내용이지만 주제에 대한 자신의 입장을 정하고 논리적 근거를 제시하는 경험을 할 수 있다.

수업 진행 과정

step 1 밸런스 게임 주제를 제시한다.

일상생활의 여러 상황 중 선택하기 어려운 두 가지 예시를 제시한다. 처음 게임을 시작할 때는 '탕수육 소스 부어 먹기 vs. 찍어 먹기', '딱딱한 복숭아 vs. 말랑한 복숭아' 등 단순 선호를 선택하는 질문을 제시하여 참여도를 높인다. 온라인으로 밸런스 게임을 진행할 때는 선택지를 간단한 그림이나 프레젠테이션 화면으로 제시하여 학생의 이해를 높일 수 있다.

step 2 자신의 입장을 선택하게 한다.

두 가지 선택지 중 자신의 입장을 선택하고 근거를 떠올린 후 다른 학생들과 의견을 공유한다. 선택한 입장을 공유할 때는 반드시 근거도 함께 제시하도록 한다.

step 3 상대방의 주장에 대해 반론을 제기하도록 한다.

상대방의 주장에 대해 논리적 근거를 들어 반론을 제시하도록 한다. 밸런스 게임을 처음 하거나 반론을 제시하기 어려운 저학년의 경우 이 과정을 생략할 수 있다.

step 4 다른 주제를 제시하여 게임을 반복 진행한다.

선택이 필요한 주제를 다양하게 제시한다. 하나의 주제에 대한 밸런스 게임이 끝난 다음 다른 학생의 의견을 듣고 입장이 바뀐 학생이 있다면 이유를 들어 보는 과정을 추가할 수 있다.

step 5 밸런스 게임 활동에 대한 소감을 공유하도록 한다.

밸런스 게임을 하면서 들었던 생각이나 새롭게 알게 된 점, 흥미로웠던 점 등을 공유한다. 또 근거를 제시할 때 어려웠던 점이나 논리적인 근거를 제시할 수 있는 방법에 대해 공유하면서 토론 활동과 연계하여 생각하도록 한다.

학생 참여 과정

1		2		3		4		5
밸런스 게임 주제를 확인한다.	▶	선택지에 대한 자신의 입장을 선택하고 발표한다.	▶	상대방 주장에 대한 반론을 제기한다.	▶	다른 주제로 밸런스 게임을 계속한다.	▶	밸런스 게임 활동에 대한 소감을 공유한다.

퍼실리테이션 방안

토의·토론 수업에 적용할 때? 밸런스 게임은 상반되는 입장에 대해 자신의 입장을 정하고 논리적인 근거를 제시하는 연습을 위한 간단한 토론 전 활동으로 적합하다. 이 게임의 목적은 승패를 가르는 데 있는 것이 아니라 논리적 말하기 과정을 연습하는 것에 있으므로 판정단을 두어 토론의 승패를 가르기보다는 학습 활동 마무리 단계에서 잘된 점, 아쉬웠던 점 등의 소감을 공유하면서 활동 전반을 돌아볼 수 있도록 한다.

밸런스 게임의 주제 선정은? 밸런스 게임의 주제는 선택에 어려움을 느끼게 하는 일상생활의 다양한 상황 또는 기호 등으로 정할 수 있다. 특히 '놀이공원 vs. 워터파크'와 같이 학생들의 흥미를 유발할 수 있는 주제나 '학급 자유 시간에 미술 시간 1시간 vs 체육 시간 1시간'처럼 일상생활과 밀접한 주제를 선정하면 더욱 활발한 토론을 진행할 수 있다. 처음에는 교사가 주제를 제시하다가 학생들이 밸런스 게임에 익숙해지면 스스로 주제를 제시해 보도록 하는 것도 흥미와 참여도를 높일 수 있는 방법이다.

근거를 제시할 때는? 선택한 입장에 대해 근거를 제시할 때는 단순한 기호의 측면을 제시하기보다 객관적인 요소를 고려하여 논리적으로 제시할 수 있도록 안내한다. 예를 들어 '짜장면 vs. 짬뽕'을 선택할 때 '짜장면이 더 맛있기 때문에'와 같은 근거를 제시하기보다 영양, 가격, 조리 시간 등과 같은 측면에서 논리적 근거를 제시할 수 있도록 한다.

디지털·미디어 교육 연계 방안은? 밸런스 게임을 온라인 수업에서 활용할 때도 대면 수업과 마찬가지로 수업의 도입 단계에서 활용하기에 적합하다. 화상 수업에서는 교사가 미리 PPT나 플래시 등을 공유하여 선택지를 제시하고, 학생들은 동작이나 이모티콘을 활용하여 입장을 표시할 수 있다. 필요한 경우 근거에 대해 학생들이 화면으로 자료를 공유하는 방법도 가능하다.

밸런스 게임에서 제시하면 좋을 주제는? 다음은 밸런스 게임에서 활용할 수 있는 주제 예시이다. 처음에는 음식 선호도와 같은 간단하고 쉬운 주제로 시작하여 점점 더 복잡하고 학생들의 일상생활 문제와 밀접한 관련이 있는 주제로 심화하는 것이 좋다.

- 짜장면 vs. 짬뽕
- 팥 붕어빵 vs. 크림 붕어빵
- 프라이드치킨 vs. 양념치킨
- 6학년 1번 더 vs. 1학년 1번 더
- 1인 1역 아침에 하기 vs. 점심시간에 하기
- 남녀 공학 중학교 vs. 여자 중학교/남자 중학교
- 여름 방학 길게 가지기 vs. 겨울 방학 길게 가지기
- 앉을 자리 무작위로 추첨하기 vs. 선생님이 정해 주기
- 자유 시간에 미술 활동 1시간 하기 vs. 체육 활동 1시간 하기

3 최후의 인물 찾기

'최후의 인물 찾기' 놀이는 추리력과 상상력을 동원하여 여러 가지 인물 유형 중 특정 상황에 가장 필요한 인물을 선택하는 활동이다. 학생들은 인물들의 능력, 체력, 성별, 사회적 위치 등 각자가 중요하게 생각하는 가치에 따라서 적합한 인물을 선발하고, 합리적 이유를 설명하여 친구들을 설득하게 된다. 자신의 생각을 친구들에게 설득하는 과정을 통해 토의·토론 활동에 필요한 논리적 말하기의 기초를 다질 수 있다.

수업 진행 과정

step1 최후의 인물을 찾기 위한 상황을 확인하게 한다.

최후의 인물을 찾기 위한 상황(미래의 지구 찾기, 환경 문제 해결하기 등)과 목적에 대해 학생들 전체가 함께 확인할 수 있도록 한다. 번갈아 읽기나 함께 읽기 등의 방법을 활용하여 문제 상황을 확인하고 간단한 질문을 통해 문제 상황을 제대로 이해했는지 확인하는 과정이 필요하다.

step2 최후의 인물을 찾는데 필요한 조건을 정하도록 한다.

상황에 따라 필요한 조건 속에서 찾아야 할 최후의 인물을 정하되, 학급 규모에 따라 인물의 수(후보의 수 또는 선정해야 할 인물의 수 등)는 늘리거나 줄일 수 있다.

step3 각자 인물을 선택하고 그 이유를 설명하도록 한다.

다양한 인물 중 각자 선택한 인물과 그 이유를 소개한다. 서로 선택한 인물이 같더라도 이유가 다를 수 있으므로, 친구들의 선택과 자신의 선택을 비교하여 공유하도록 한다.

step4 최후의 인물을 다시 고르고, 친구들과 이야기를 나누도록 한다.

친구들과 이야기를 나눈 후 인물을 다시 선택할 기회를 제공한다. 최종 선택한 인물이 바뀌었다면 바뀐 이유를 친구들에게 소개할 수 있도록 한다.

step 5 최후의 인물 찾기 놀이를 해 본 소감을 나누도록 한다.

각자의 주장에 대해 이유를 들어가며 말해 본 소감과 느낀 점을 공유한다. 이때 다른 친구를 설득하기 위한 방법에 대해 이야기를 나눠 본다.

학생 참여 과정

1		2		3		4		5
최후의 인물을 찾기 위한 상황과 조건을 확인한다.	▶	상황 속 인물을 선택하고 그 이유를 정리한다.	▶	자신이 선택한 인물과 그 이유를 친구들에게 설명한다.	▶	다른 친구들의 의견을 듣고, 최종 선택을 하고 그 이유를 설명한다.	▶	최후의 인물 찾기에 참여한 소감을 나눈다.

퍼실리테이션 방안

토의·토론 수업에 적용할 때? 최후의 인물 찾기 놀이는 독서 토론 수업에서도 활용할 수 있다. 작품을 함께 읽고 작품 속 다양한 인물의 삶에 대해 이야기를 나누는 과정에서 어떤 인물의 삶이 가치가 있는지 또는 어떤 인물의 삶처럼 살고 싶은지 등 학생들 스스로 인물을 선택하는 토론 수업에서 적용할 수 있다. 또는 환경, 인구 문제 등 사회의 다양한 문제를 해결하기 위해 필요한 인물을 선정하는 토의 수업에서도 활용할 수 있다.

아래 QR 코드를 인식하여 수업 활동지를 내려 받아 활용할 수 있습니다.

인물을 선정하는 방법은? 인물의 나이, 직업, 성별 등 다양한 측면을 고려해서 각자의 순위를 나열해 보도록 한다. 인물을 선정할 때 각각의 이유를 논리적으로 설명하는 것이 중요함을 사전에 안내하고, 서로의 의견을 나눌 수 있는 시간과 기회를 충분히 제공한다.

4 손님 모셔 오기

'손님 모셔 오기' 놀이는 둥글게 배치된 의자에 앉은 학생들이 비어 있는 자리를 채우기 위해 서로 자리를 바꾸는 신체 활동 놀이이다. 특정 학생이 활동을 주도하는 것이 아니라 모든 학생이 참여할 수 있고, 특별한 준비물이 필요 없어 쉽게 시도해 볼 수 있다는 장점이 있다. 이 놀이를 통해 학생들은 토의·토론에서 기본이 되는 '참여'의 개념을 신체적으로 이해하고 체득할 수 있게 된다. 또한 놀이 상황에서 부담 없이 자리에서 일어나 보는 경험을 하게 되는데, 이는 토의·토론 상황에서 자신감 있게 자신의 의견을 펼칠 수 있는 계기가 될 수 있다.

수업 진행 과정

step 1 참여하는 학생 수보다 한 개의 의자를 더해 원형으로 배치하고 앉힌다.

다음 그림 3.1과 같이 둥글게 의자를 배치한다. 이때 참여자의 수보다 의자의 수가 1개가 더 많아서 빈 의자가 자연스럽게 발생하게 한다. 빈 의자의 양쪽 옆에 있는 사람이 초대자가 되어 손님을 모셔 오는 놀이를 시작한다. 학생들이 놀이에 참여하는 동안 유연한 분위기를 조성하기 위해 음

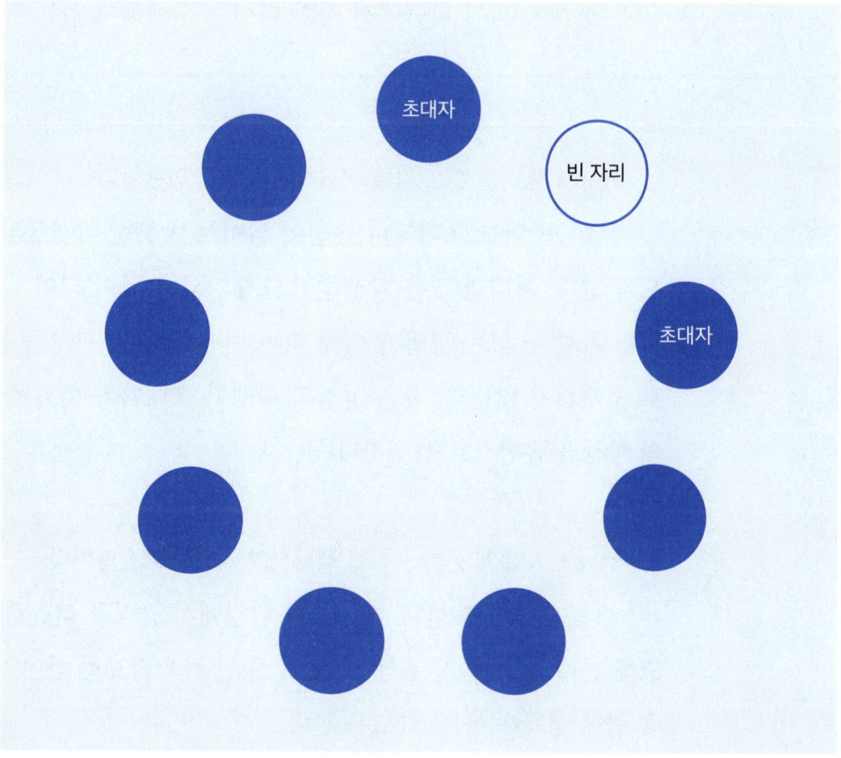

그림 3.1 손님 모셔 오기 활동 자리 배치

악을 틀 수 있다. 음악은 학생들의 움직임을 촉진할 수 있는 흥겨운 음악을 선택하는 것이 좋다.

step 2 빈 의자의 양쪽에 있는 학생들이 초대자가 되는 규칙을 알려 준다.

초대자들은 함께 손을 잡고 이동하여 손님을 한 명 모셔 오도록 한다. 손님을 모셔 올 때는 초대자가 손님 양쪽에 서서 손을 잡고 돌아와 빈 의자에 앉히도록 한다.

step 3 새롭게 생긴 빈자리의 양쪽에 있는 학생들이 초대자가 되어 놀이를 반복하게 한다.

손님으로 초대되어 간 학생의 자리가 비게 되고, 이 자리의 양쪽에 있는 학생들이 다시 초대자가 되어 새로운 손님을 모셔 오도록 한다. 교사가 틀어 주는 음악이나 정해진 시간이 끝날 때까지 놀이를 진행한다. 재미를 위해 음악이 끝날 때 서 있는 학생 두 명(초대자들) 혹은 세 명(초대자와 손님)은 술래가 되어 학급에서 정한 미션을 수행해야 하는 규칙을 추가할 수도 있다.

step 4 놀이를 한 소감을 공유하는 자리를 마련한다.

특히 한 번도 초대자나 손님이 되어보지 못한 학생들의 의견을 들어보도록 한다. 최대한 많은 학생들이 초대자와 손님이 되어 놀이에 참여할 기회를 가질 수 있는 방법에 대해 의논한다. 예 같은 학생을 중복하여 손님으로 초대하지 않는다. 같은 성별의 학생이 초대자가 되었을 때는 다른 성별의 학생을 손님으로 선택한다 등.

step 5 새롭게 정한 규칙을 적용하여 놀이를 재진행한다.

새롭게 놀이를 한 후 참여도의 관점에서 규칙을 적용하기 전과 후를 비교해 본다. 이 놀이를 통해 토의·토론 활동에 필요한 참여의 의미와 중요성을 함께 생각해 볼 수 있도록 한다.

학생 참여 과정

1	2	3	4	5
원형으로 배치된 의자에 앉는다.	빈 의자의 양 쪽에 앉은 학생 둘이 손을 잡고 이동하여 손님을 모셔와 빈 의자에 앉힌다.	새롭게 생긴 빈자리의 양쪽에 있는 학생 둘이 초대자가 되어 새로운 손님을 모셔온다.	정해진 시간이나 노래가 끝날 때까지 반복한다.	놀이 소감을 나누고 새로운 규칙을 정하여 새롭게 놀이를 시작한다.

퍼실리테이션 방안

토의·토론 수업에 적용할 때? 토의·토론은 나와 의견이 다를 수 있는 많은 사람들 사이에서 의견과 근거를 논리적으로 말할 수 있어야 하기 때문에 학생들이 부담을 느낄 수 있다. 이러한 부담을 줄이기 위해서는 긍정적이고 수용적인 교실 분위기가 필수적이다. '손님 모셔 오기'와 같은 단순한 신체 놀이는 학생들이 무작위로 짝을 지어 손을 맞잡고 움직이는 활동을 통해 놀이에 참여하는 경험을 제공한다. 또한 끊임없이 자리를 이동하여 다양한 친구들과 교류하게 되어 원활한 토의·토론 활동에 밑거름이 될 수 있다.

손님 모셔 오기를 즐겁게 하기 위한 방법은? 움직임에 제약을 더해 한 발을 들고 손님을 모셔 오도록 할 수 있다. 시작과 마침을 알리는 노래를 학생들의 추천을 받거나 음악 시간에 학생들과 익힌 노래를 활용할 수도 있다. 그리고 술래가 생겼을 때, 학생들이 만들어 둔 미션 목록 중 하나를 적용하는 것이 가능하다. 단, 이때 미션 목록은 모든 학생들이 허용한다고 합의한 것이어야 한다.

연계하여 활용할 수 있는 토의·토론 방법은? 학생들이 토의·토론을 어려워하는 이유 중 하나는 스스로 일어나서 주목받고 말하는 것을 두려워하기 때문이다. 그러므로 '손님 모셔 오기'를 통해 자연스럽게 자리에서 일어나고 몸을 움직여 봄으로써 서로 간의 친밀감과 관심을 높여 부드러운 분위기를 형성할 수 있다. 이런 놀이는 신체 움직임이나 이동이 필요한 둘 가고 둘 남기, 어항 토의, 교차 토의 등의 토의·토론 방법과 연계하여 운영할 수 있다.

5 머리-몸통-다리

'머리-몸통-다리' 게임은 토의 주제를 떠올리는 활동으로, 주제에 적합한 주장과 근거를 떠올리기 어려워하는 학생들에게 유용한 놀이다. 게임 형식으로 진행되기 때문에 학습자의 흥미를 높이고, 팀 활동을 통해 부담 없이 토의에서 사용할 주장과 근거의 기본 구조를 연습할 수 있다. 특정 '주제(머리)'에 대한 '주장(몸통)', 그 주장에 알맞은 '근거(다리)'를 빠르게 떠올리는 이 활동은 주제에 적합한 주장인가, 주장에 적합한 근거인가에 대한 민감성은 다소 떨어질 수 있다. 따라서 토의를 처음 시작하는 학생들에게 활용하기에 적합하다.

수업 진행 과정

step 1 다양한 토의 주제를 떠올릴 수 있는 낱말을 준비한다.

적절한 토의 주제가 나올 만한 낱말을 미리 준비한다. 예를 들어 '교실', '친구', '놀이동산', '교통사고', '우정' 등의 낱말을 종이 카드나 프레젠테이션으로 제시할 수 있다. 이때 낱말은 다양한 토의 주제를 떠올릴 만한 것으로 마련하는 것이 좋다.

step 2 3인으로 팀을 구성한다.

각각 한 사람이 토의 주제(머리), 주장(몸통), 주장에 알맞은 근거(다리)를 말할 수 있도록 팀을 3인으로 구성한다. 팀원의 수가 맞지 않는 경우 수준이 우수한 학생이 포함된 팀을 2인으로 구성한다. 이때 집단은 이질 집단으로 구성하는 것이 좋은데, 서로가 가르치고 배우며 내용을 점검할 수 있기 때문이다.

step 3 제시된 낱말에 적합한 토의 주제, 주장, 근거를 마련하여 외치게 한다.

출제자가 '교실'이라는 낱말을 제시하면 팀원은 빠르게 토의하여 토의 주제(머리), 주장(몸통), 근거(다리)에 알맞은 내용을 마련한다. 예를 들어 토의 주제(머리) 역할의 학생이 "교실에서 안전사고를 예방하는 방법"이라고 말하면, 주장(몸통) 역할의 학생은 "교실에서 뛰거나 심한 장난을 치지 맙시다."라고 말하고, 근거(다리) 역할의 학생은 "왜냐하면 교실은 책상이나 의자가 단단해서 다치기 쉽기 때문입니다." 등의 근거를 외쳐야 한다. 준비된 팀이 손을 들어 답을 말하고, 다른 참가자들 대부분이 동의하거나 출제자가 인정한 경우 승점을 가져간다.

step 4 다른 낱말을 제시하여 놀이를 반복한다.

한 팀이 승점을 가져간 이후에는 다른 낱말을 제시하여 놀이를 반복한다. 실력이 우수한 한 팀이 계속해서 승점을 가져가지 않도록 적절하게 팀을 지명하고, 머리-몸통-다리의 역할을 바꾸게 하는 등의 안배를 통해 많은 학생이 토의 주제에 적합한 주장과 근거를 말해 보는 경험을 하게 한다.

학생 참여 과정

1	2	3	4
3명이 한 팀이 되어 토의 주제(머리), 주장(몸통), 근거(다리)의 역할을 나눈다.	선생님이 낱말을 제시하면 팀원들과 빠르게 토의하여 낱말과 관련된 토의 주제, 주장, 근거를 마련한다.	팀 이름을 외치거나 손을 들어 발언권을 얻은 후 머리, 몸통, 다리의 내용을 순서대로 외친다.	먼저 외치는 팀이 승점을 가져가고, 다른 낱말이 제시되면 같은 과정을 반복한다.

퍼실리테이션 방안

토의·토론 수업에 적용할 때? 머리-몸통-다리 게임은 토의 주제와 주장, 근거를 구분하고 개념을 이해하는 데 도움을 주는 게임이다. 그러므로 토의 수업 전에 아이스브레이킹 활동으로 제시하거나 토의를 처음 학습하는 초보자에게 활용하기 유용하다. 순발력을 요구하는 게임이기 때문에 교과서를 활용하여 한두 가지 토의 주제를 다루는 것보다 짧은 시간에 많은 주제를 다룰 수 있는 장점이 있다. 만약 토론에 적용하려면 머리는 토론 주제, 몸통은 주장, 다리는 근거로 유창성보다는 일관된 주장과 근거를 이어서 말할 수 있는지를 점검하는 데 활용할 수 있다.

게임의 낱말 선정은? 낱말은 다양하게 제시할 수 있는데 수업과 연결 지을 수 있거나 실생활과 관련된 낱말을 제시하면 좋다. 제시된 낱말을 통해 학생들이 관련된 토의 주제를 떠올리는 것이 중요하기 때문이다. 예를 들어 '바다'라는 낱말을 제시하면 '바다 해양 생물 보호를 위해 우리가 노력할 일'이라는 주제를 떠올릴 수 있어야 한다. 이는 초등학교 4학년 교육과정에서 토의 주제, 주장, 근거를 구분하는 내용 요소와도 관련이 있는 게임이다.

활동 시 유의점은? 역량이 뛰어난 학생이 지나치게 활동을 주도하면, 상대적으로 역량이 부족하거나 활동에 익숙하지 않은 학생은 충분히 생각할 시간이 부족해질 수 있다. 따라서 학생들의 수준에 따라 순차적으로 '머리-몸통-다리' 역할을 맡도록 하되, 각자 자신의 역할에 맞는 아이디어를 떠올리는 시간을 30초 정도로 제공하는 규칙을 정하는 것이 효과적이다. 게임은 목적이 아니라 수단이므로, 서로 가르치고 배우며 주제에 맞는 주장과 근거를 마련하는 데 초점을 두어 더 적절한 아이디어를 제시한 팀이 승점을 얻는 방식으로 운영하면 학습 효과를 높일 수 있다.

학생들에게 안내할 예시 자료는? 제시된 낱말에서 주제, 주장, 근거를 제시하는 데 어려움을 느낄 수 있으므로, 다음 표 3.1과 같은 예시 자료를 참고하도록 한다.

표 3.1 머리-몸통-다리 활동 예시

구분 \ 낱말	바다	인공지능
머리 (주제)	해양 생물 보호를 위해 우리가 노력할 일	인공지능 로봇은 담임 선생님이 될 수 있는가?
몸통 (주장)	플라스틱 빨대 사용을 줄입시다.	인공지능 로봇은 담임 선생님이 될 수 없다.
다리 (근거)	왜냐하면 플라스틱은 분해가 잘 되지 않고, 바다로 흘러들어가 해양 생물의 생명을 앗아가기 때문이다.	왜냐하면 학생들의 감정과 그 순간의 분위기를 민감하게 인식하지 못해 생활지도가 어렵기 때문이다.

6 서바이벌 브레인스토밍

'서바이벌 브레인스토밍(survival brainstorming)'은 모둠별로 주제에 대해 떠오르는 아이디어를 제한 시간 동안 최대한 많이 생성한 다음 더 많은 아이디어를 생성하여 끝까지 남는 모둠이 이기는 게임이다. 이 게임을 통해 아이디어를 생성하는 것에 어려움을 겪거나 귀찮아하는 학생들에게 모둠원과 협동하여 아이디어를 생성하게 하고, 게임의 요소를 더하여 아이디어 생성 활동에 흥미를 유도할 수 있다. 단순히 많은 아이디어를 제시하는 것뿐만 아니라 다른 사람의 의견을 경청하게 할 수 있는 게임이다.

수업 진행 과정

step1 모둠을 정하고 '서바이벌 브레인스토밍'의 주제를 제시한다.

'서바이벌 브레인스토밍'의 규칙을 설명하고 주제를 제시한다. 게임을 처음 할 때는 시장이나 학교처럼 학생들이 쉽게 아이디어를 도출할 수 있는 주제를 제시하여 게임의 방법을 익히도록 한다.

step2 주제어를 듣고 제한 시간 동안 생각나는 단어를 쓰게 한다.

모둠원끼리 모여 교사가 제시한 주제어에 대해 생각나는 단어를 제한 시간 동안 최대한 많이 쓰게 한다. 학생 수준에 따라 제한 시간을 조절하되 게임에 익숙하지 않은 경우 시간을 여유롭게 제공하고 익숙해지면 제한 시간을 줄이는 등 역동적으로 운영할 수 있다.

step3 발표 순서를 정하고, 아이디어를 발표하도록 한다.

어느 모둠부터 발표할지 발표 순서를 정하고, 순서대로 도출한 아이디어를 발표하도록 한다. 이때, 앞에서 발표한 아이디어는 다시 말할 수 없으며 다른 모둠이 발표하는 동안에는 추가 아이디어를 생성할 수 없다. 더 이상 새로운 아이디어가 없는 모둠은 탈락하고, 마지막까지 남는 모둠이 승리한다.

step 4 주제어를 바꾸어 게임을 반복 진행한다.

주제어를 변경하여 게임을 계속 진행한다. 두 번째 게임에서는 순서를 바꾸어 특정 모둠이 유리하지 않도록 한다.

step 5 서바이벌 브레인스토밍 게임에 대한 활동 소감을 공유하게 한다.

주제에 대한 여러 가지 아이디어 중 재미있거나 창의적인 아이디어를 공유하게 한다. 다른 친구의 아이디어를 잘 기억하려면 어떻게 하면 좋을지 의논하며 소감을 나누도록 한다.

학생 참여 과정

1. 모둠을 정하고 주제를 확인한다. ▸
2. 제한 시간 동안 주제어를 듣고 생각나는 단어를 쓴다. ▸
3. 발표 순서에 따라 모둠별 아이디어를 발표한다. ▸
4. 주제어를 바꾸어 게임을 계속한다. ▸
5. 서바이벌 브레인스토밍 게임에 참여한 소감을 공유한다.

퍼실리테이션 방안

토의·토론 수업에 적용할 때? 서바이벌 브레인스토밍 게임은 학급 전체 또는 모둠 활동으로 운영하여 토의·토론 활동의 전후에 활용할 수 있다. 토의·토론 전 활동에서는 토의·토론의 주제와 관련 있는 다양한 배경지식을 생성하고 주제에 대한 학생들의 개념과 인식을 확장하는 목적으로 활동할 수 있다. 토의·토론 후에는 토의·토론 주제와 관련된 단어를 제시하는 활동으로 활용 가능하다.

브레인스토밍을 잘하기 위해서는? 학생들이 브레인스토밍을 잘하기 위해서는 다음과 같은 방법들을 활동하기 전에 제시할 수 있다.

① 생각나는 것은 바로 적기

② 아이디어를 생성하는 동안에는 아이디어에 대해 평가하지 않기

③ 이미 제시된 의견을 바탕으로 변형하거나, 아이디어끼리 합쳐서 새로

운 아이디어 만들기

활동 시 유의점은? 모둠 활동을 할 때 학생들의 경쟁이 가열되는 경우가 있는데 제한 시간 이후에는 아이디어를 생성하지 않도록 하고, 자기 모둠 아이디어 발표에만 몰두하여 다른 모둠 아이디어를 놓치지 않도록 안내한다. 서바이벌 브레인스토밍의 목적은 서바이벌이 아니라 아이디어의 확산적 생성에 있으므로 주제와 관련성은 가능한 폭넓게 인정하는 것이 좋다.

디지털·미디어 교육 연계 방안은? 온라인 수업에서 활용할 경우 모둠별 아이디어 생성 활동을 위해 줌(Zoom)이나 구글 미트(Google Meet)에서 '소회의실' 혹은 '소그룹 채팅방' 기능을 활용할 수 있다. 교사가 미리 소회의실 별로 학생들을 배정하고 제한 시간을 부여하여 아이디어 생성 활동을 진행한다. 이때 발표자와 기록자의 역할을 정하도록 하고 교사가 소회의실을 순회하며 활동 과정을 점검·조정하는 것이 필요하다.

저학년에서 활용할 때? 저학년 학생들에게 적용할 때는 '시장에 가면'이라는 말놀이의 형태로 진행할 수 있다. 다음은 서바이벌 브레인스토밍을 '시장에 가면' 놀이로 변형한 수업의 예시이다.

교사: 여러분, 오늘은 시장에 가면 놀이를 할 거예요. 선생님이 먼저 "시장에 가면~" 하고 시작하면 1번 친구부터 차례로 돌아가면서 시장에 가면 만날 수 있는 물건들을 하나씩만 말해야 해요. 1번 친구가 말하고 나면 2번 친구는 1번 친구가 말한 내용에 자신이 말할 내용을 덧붙여 말해요. 예를 들어 1번 친구가 "시장에 가면 가지도 있고" 라고 말했다면 2번 친구는 "시장에 가면 가지도 있고, 오이도 있고"라고 이야기합니다. 이 때 앞에서 나온 단어들을 순서대로 말해야 하고, 한 번 나왔던 단어를 중복해서 말할 수 없어요. 순서를 잊어버리거나 새로운 단어를 말하지 못하면 탈락합니다. 그러면 1번 친구부터 한 번 해 볼까요?

1번 학생: 시장에 가면 가지도 있고~

2번 학생: 시장에 가면 가지도 있고, 오이도 있고

3번 학생: 시장에 가면 가지도 있고, 오이도 있고, 돼지고기도 있고

4번 학생: 시장에 가면 가지도 있고, 오이도 있고, 앗 기억이 안나요.

교사: 4번 학생 탈락! 다음 순서 친구부터 계속해 봅시다.

아이디어 생성 및 확산하기

'아이디어 생성 및 확산하기' 단계에서는 학습자들이 자신의 생각을 자유롭게 표현하고, 타인의 의견을 통해 사고를 확장할 수 있도록 돕는다. 짝, 모둠원과 함께 시각화 도구를 활용한 다양한 사고 기법을 통해 아이디어 흐름을 활성화하고, 토의·토론 주제에 대한 다각적인 접근을 유도한다. 이 단계에서 활용 가능한 8가지 기법을 소개하며, 창의적 사고와 상호 작용을 자연스럽게 끌어내는 방법도 제시한다.

1 브레인스토밍

브레인스토밍(brainstorming)은 brain과 storm의 합성어로 오즈번(Osborn, 1953)이 창의적인 아이디어를 생산하기 위해 고안한 학습 도구이자 회의 기법이다. 아이디어의 양에 중점을 두어 최대한 많은 아이디어를 생각해 내는 데 유용한 집단 기반의 창의적 발상 기법이다. 다양하고 창의적인 아이디어 도출을 위해 비판 없이 열린 마음과 자유로운 사고로 회의에 참여하는 것을 강조하며, 아이디어의 연쇄 반응을 불러일으켜 자유분방하게 많은 아이디어를 생성하게 함으로써 주제에 대한 다양한 해결 방법을 찾을 수 있다.

수업 진행 과정

step 1 모둠을 구성하고 각 모둠의 리더와 기록자를 정하도록 안내한다.

주제에 따라 적절한 인원으로 모둠을 구성하고 서로 잘 바라볼 수 있게

자리를 배치한 다음, 원활한 진행을 위해 리더와 기록자를 정한다. 브레인스토밍에서는 리더의 역할이 중요하다. 리더는 브레인스토밍의 규칙에 대한 충분한 이해를 바탕으로 참가자들에게 규칙의 중요성에 대해 설명을 해야 한다. 기록자는 집단의 다양한 아이디어들을 기록하는 역할을 수행할 수 있도록 한다.

step 2 연습을 통해 규칙을 익히도록 한다.

리더가 기본 규칙과 진행 방법을 구성원들에게 설명한다. 그 후 간단한 연습 문제를 통해 구성원들이 규칙과 방법에 대해 정확히 숙지할 수 있도록 한다.

step 3 문제를 해결하기 위한 아이디어를 산출하도록 한다.

구성원들이 주어진 문제에 대해 많은 양의 아이디어를 산출한다. 그 후 모둠원의 아이디어에 대해 결합 또는 수정을 하며 새로운 아이디어 창출이 가능할 수 있도록 기록자가 빠짐없이 기록하도록 한다.

학생 참여 과정

1		2		3
모둠을 구성하고 각 모둠의 리더와 기록자를 정한다.	▶	브레인스토밍의 규칙과 방법을 확인한다.	▶	문제 해결을 위한 다양한 아이디어를 산출하고 기록자는 그 내용을 기록한다.

퍼실리테이션 방안

토의·토론 수업에 적용할 때? 브레인스토밍을 활용하여 토의·토론에 필요한 다양한 아이디어를 모을 수 있다. 토의·토론 활동에 들어가기 전이나 토의·토론 진행 중에 문제의 개선 및 해결 방안에 대해 학생들이 공동으로 아이디어를 모아 더 좋은 아이디어를 찾아볼 수 있다.

브레인스토밍에서 지켜야 할 규칙은? 브레인스토밍을 활용 및 운영 함에 있어 지켜야 할 4가지의 규칙이 있다. 첫째, 창출된 아이디어를 평가하거나 비난해서는 안된다. 둘째, 자유롭고 개방적인 분위기 조성이 필요하다. 브레인스토밍 기법은 마음 속에 떠오른 아이디어가 비록 부족하거나 엉뚱한 내용일지라도 이를 자유롭게 표현할 수 있는 분위기를 중요시한다. 자유로운 분위기 속에서 참신한 아이디어가 도출될 수 있다는 것을 기대하기 때문이다. 셋째, 가능한 많은 양의 아이디어를 추구한다. 즉, 아이디어의 수가 많으면 많을수록 유용하고 창의적인 아이디어가 창출될 가능성이 커진다. 넷째, 결합과 개선이 적극적으로 추구되어야 한다. 자신의 아이디어뿐만 아니라 다른 사람의 아이디어를 어떻게 하면 개선할 수 있을지 또는 다른 아이디어들과 결합할 수 있는지에 대한 의견을 제시하는 것도 중요하다.

브레인스토밍을 진행하기에 적합한 주제는? 브레인스토밍을 진행할 때 흥미롭고 학생들의 삶과 관련된 주제를 선정하는 것이 좋으며 한 가지 해결책보다는 여러 가지 해결책을 가지고 있는 주제를 선정해야 한다. 또한 학생들의 흥미와 관심을 반영한 주제로 선정하여 쉬운 것부터 연습해 보는 것이 바람직하다. 학생들의 수준에 따라 충분한 사전 활동이나 다양한 자료 제시를 통해 선정된 주제에 관한 흥미를 유발시키는 것도 효과적인 방법이라 할 수 있다.

브레인스토밍을 변형하여 적용할 수 있는 방법은? 다음은 브레인스토밍을 변형하여 적용할 수 있는 브레인스토밍의 창조적 확장 방법인 역할 상상법(Rolestorming)(Griggs, 1985)과 역브레인스토밍(Reverse brainstormin)(Rawlinson, 1981)에 대한 설명이다.

역할 상상법

① 각자 임의의 인물을 한 명씩 선정한다. 역사적 위인, 연예인, 작품 속 인물 등 교실에 없는 사람이면 누구든 좋다.

② 브레인스토밍 규칙에 따라 아이디어 생산을 위한 질문을 던진다.

③ 참여자 중 절반은 상상 속 인물(역사적 위인, 연예인 등)의 입장에서 아이디어를 내고, 나머지 절반은 실제 역할로 브레인스토밍을 진행한다.

④ 일정 시간이 지나면 역할을 바꾼다. 즉 상상 인물을 했던 학생들은 실제

의 자신으로 돌아오고, 나머지 학생들은 선택한 가상의 인물의 입장으로 의견을 제시한다.

⑤ 역할 상상법 진행 과정을 되돌아보고, 성찰에 대해 이야기를 나눈다.

역브레인스토밍

역브레인스토밍은 논의하고자 하는 주제와 반대되는 이슈를 제시해 의견을 모으고 관점의 전환을 통해 해결책을 찾아보는 방법이다. 예를 들어 "학교 폭력 예방을 위한 방법"을 찾기 위해 "학교 폭력이 많아지기 위해서는?"라는 주제로 논의해 보는 것이다. 이러한 주제로 충분히 의견을 나눈 후, 원래의 목적 달성에 도움이 될 만한 아이디어를 찾아 함께 공유해 보는 것으로 브레인스토밍을 마무리할 수 있다.

2 브레인라이팅

브레인라이팅(brainwriting)은 집단 기반의 창의적 발상 기법 중 하나이다(Rohrbach, 1969). 브레인라이팅의 원리는 브레인스토밍과 유사하지만, 아이디어 산출 과정에서 약간의 차이점을 보인다. 브레인스토밍에서는 기록자가 집단의 아이디어를 기록하지만, 브레인라이팅에서는 개인별로 정해진 용지에 본인의 아이디어를 차례대로 돌아가면서 기록한다. 자신의 생각을 개념화하여 종이에 기록하는 과정을 거치므로 다양하고 독창적인 아이디어를 심사숙고하여 끌어낼 수 있으며, 발표력이 부족하여 침묵하는 참여자의 의견을 반영하기에 적합한 방법이다.

수업 진행 과정

step1 모둠을 구성하고 주제를 확인하도록 한다.

브레인라이팅 과정의 개별 활동과 집단 활동을 통해 합의된 의견을 도출할 수 있도록 4~6명으로 모둠을 구성한다. 그 후, 문제 해결을 위한 질문이나 주제를 제시한다. 주제의 경우 학생들의 삶과 관련된 주제를 선정하는 것이 좋으며, 한 가지 해결책보다는 여러 가지 해결책을 가지고 있는 주제를 선정해야 한다.

step 2 붙임쪽지에 각자의 아이디어를 작성하도록 한다.

주어진 문제의 해결을 위해서 다양한 대안을 모색한다. 모둠원 모두 각자의 붙임쪽지에 주어진 문제 해결을 위한 아이디어를 기록한다. 붙임쪽지는 인당 5~6개가량 나누어 주고, 붙임쪽지 1개에 아이디어 1개를 작성하게 하여 혼란이 없게 한다.

step 3 수집한 아이디어를 다양한 방법으로 범주화할 수 있도록 안내한다.

모둠원 각자가 생각한 아이디어를 모아 비슷한 것끼리 분류한다. 분류 과정에서 각자 적은 붙임쪽지에 기록된 내용을 설명하도록 하여 자신의 의견과 다른 사람의 의견을 비교할 수 있도록 한다. 분류 기준에 따라 아이디어를 부착 및 게시하고 유사한 아이디어들을 포괄할 수 있는 키워드를 기록하여 함께 제시한다.

step 4 모둠별로 수집 및 정리된 의견을 발표하도록 한다.

모둠별로 수집하여 분류한 붙임쪽지를 게시판이나 전지 등에 범주화하여 부착한다. 그 후 의견을 최종 정리하여 전체적으로 공유한다.

학생 참여 과정

1	2	3	4
모둠을 구성하고 주제 및 문제를 확인한다.	문제를 해결하기 위한 아이디어를 붙임쪽지에 작성한다. 이때, 붙임쪽지 1개에 아이디어 1개를 작성한다.	모둠원들과 함께 아이디어를 살펴보며 비슷한 것끼리 분류하고, 아이디어를 포괄할 수 있는 키워드를 기록한다.	정리된 의견을 게시판이나 전지 등에 범주화하여 부착하고, 다른 친구들에게 공유한다.

토의·토론 수업에 적용할 때? 브레인라이팅은 각자 자신의 아이디어를 기록하므로 다른 사람으로 인해 자신의 아이디어가 방해받거나 평가받지 않기 때문에 의견을 내는 데 소극적인 학생들에게 적용하기 좋다. 무엇보다 아이디어를 기록으로 남겨 둠으로써 산출된 아이디어를 언제든 토의·토론에 활용하기 용이하다. 온·오프라인 병행 토의·토론 수업의 경우 기록이 가능한 플랫폼을 활용하여 아이디어를 공유하는 방식으로도 활용 가능하다.

지켜야 할 규칙은? 브레인라이팅은 브레인스토밍과 마찬가지로 아이디어의 질보다 양을 중시하는 방법이다. 학생들이 특정 주제에 대한 아이디어가 더 이상 생각나지 않을 때까지 최대한 많이 적을 수 있도록 한다. 또한 아이디어의 판단은 유보하고 앞서 적은 아이디어를 적극 활용하여 수정 및 보완할 점이 없는지에 대해서도 생각할 기회를 제공한다. 활동에 20~30분 정도의 시간 제한을 두어 학생들이 집중력 있게 아이디어를 산출할 수 있는 환경을 조성하는 것이 좋다.

디지털·미디어 교육 연계 방안은? 브레인라이팅은 다양한 온라인 플랫폼을 활용하여 실시할 수 있다. 멘티미터(Mentimeter)의 워드 클라우드 기능이나 패들렛(Padlet) 등을 통해 학생들이 떠오르는 아이디어를 실시간으로 작성 및 공유하고, 댓글이나 좋아요 표시 등으로 서로의 아이디어에 대해 평가할 수 있다.

브레인라이팅을 활용할 수 있는 추가적인 방법은? 다음은 브레인라이팅 활용 방법 중 하나인 6-3-5 법칙에 대한 설명이다(Rohrbach, 1968).

6-3-5 법칙

6-3-5 법칙은 6명으로 구성된 모둠이 있을 때 30분동안 108개의 새로운 아이디어를 도출할 수 있는 방법이다. 먼저 각자 5분동안 3개의 아이디어를 작성하고 옆사람에게 전달한다. 30분동안 총 6개의 종이에 3개의 아이디어를 작성하므로 한 명이 18개의 아이디어를 작성하게 된다. 6장에 작성된 아이디어를 모두 합하면 108개의 아이디어가 된다.

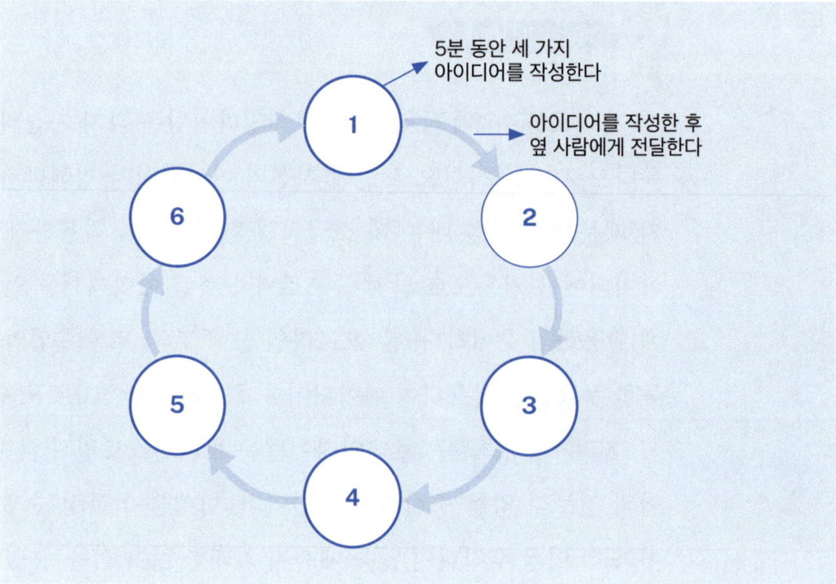

그림 3.2 6-3-5 법칙 진행 방식

3 명목집단법

명목집단법(Nominal Group Technique)은 집단에 속한 개인 구성원으로부터 아이디어나 정보를 모으는 기법으로, 다른 구성원의 영향을 받지 않고 자신의 아이디어를 생성하는 방법이다(Bartunek & Murnighan, 1984). 이름 그대로 명목상 집단에서 활동하지만 실제로는 개인 활동자가 중심이 되어 의견을 제시하는 토의 방법이다. 토의 참여자들은 본 토의가 시작되기 전 주어진 주제에 대한 자신의 의견을 붙임쪽지, 노트, 토의 양식지 등의 형태에 자유롭게 정리할 시간을 부여받는다. 이 과정에서 다른 참가자들과 의논하거나 비평하는 과정은 허용되지 않고 침묵 속에서 생각을 정리하는 것이 특징이다. 토의 참여자들은 개인의 의견을 제시한 후 논의의 과정을 거쳐 의견을 취합하여 정리하고 정리된 의견에 대해 의사 결정을 내린다(교육평가용어사전, 2004).[1]

1 명목집단법은 집단에 속한 개인 구성원의 아이디어나 정보에서 집단 활동의 아이디어를 모으는 것으로, 앞서 설명한 '브레인라이팅'은 쓰기 활동의 형태로 명목집단법을 구체화한 기법이라 할 수 있다.

명목집단법은 토의 참여자 개개인에게 의견 정리의 시간을 부여하여 토의 시간을 절약하고, 적극적인 참여를 유도한다는 장점이 있다. 또한 확산적 아이디어의 생산 및 경청을 용이하게 한다(박창균, 2017).

수업 진행 과정

step 1 주제에 대한 개인의 의견을 제시하도록 한다.

모든 토의 참여자가 각자 토의 주제에 대한 자신의 의견을 간단한 활동지(붙임쪽지, 노트, 카드 등)에 적는다. 이때, 한 장의 활동지에는 하나의 아이디어만 작성한다. 개인의 의견을 적을 때는 모둠원들끼리 논의를 하거나 상대의 의견에 대해 비판하지 않고 침묵 속에서 각자의 의견을 쓰도록 한다.

step 2 개별 작성한 의견을 다른 참여자들과 공유하게 한다.

각자 작성한 아이디어의 목록을 만든 뒤, 돌아가면서 의견을 제시하며 토의 참여자들과 공유한다. 이때 비슷한 의견을 모아 분류하거나 추가 의견을 보태어 내용을 정교화할 수 있다.

step 3 최종 아이디어를 채택하도록 한다.

최종 아이디어 선택을 위한 아이디어 선정 기준을 정하고, 제시된 아이디어에 대한 토의를 진행한다. 투표 및 평가의 과정을 거쳐 우선순위를 정하고 최종 의견을 채택한다.

학생 참여 과정

1. 활동지에 주제에 대한 자신의 의견을 제시한다. ▶
2. 각자 작성한 의견을 친구들과 공유한다. ▶
3. 토의를 통해 최종 아이디어를 선택한다.

토의·토론 수업에 적용할 때? 명목집단법은 토의 전, 중, 후의 과정 중에서 토의 중(토의 방법 적용, 아이디어 생성 및 분석, 의사 결정 등)에 사용하기에 적합한 토의 수업 촉진 전략이다. 아이디어 생산의 방법적인 측면에서는 수렴적 아이디어의 생산보다는 확산적 아이디어를 생산하기에 적합한 전략이라 할 수 있다. 토의 중 아이디어를 생산하는 과정에서 모든 토의 참여자가 의견을 제시함으로써 다양하고 독창적인 아이디어를 생산할 수 있다.

필요한 준비물은? 의견을 작성할 수 있는 간단한 붙임쪽지 또는 메모지와 필기도구가 필요하다. 붙임쪽지에 의견을 적을 때는 보기 쉽게 굵은 펜으로, 읽기 쉽게 바른 글씨로, 분류하기 쉽게 한 장에 한 가지 아이디어를 적을 수 있도록 한다. 이를 통해 토의의 효율성을 높이고 참여자들의 의견을 보다 쉽게 공유할 수 있다.

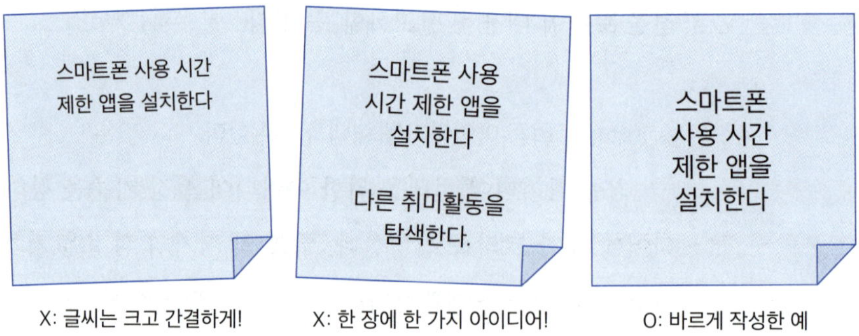

그림 3.3 붙임쪽지 활용 방법

수준을 달리하려면? 같은 토의 기법을 사용할지라도 토의 참여자들의 수준(토의 경험 여부, 토의 방법 및 절차 숙지 정도, 의사소통 기술의 발달 정도)에 따라 방법을 조금씩 달리하여 사용하면 학습자의 발달 정도에 적합한 토의 수업을 할 수 있다. 예를 들어 참여자들의 학습 수준이 낮고 토의 경험이 적은 경우 붙임쪽지를 활용하여 간단하게 자신의 의견을 제시하고 친구들과 공유하여 의논하는 정도로 진행할 수 있다. 반면 토의에 적극적으로 참여하는 집단이거나 토의를 통한 의사 결정 경험이 비교적 많은 경우라면 명목집단법을 의사 결정 기법과 같은 다른 토의 기법과 함께 활용하여 보다 심층적으로 논의할 수 있다.

수업 활용 시 주의점은? 명목집단법의 가장 큰 장점 중 하나는 모든 토의 참여자들에게 의견을 제시할 기회를 제공하여 참여자들의 적극적인 참여를 유도하는 것에 있다. 토의에서 발언권을 점유하던 소수의 학생에게는 다른 학생들의 의견을 경청할 기회를, 토의에 소극적으로 참여하는 학생에게는 공평한 발언의 기회를 제공할 수 있다. 따라서 개인 의견을 제시하는 과정에는 상대방과 의논하거나 타인의 의견에 대해 비판하지 않도록 사전에 안내해야 하며, 의견을 공유하는 과정에서는 모든 참여자의 의견을 고루 들을 수 있도록 해야 한다.

디지털·미디어 교육 연계 방안은? 명목집단법을 온라인 수업에서 활용하거나 온라인 플랫폼을 이용하여 진행할 때는 각자 아이디어를 쪽지 등에 적은 다음 '패들렛'과 같은 협업 도구를 활용하여 아이디어를 공유하여 토의할 수 있다.

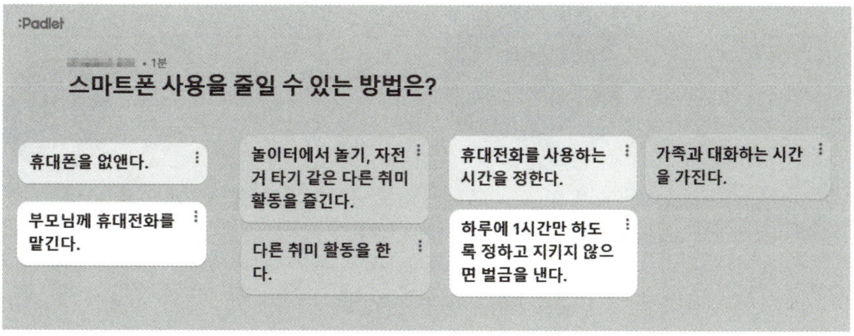

온라인 플랫폼 패들렛을 활용한 명목집단법 활동

4 마인드 맵

마인드 맵(Mind Map)은 생각하고 기억하는 모든 것을 중심 이미지, 핵심 단어, 색, 부호, 상징 기호 등을 사용하여 마치 마음 또는 머릿속에 지도를 그리듯이 표현하는 방법(Tony, B. & Berry, B., 2010)이다. 마인드 맵은 주로 중심 주제로부터 방사상으로 뻗어 나가는 구조를 지닌다. 연결고리가 단절되지 않도록 거미줄 형태로 연결하여 생각을 능동적으로 자연스럽게 표현하는 방법으로, 강력한 시각 언어이자 입체적 구조화의 방법이다. 머릿속에 들어있는 생각들을 한눈에 볼 수 있도록 하여 토의·토론 과정에서 각자의 생각을 단어, 문장 등으로 회상하고 표현할 수 있도록 하는 데 도움을 준다.

수업 진행 과정

step 1 주제를 확인하고 주제에 대한 주개념(주가지)를 작성하도록 한다.

다음 그림 3.4와 같이 가장 가운데 큰 원이나 사각형을 그리고 그 안에 주제(키워드)를 작성한다. 그 후, 주제로부터 떠오르는 주개념을 작성한다. 주개념은 주제와 연결이 되도록 작성한다.

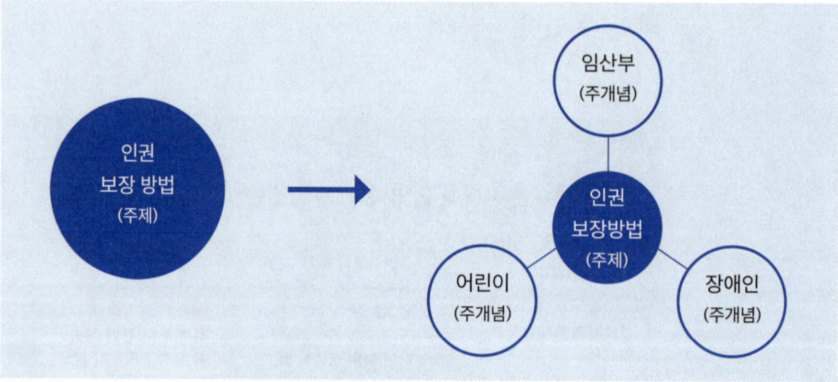

그림 3.4 마인드 맵의 주개념 구성 방법

step 2 부개념(부가지)을 작성하도록 한다.

주개념(주가지)의 내용을 좀 더 세분화하여 떠오르는 아이디어를 부개념(부가지)로 작성한다. 다양한 측면(그림의 경우, 사회, 경제, 윤리 등)을 고려하여 부개념(부가지)를 작성할 수 있도록 한다.

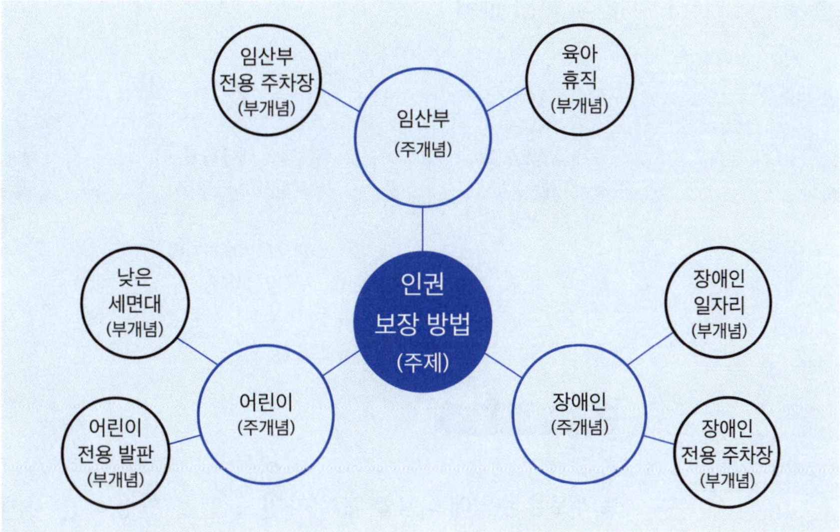

그림 3.5 마인드 맵의 부개념 구성 방법

step 3 세부 내용(세부가지)를 작성하여 마인드 맵을 완성하도록 한다.

부개념(부가지)의 하위 개념들을 세부적으로 작성한다. 그 후 전체적으로 작성한 내용을 살펴보며 내용을 수정 및 보완하여 완성한다.

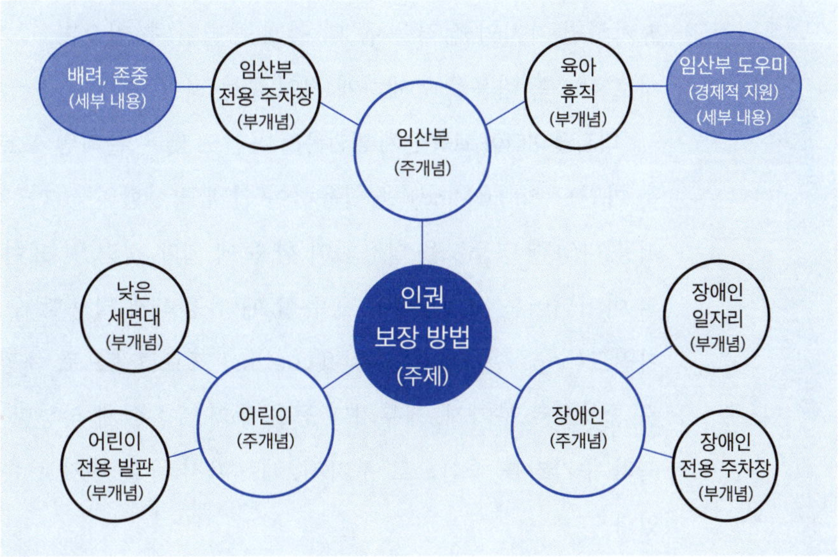

그림 3.6 마인드 맵의 세부 내용 구성 방법

학생 참여 과정

1		2		3
주제를 확인하고 주제에 대한 주개념을 주가지로 작성한다.	▶	주개념의 내용을 좀 더 세분화하여 떠오르는 아이디어를 부개념으로 정리하고, 부가지를 작성한다.	▶	부개념의 하위 개념들을 세부적으로 작성하고, 전체적으로 내용을 수정 및 보완한다.

퍼실리테이션 방안

토의·토론 수업에 적용할 때? 마인드 맵을 활용하면 주제에 대한 다양한 아이디어를 키워드 중심으로 한눈에 쉽게 알아볼 수 있도록 정리할 수 있어서 토의·토론 주제에 대해 다양한 측면에서 해결 방법을 생각해 볼 수 있다. 또한 토의·토론에 필요한 여러 근거 자료를 조사하여 기호 및 키워드 등으로 정리할 때도 활용할 수 있다.

마인드 맵 기법을 보다 잘 활용하려면? 마인드 맵을 한눈에 알아보기 쉽게 작성하기 위해서는 색상을 잘 활용해야 한다. 가지별로 동일한 색상으로 표기하면 가지의 성격을 좀 더 쉽게 구별할 수 있으며, 주가지에서 세부가지로 갈수록 내용을 상세하게 적어 주는 것이 좋다.

디지털·미디어 교육 연계 방안은? 마인드 맵은 온라인 프로그램인 '이드로우 마인드(EdrawMind)'을 활용하여 쉽게 작성할 수 있다. 떠오르는 아이디어를 다양한 탬플릿을 활용하여 한 눈에 쉽게 정리 및 표현할 수 있어 서로의 아이디어를 실시간으로 공유할 때 유용하게 활용할 수 있다. 이드로우 마인드(https://www.edrawsoft.com/kr) 프로그램으로 유형에 따라 주가지를 중심으로 부가지, 세부가지 등을 추가로 손쉽게 작성할 수 있다. 유형에 따라 주가지를 중심으로 부가지, 세부가지 등을 추가로 손쉽게 작성할 수 있다.[2]

2 다음 링크에서는 이드로우 마인드 사용방법에 대한 영상을 참고할 수 있다.
https://www.edrawsoft.com/kr/video/edrawmind/

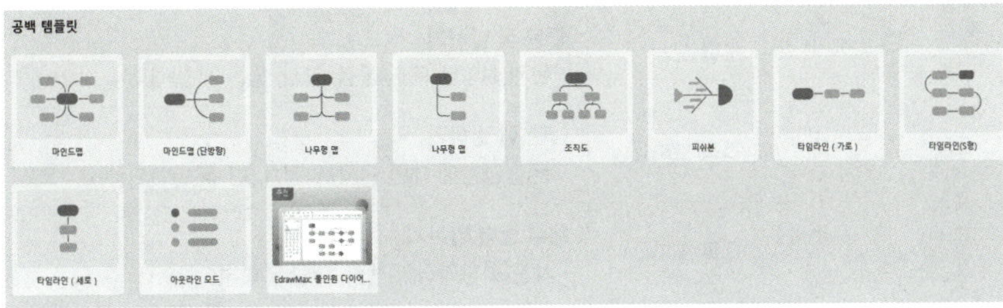

이드로우마인드에서 제공하는 템플릿 유형

5 육색 사고 모자

육색 사고 모자(Six Thinking Hats) 기법은 드 보노(De Bono, 1985)가 개발한 개념으로 6가지의 서로 다른 사고의 틀을 의미한다. 육색 사고 모자 기법에서 학생들은 6개의 색깔로 구분된 모자를 쓰고 토의·토론 수업에 참여한다. 이때 여섯 색깔의 모자들은 각각 서로 다른 사고의 유형을 의미하고, 학생들은 자신이 쓰고 있는 모자의 색깔이 의미하는 사고 방법으로 생각하고 의견을 제시한다.

육색 사고 모자 기법은 활용 방법에 따라 다양한 사고의 기회를 제공한다. 학생들이 한 번에 한 가지 모자만 쓰고 활동하는 경우 해당 색깔이 의미하는 유형의 사고에만 집중할 수 있게 한다. 여러 가지 색깔의 모자를 돌아가면서 쓰는 경우 하나의 주제에 대해 다양한 방향으로 생각할 기회를 제공한다(정문성, 2021: 188). 육색 사고 모자 기법은 하나의 문제에 대해 다양한 관점에서 생각하도록 도와주고 이를 통해 효율적인 의사 결정을 도출하는데 의의가 있다. 육색 사고 모자 기법에서 각 모자의 색깔이 의미하는 바는 다음 표 3.2와 같다.

표 3.2 육색 사고 모자 기법

하양 모자	**사실 말하기** - 주어진 문제에 대한 정보, 사실 등 확인하기
빨강 모자	**느낌 말하기** - 문제 상황에 대한 자신의 감정, 떠오르는 느낌 말하기

노랑 모자	**좋은 점 말하기** - 문제 상황에 대한 장점, 강점, 좋은 점 말하기
검정 모자	**나쁜 점 말하기** - 문제 상황에 대한 단점, 약점, 나쁜 점 말하기
초록 모자	**해결 방법 말하기** - 새롭고 창의적인 생각, 대안 말하기
파랑 모자	**평가·실천하기** - 토의에서 나온 이야기를 정리 또는 평가하고 아이디어를 실천하기

수업 진행 과정

step1 6개의 모자 색깔의 의미를 설명한다.

6개의 색깔(하양, 빨강, 노랑, 검정, 초록, 파랑) 모자를 보면서 각각 의미하는 생각 방법에 대해 학생들에게 설명한다. 이때, 한 가지 간단한 주제 또는 제재를 정하고 예시를 들어서 설명하면 활동 방법을 정확히 이해하는 데 도움이 된다. 예 우유: (하양 모자) 하얗다 / (빨강 모자) 맛있다

step2 주제를 제시하고 생각을 정리하게 한다.

육색 사고 모자 기법을 활용할 활동 주제를 제시하고 각자의 생각을 정리할 시간을 제공한다. 학생들이 육색 사고 모자 기법 활동에 익숙하지 않은 경우 일상생활 문제와 같은 접근하기 쉬운 주제부터 연습한다.

step3 색깔에 따른 생각을 발표하도록 한다.

주어진 주제에 대해 어떤 모자 색깔 순서로 발표할지 정한 다음, 학생들이 각 모자 색깔에 맞게 발표한다. 이때, 사회자는 참여자들이 모자의 색깔에 알맞은 방법으로 발표하는지 생각하면서 들어야 한다. 만약 모자의 사고 방법과 어울리지 않는 발표를 한다면 어울리는 방법으로 표현할 수 있도록 안내한다.

step4 아이디어를 평가하도록 하고, 활동 내용을 정리한다.

육색 사고 모자 활동에서 나온 아이디어를 정리 또는 평가하고 선택된

대안이 있는 경우 실천한다. 평가 및 실천 단계에서 파란색 모자를 사용하여 활동을 마무리할 수 있다.

학생 참여 과정

1		2		3		4
6개 모자 색깔이 가지는 의미를 이해한다.	▶	주제를 확인하고 자신의 생각을 정리한다.	▶	모자 색깔에 따라 주제에 대한 생각을 발표한다.	▶	친구들이 발표한 아이디어를 평가하고, 내용을 정리한다.

퍼실리테이션 방안

토의·토론 수업에 적용할 때? 육색 사고 모자 기법은 한 가지 주제에 대해 다양한 아이디어를 생산, 확장하고 더 나아가 주제를 여러 방면에서 생각해 봄으로써 인식의 지평을 확장하는 데 의의가 있다. 따라서 토의 활동에서 다양한 아이디어를 생산할 필요가 있는 수업이나 스캠퍼 기법처럼 생산된 아이디어에 대해서 다각적인 측면에서 분석할 필요가 있는 수업에서 사용할 수 있다. 예를 들어 실과에서 재활용품을 활용한 만들기를 하기 위해 모둠별로 아이디어를 제시한 다음 아이디어에 대한 다양한 측면에서의 분석적 토의를 통해 논리적으로 평가할 수 있다. 또 국어과의 문학 수업에서 인물의 행동에 대한 의견을 제시할 때도 활용할 수 있다.

필요한 준비물은? 육색 사고 모자 기법을 활용할 때 필요한 준비물은 6가지 색깔의 모자다. 보통 색 도화지나 마분지 등을 활용하여 고깔 형태의 모자를 만들어 활용한다. 모자의 형태가 아니더라도 교실의 환경에 따라 육색 모자를 상징적으로 나타낼 수 있는 6가지 색깔의 카드, 색종이 등을 활용할 수 있다.

학생에게 안내할 예시 자료는? 다음 표 3.3은 '안전한 급식실 이용'을 주제로 육색 사고 모자를 활용한 예시이다.

표 3.3 육색 사고 모자 활용 예시

〈안전한 급식실 이용을 위해 어떻게 하면 좋을까?〉

하양 모자	**사실 말하기** - 급식실에 갈 때 뛰거나 장난치는 친구가 많다.
빨강 모자	**느낌 말하기** - 밥을 먹고 있는 사람들이 불편하고 뛰다가 넘어지거나 다칠까 걱정이 된다.
노랑 모자	**좋은 점 말하기** - 질서를 지키며 조용히 급식실을 이용하면 모두가 쾌적한 환경에서 밥을 먹을 수 있고 위생에도 좋다.
검정 모자	**문제 상황의 나쁜 점 말하기** - 장난쳐서 선생님에게 혼이 나고 넘어져 다칠 수 있다.
초록 모자	**해결 방법 말하기** - 순서를 돌아가면서 급식실 질서 도우미를 한다.
파랑 모자	**평가 및 실천하기** - 질서 유지가 자율적으로 될 때까지 번호순으로 돌아가면서 급식실 질서 도우미를 한다.

변형하여 수업하는 방법은? 육색 사고 모자 기법을 수업에서 활용할 때 반드시 6개의 모자를 모두 활용해야 하는 것은 아니다. 토의·토론의 주제에 맞게 사용할 모자의 개수와 순서를 달리할 수 있다. 단, 주제의 성격에 맞게 사전에 사용할 모자의 개수와 순서를 정하고 이를 참여자들에게 제시한 다음 토의·토론을 진행해야 한다. 모자를 사용할 때는 학생들의 수준에 따라 모두가 같은 모자를 쓰고 활동할 수도 있고 각기 다른 색깔의 모자를 정한 다음 각자의 색깔에 해당하는 의견을 제시할 수도 있다. 육색 사고 모자 토의 기법이 익숙해질 때까지는 모두 같은 모자를 쓰고 연습할 필요가 있다. 또 가능하면 교사의 지시에 따라 모자를 함께 쓰고 벗도록 하는 것이 좋다.

디지털·미디어 교육 연계 방안은? 줌(Zoom)이나 구글 미트(Google Meet)로 온라인 토의·토론 수업을 진행하면서 육색 사고 모자법을 다양하게 활용해 볼 수 있다. 학급 전체에서 모자 색깔별로 함께 의견을 제시할 때는 색깔 카드 등을 이용하여 전체 회의실에서 의견을 공유할 수 있다. 또 모둠별 토의를 할 때는 모둠별로 사고 모자의 색깔을 지정하여 토의한 다음 전체 토의에서 공유하거나 모둠원별로 사고 모자의 색깔을 달리하여 같은 모자

아래 QR 코드를 인식하여 수업 활동지를 내려 받아 활용할 수 있습니다.

색깔의 학생들끼리 소회의실에서 의논한 다음 원래 모둠으로 돌아와 의견을 공유하는 방식으로 활동할 수 있다.

6 스캠퍼

스캠퍼(SCAMPER)는 1953년 알렉스 오즈번(Alex Osborn)이 제안하고 미국의 교육 행정가 밥 에베를레(Bob Eberle)가 발전시킨 창의력 증진 기법으로 창의적 사고를 유도해서 새로운 제품이나 서비스, 프로세스의 창조를 돕는 일종의 발상 도구이다(Eberle, 1971). 스캠퍼는 '새로운 것은 기존에 존재하는 것에서부터 출발한다'는 개념을 전제로 한다. 문제에 맞닥뜨렸을 때 직관적으로 떠오르는 기존 아이디어를 기본으로 하여 문제 해결 과정이 시작된다. 이 과정은 7개의 질문을 기반으로 하고 있으며 각 질문의 핵심 단어에 해당하는 첫 글자를 합쳐 스캠퍼(SCAMPER)라고 이름을 붙였다. 다음 표 3.4와 같은 질문들을 활용하면 훨씬 풍부하고 정확한 아이디어를 얻게 되고, 이를 토대로 다양한 문제 해결을 할 수 있다.

표 3.4 스캠퍼의 7가지 핵심 질문

구분	질문	내용
대체하기 (**S**ubstitute)	A 대신 B는 어떨까?	기존의 것을 다른 것으로 대체함으로써 고정적인 시각을 탈피하여 새롭게 바라볼 수 있도록 하는 질문
결합하기 (**C**ombine)	A와 B를 합치면 어떨까?	두 가지 이상의 것을 결합하여 새로운 것을 도출할 수 있도록 하는 질문
응용하기 (**A**dapt)	A를 B 외에 C에도 응용하면 어떨까?	어떤 것을 다른 목적과 조건에 맞게 응용해 볼 수 있도록 하는 질문
변형-확대-축소하기 (**M**odify-**M**agnify-**M**inify)	A의 특징을 변형하면, 확대하면, 축소하면 어떨까?	어떤 것의 특성이나 모양을 변형, 확대, 축소하여 새로운 것을 생각해 볼 수 있도록 하는 질문
다르게 사용하기 (**P**ut to other use)	A를 B 용도 외에 C 용도로 사용하면 어떨까?	어떤 것을 전혀 다른 용도로 생각해 볼 수 있도록 하는 질문

제거하기 (Eliminate)	A의 일부를 제거하면 어떨까?	어떤 것의 기능들 가운데 제거 가능한 것들을 찾아볼 수 있도록 하는 질문
재배치하기, 역발상하기 (Rearrange-Reverse)	A와 B의 순서나 역할을 바꾸면 어떨까?	어떤 것의 순서, 위치, 기능, 모양 등을 바꾸거나 재정렬하여 새로운 것을 생각해 볼 수 있도록 하는 질문

수업 진행 과정

step 1 스캠퍼 기법과 7가지 질문에 대해 설명한다.

스캠퍼 활동지를 나눠주고 스캠퍼의 7가지 질문에 따라 어떻게 사고하는 것인지 다양한 예시를 함께 확인한다. 각 질문에 대해 사례를 하나씩 들어서 연습해 봄으로써 질문에 대한 이해를 높이도록 한다.

step 2 토의 주제에 대한 아이디어에 7가지 질문을 적용하게 한다.

문제점을 확인하고 각자 떠오르는 직관적인 아이디어를 활동지에 쓰게 한다. 개인별로 스캠퍼 활동지의 7가지 질문에 하나씩 답하는 방식으로 다각적인 아이디어를 도출하게 한다. 이때, 7개 단어는 순서나 단계가 아니므로 순차적으로 진행할 필요는 없다.

step 3 아이디어를 함께 공유하고 정리한다.

모둠에서 처음 떠올린 자신의 아이디어, 7가지 질문에 따라 개선한 아이디어, 종합 아이디어를 돌아가면서 공유하게 한다. 모둠원의 발표를 듣고 7개의 질문에 대한 더 좋은 아이디어가 있으면 의견을 제시하여 보완할 수 있도록 한다.

step 4 아이디어를 선택하고 실행한다.

모둠에서 도출한 아이디어를 함께 검토하여 실행 가능성이 있고 효과적인 결과를 도출할 수 있는 아이디어를 선택하게 한다. 선택된 아이디어를 어떻게 실행할 수 있을지 구체적인 방안을 논의하고 계획을 수립한다.

학생 참여 과정

1	2	3	4
스캠퍼 활동지를 통해 스캠퍼의 7가지 질문에 대해 이해한다.	토의 주제를 해결하기 위해 직관적으로 떠오른 아이디어를 쓰고 7가지 질문에 따라 다양한 아이디어를 생성한다.	모둠에서 돌아가면서 아이디어를 발표하고 서로의 아이디어에 대한 의견을 제시하여 보완한다.	모둠에서 도출된 모든 최종 아이디어를 살펴서 최고의 아이디어를 선택하고 실행할 계획을 세운다.

퍼실리테이션 방안

토의·토론 수업에 적용할 때? 스캠퍼를 활용할 때 4명 내외의 소그룹으로 구성하여 진행해야 학생들의 참여 기회가 많아지고 새로운 아이디어를 많이 제시할 수 있다. 모둠에서 아이디어를 공유하고 더 좋은 아이디어를 선정하는 과정에서 찬성과 반대의 경험을 할 수 있다. 모둠 토의를 거친 후에는 전체 토의로 나아갈 수도 있고 시간이 부족할 시 모둠 토의 결과물을 게시하는 것으로 마칠 수 있다. 학습지를 통해 7가지 관점에서 접근하는 개인적 탐구와 모둠 토의를 거쳐 전체 토의를 단계적으로 실시하므로 충분한 시간이 필요하다.

스캠퍼를 활용하면 좋은 주제는? 스캠퍼는 기존의 제품을 개선하거나 새로운 제품을 발명할 때 주로 활용된다. 토의·토론에서도 주제에 대한 해결 방안이 다양하게 떠오르지 않고 틀에 갇힌 아이디어만 떠오를 때 적용할 수 있다. 기존의 직관적인 해결 방안을 기본으로 하고, 거기에 7가지 관점을 적용함으로써 새로운 시각으로 다양한 선택지들을 고려할 수 있다. 스캠퍼는 복잡한 문제에 대해 직관적으로 떠오르는 방안에 다시 한번 수정을 가함으로써 더 나은 문제 해결 방법을 찾는 다채로운 시도이므로 단순한 문제에 대한 쉬운 답을 찾는 곳에는 어울리지 않을 수 있다.

스캠퍼를 활용할 때 주의할 점은? 스캠퍼를 활용할 때는 학습자 수준을 고려해야 한다. 학습자가 7가지 질문의 어휘를 이해하고 새로운 관점에서 바라보는 것이 가능한 연령이어야 한다. 스캠퍼에 대한 정확한 이해를 돕기 위해 교사가 스캠퍼 기법을 설명하고, 학생 개인마다 돌아가면서 7개 질문에 대한 사례들을 공유하고 피드백하면서 질문의 의미를 명확히 하는 훈련이 필요하다. 이와 더불어, 구체적인 사물을 보거나 떠올리면서 스캠퍼에 접근해 보는 것이 좋다. 이때 스캠퍼를 친절히 설명하는 학습지를 활용할 수 있다. 각 핵심 단어들에 대한 구체적인 질문을 여러 가지 적어 두면 학생들이 수월하게 아이디어를 떠올리는 데 도움을 줄 수 있다.

아래 QR 코드를 인식하여 수업 활동지를 내려받아 활용할 수 있습니다.

디지털·미디어 교육 연계 방안은? 스캠퍼는 창의적 발상을 하는 데 도움이 된다. 따라서 사람들에게 정보를 알리거나 설득을 목적으로 하는 디지털 콘텐츠(텍스트, 이미지, 소리 등을 활용한 영상 등)를 제작하는 수업을 할 때, 사람들의 관심을 끌 수 있는 창의적 방법을 모색하는 데 활용할 수 있다.

7 무작위 단어법

무작위 단어법(Random Word)은 드 보노(De Bono)가 고안한 발상법으로, 틀에 박힌 생각에서 벗어나 전혀 새로운 아이디어를 도출해내는 기법이다(오우식, 2019). 무작위 단어법의 원리는 개선하고자 하는 주제와 전혀 관계가 없는 단어를 선택한 후 그 단어와 연상되는 의미들을 강제로 주제와 연상시키는 방식이다. 무작위 단어법은 새로운 아이디어를 내도록 자극하거나 주제에 대한 아이디어가 더 이상 떠오르지 않을 때, 틀에 박힌 생각에서 깨어나고자 할 때 활용할 수 있다.

수업 진행 과정

step 1 주제를 제시하고, 주제와 관련 없는 단어를 10개 내외로 선택하도록 한다.

예를 들어 '새로운 공기청정기 개발'을 위한 아이디어를 창출하기 위해 녹차, 단풍잎, 파란색, 기차, 종이가방 등의 단어를 떠올릴 수 있다. 주제와 관련 없는 많은 단어를 떠올린 후 학생들이 선택할 수 있도록 한다.

step 2 선택한 단어와 연관되는 단어를 무작위로 말하고 학습지나 붙임쪽지 등에 적도록 한다.

예 녹차: 산, 녹색, 흙, 카페인, 선물 등
 단풍잎: 산, 나무, 절, 화투 등
 파란색: 하늘, 강물, 시원함 등

step 3 무작위로 추출된 단어와 주제를 연관지어 아이디어를 도출하도록 한다.

예 녹차: 산, 녹색, 흙, 카페인, 선물 등

→ 산: 산 모양의 공기청정기(공기가 좋아질 것 같은 느낌이 드는 모양의 청정기)

→ 녹색: 공기 상태에 따라 초록색의 진하기가 변하는 LED 공기청정기 등

학생 참여 과정

1	▶	2	▶	3
주제와 관련 없는 다양한 단어를 떠올린 후 마음에 드는 단어를 선택한다.		선택한 단어와 연관되는 단어를 무작위로 말하고 해당 단어와 연관되는 단어를 정리한다.		무작위로 추출된 단어와 주제를 연관 지어 새로운 아이디어를 도출한다.

퍼실리테이션 방안

토의·토론 수업에 적용할 때? 토의·토론 수업을 진행할 때 학생들이 더 이상 문제 해결을 위한 아이디어를 떠올릴 수 없거나 틀에 박힌 생각에 갇혀 있을 때 활용할 수 있다. 사고의 전환을 통해 다양한 측면에서 주제에 대해 생각해 볼 수 있는 기회를 제공할 수 있어 창의적인 아이디어를 도출하거나 의견을 조정할 때 활용할 수 있다.

무작위 단어법에서 지켜야 할 규칙은? 무작위 단어법을 활용할 때는 예시에서 제시한 것처럼 반드시 주제와 무관한 단어를 선택해야 한다. 가능하다면 학생들의 일상생활에서 자주 접하는 단어들을 활용하는 것이 좋다. 연상한 단어가 해결할 아이디어에 반드시 포함되어야 하는 것이 아니므로

아래 QR 코드를 인식하여 수업 활동지를 내려 받아 활용할 수 있습니다.

학생들에게 부담을 주지 않도록 한다.

디지털·미디어 교육 연계 방안은? 무작위 단어법을 미디어 교육과 연계하는 경우 학생들이 새로운 아이디어를 얻기 위해 온라인상에서 다양한 뉴스나 영상을 살펴보며 자신에게 필요한 정보를 선별 및 활용해 보도록 할 수 있다. 디지털 기기를 활용하는 경우 '구글 문서(Google Docs)'와 같은 공유 문서 프로그램을 활용하여 모둠 협동 활동으로 진행할 수 있다.

8 만다라트

만다라트(mandalart)는 일본의 디자이너 이마이즈미 히로아키(Hiroaki Imaizumi, 1987)가 개발한 발상 기법으로 manda+la+art(목적+달성+기법)의 합성어이다(정문성, 2021: 156). 만다라트는 일직선이 아니라 사방팔방, 거미줄 모양으로 퍼져나가는 인간 사고의 움직임을 그대로 따라 하는 생각의 도구이다. 이 방법은 활짝 핀 연꽃 모양으로 아이디어를 발상해 나간다고 하여 '연꽃 기법', '연꽃 만개법'이라고도 불린다. 만다라트는 하나의 주제에 대한 하위 주제를 설정하고 아이디어를 확산하는 기법으로 문제 해결의 대안을 다양한 측면에서 새로운 방법을 찾으려고 할 때 활용할 수 있다.

수업 진행 과정

step 1 만다라트 활동지를 준비한다.

다음 그림 3.7과 같이 3×3칸으로 된 사각형을 가로 3개, 세로 3개로 배치하여 총 9개의 큰 사각형을 그린다. 9개의 큰 사각형은 서로 맞닿아 있지만 각각의 영역을 구분 지을 수 있도록 굵은 선으로 표시하는 것이 좋다.

step 2 9개의 큰 사각형 중 중앙에 있는 사각형에 주제를 적도록 한다.

가장 가운데 위치한 사각형에 토의·토론을 통해 해결하고자 하는 주제를 적게 한다. 질문을 포함한 문장의 형태나 핵심 단어들만으로 이루어진 구의 형태도 좋다.

아이디어	아이디어	아이디어						
아이디어	하위 주제 1	아이디어		하위 주제 2			하위 주제 3	
아이디어	아이디어	아이디어						
			하위 주제 1	하위 주제 2	하위 주제 3			
	하위 주제 4		하위 주제 4	주제	하위 주제 5		하위 주제 5	
			하위 주제 6	하위 주제 7	하위 주제 8			
	하위 주제 6			하위 주제 7			하위 주제 8	

그림 3.7 만다라트 양식

step 3 주제를 둘러싸고 있는 8개의 사각형에 하위 주제를 적도록 한다.

주제에 대한 여러 가지 관점으로 하위 주제를 생성하여 주제를 둘러싸고 있는 사각형들에 각각을 적게 한다. 8개의 칸을 모두 채워야 한다는 부담감을 가지지 않도록 한다.

step 4 하위 주제를 바깥의 8개 사각형의 중앙에 옮겨적고 아이디어를 발상하도록 안내한다.

하위 주제와 관련한 다양한 아이디어를 떠올리게 한다. 구성원 모두가 각자의 붙임쪽지에 아이디어를 기록하도록 하면 폭넓은 참여를 보장할 수 있다. 아이디어를 다채롭게 낼 수 있도록 격려하고, 하위 주제를 정할 때와 마찬가지로 8개 칸을 모두 채워야 한다는 부담감을 가지지 않도록 지도한다.

step 5 완성된 만다라트를 통해 문제 해결을 위한 아이디어를 확정하게 한다.

최초의 주제에 대해 다양한 관점으로 생성한 아이디어들을 검토한다.

하위 주제별로 최선의 아이디어를 조합하거나 수정, 확정하는 과정을 거친다.

학생 참여 과정

1	2	3	4
만다라트 활동지의 가운데 사각형의 중심에 해결하고자 하는 주제를 쓴다.	주제를 둘러싼 작은 사각형 8개에 하위 주제를 쓴다.	8개의 하위 주제를 바깥의 큰 사각형의 중심으로 각각 옮겨 적고, 둘러싼 8개의 사각형에 해결 아이디어를 적는다.	생성된 아이디어들을 검토하여 최선의 아이디어를 확정한다.

퍼실리테이션 방안

토의·토론 수업에 적용할 때? 만다라트는 보다 정교하고 세부적인 토의·토론의 진행을 위한 도구로 활용할 수 있다. 예를 들어 문제 상황이나 목표를 가장 가운데 주제로 설정한 뒤, 1차 토의를 통해 문제 상황을 해결하거나 목표를 이룰 수 있도록 8개의 하위 주제를 설정한다. 설정된 8개의 하위 주제에 따라 다시 2차 토의를 통해 아이디어를 생성한다. 이때 모두가 함께 8개의 하위 주제에 대해 토의를 할 수도 있고, 관심 있는 하위 주제마다 소그룹을 나누어 토의를 하고 결과를 공유할 수도 있다.

만다라트 활용 시 주의점은? 만다라트를 활용할 때 학습지의 빈칸을 다 채우는데 목표를 두는 것보다 생성된 아이디어를 다시 한번 점검하여 생성된 아이디어가 주제에 적절한지, 내용이 타당한지를 살피는 과정에 중점을 두는 것이 중요하다. 반드시 8개 하위 주제를 모두 작성할 필요는 없다. 주제와 시간에 따라 각 모둠 혹은 개인별로 2개 하위 주제만 선택해서 아이디어를 생성한 뒤 공유 과정을 통해 모든 하위 영역을 다룰 수도 있다. 만다라트는 반드시 학습지가 필요하며, 학습지의 사각형은 학생들의 아이디어를 적을 만큼 적당한 크기여야 한다.

디지털·미디어 교육 연계 방안은? 만다라트는 세부적인 아이디어를 다량으로 발상해야 하므로 많은 인원이 동시에 참여할 수 있는 온라인 도구를 아래 QR 코드를 인식하여 수업 활동지를 내려 받아 활용할 수 있습니다.

활용하면 효율적인 진행이 가능하다. 이때, 동시 협업이 가능한 디지털 화이트보드 개념의 '마이크로소프트 화이트보드(Microsoft Whiteboard)를 활용하면 좋다. 펜 기능을 이용해 바로 글씨를 쓸 수도 있고, 붙임쪽지 기능을 활용해 키보드로 내용을 작성하여 원하는 곳에 원하는 크기로 배치할 수 있어 아이디어를 기록하는 시간을 단축할 수 있다. 또한 동시 작업이 가능하므로 아이디어를 공유하는 시간 역시 줄일 수 있다는 장점이 있으며, 아이디어를 검토하면서 붙임쪽지를 누구나 쉽게 수정하거나 삭제할 수도 있다.

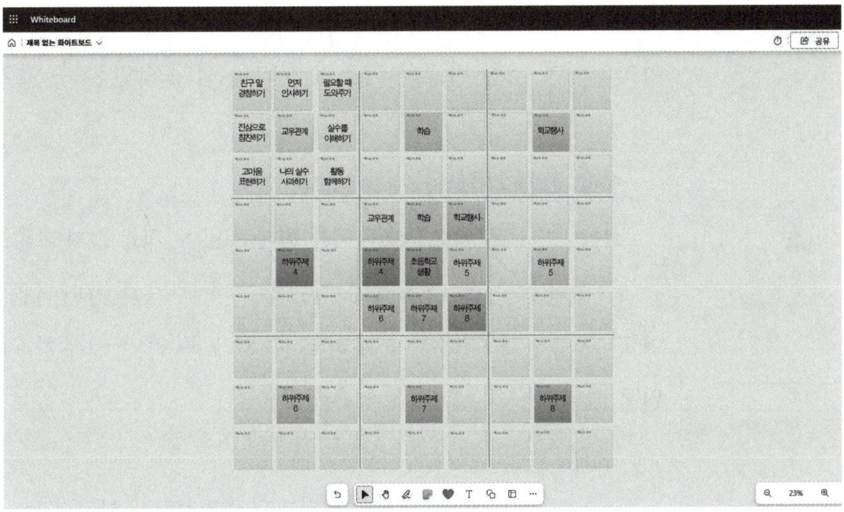

마이크로소프트 화이트보드를 활용한 만다라트 활동 예시

아이디어 수렴 및 구조화하기

이 단계에서는 생성된 다양한 생각들을 분류·정리하며 핵심이 되는 아이디어와 연결점을 찾아간다. 이 과정은 학생들이 의견 간의 유사점과 차이점을 인식하고, 주제를 깊이 있게 이해하는 데 도움을 준다. 7가지 수렴과 구조화 기법을 통해 학습자는 스스로 의미 있는 틀을 만들어 가며 논리적 사고력을 키울 수 있다.

1 벤 다이어그램

영국의 수학자이자 논리학자인 존 벤(John Venn)이 1880년 고안한 벤 다이어그램은 그림을 이용하여 집합들의 포함 관계를 쉽게 표현하는 기법이다. 전체 집합과 그 부분 집합의 관계, 또 부분 집합과 부분 집합의 관계를 나타낸 그림을 통해 같은 성질을 가진 대상과 다른 성질을 가진 대상을 한눈에 확인할 수 있다. 벤 다이어그램을 통해 두 가지 이상의 대상이나 아이디어의 특징을 분석하고 공통점과 차이점을 분류해 보면서 각 아이디어에 대해 더욱 깊이 이해할 수 있다. 또한 시각적 자료 활용을 통해 대상이나 아이디어에 대한 비교와 대조의 개념을 쉽게 확인할 수 있다.

수업 진행 과정

step 1 비교 분석할 아이디어를 정하고 원 두 개를 겹쳐 그리도록 안내한다.

주제나 목적을 떠올리며 비교하고자 하는 아이디어를 정한다. 아이디어 간 공통점과 차이점을 드러낼 수 있도록 원의 일부가 겹치도록 두 개의 원을 그린다.

step 2 아이디어 간 공통점과 차이점을 분석하게 한다.

두 개의 원에 각 아이디어의 이름을 붙인다. 그리고 아이디어의 공통점은 원이 겹치는 부분에 나타내고, 차이점이자 각 아이디어가 갖는 고유한 특성은 원이 겹치지 않는 부분에 각각 표시한다.

step 3 시각적인 효과를 더하도록 안내한다.

다음 그림 3.8과 같이 벤 다이어그램을 통해 시각적으로 아이디어 간의 공통점과 차이점을 부각해 보여 주기 위해 각 아이디어의 성격과 겹치는 부분을 고려하여 벤 다이어그램의 각 부분에 색칠하거나 선을 활용하거나 글씨를 바꾸어 표현할 수 있다. 이때 원의 크기와 같은 디자인도 변형할 수 있다.

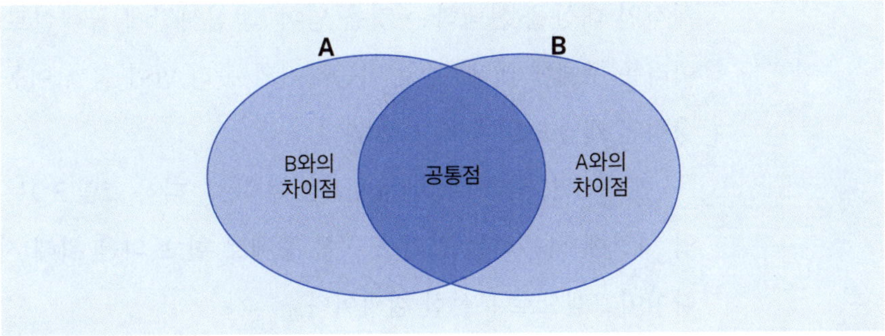

그림 3.8 벤 다이어그램 양식

학생 참여 과정

1
비교하고자 하는 두세 가지의 아이디어를 정하고, 아이디어의 수에 맞게 원의 일부를 겹쳐 그린다.

▶

2
아이디어 간 공통점과 차이점을 분석하여, 공통점은 겹치는 부분에 차이점은 그 외의 부분에 기록한다.

▶

3
시각적인 효과를 더해 분석 결과가 잘 드러나도록 만든다.

퍼실리테이션 방안

토의·토론 수업에 적용할 때? 토의 장면에서 벤 다이어그램을 통해 아이디어를 비교하고 대조하면 각 아이디어를 깊이 분석하여 발전된 아이디어를 선택할 수 있다. 한 가지 아이디어에 대한 분석이 아니라 두 가지 이상의 아이디어를 비교·분석하면서 보다 합리적인 판단을 내릴 수 있고 판단에 대한 근거도 명확해진다. 이때 벤 다이어그램을 통해 주제에 대해 여러 관점에서의 분석 과정과 결과를 시각적으로 드러낸다면 다른 사람들에게 설명할 때 효과적으로 전달하고 상대를 이해시킬 수 있다.

벤 다이어그램을 활용하면 좋은 주제는? 주제에 대한 의미 있는 선택지가 2~3가지 정도이며 선택지에 대해 심층적 분석을 통해 선택지를 비교·대조하는 다양한 경우에 쓰일 수 있다. 예를 들어 처음에는 '학교 올 때 비를 맞지 않기 위해 사용할 수 있는 도구'라는 주제에 대해 '우산과 비옷'처럼 우리 주변에서 직접 관찰할 수 있는 구체물을 비교하는 것부터 시작한다. 구체적인 대상을 선택하는 것을 넘어 '점심시간에 급식실로 이동하는 방법'이라는 주제에 대해 '각자 이동하기와 우리 반이 함께 이동하기'와 같은 추상적인 개념으로 나아갈 수 있다.

벤 다이어그램을 수업에서 활용한 예시는? 다음 그림 3.9는 '초등학생이 수업 시간에 사용하는 필기도구'를 주제로 한 토의를 위해 샤프와 연필을 벤 다이어그램으로 분석한 결과이다.

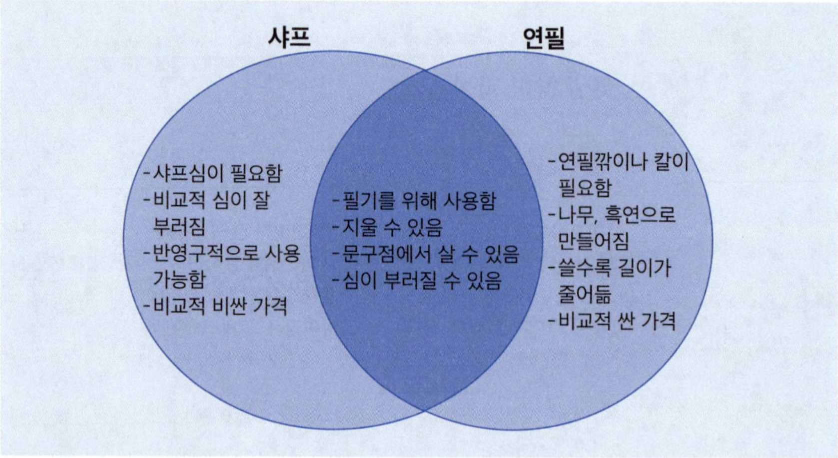

그림 3.9 두 가지 선택지를 분석한 벤 다이어그램 예시

그리고 그림 3.10은 '짝을 정하는 방법'을 주제로 한 토의를 위해 각 방법을 벤 다이어그램으로 분석한 결과이다.

벤 다이어그램을 활용하기 전 유의할 점은? 처음에는 벤 다이어그램에 분석한 자료를 구조화하여 정리하는 것이 어렵기 때문에 벤 다이어그램을 완성하는 방법을 먼저 지도한 뒤 벤 다이어그램을 활용한 토의로 나아가도록 한다. 벤 다이어그램을 통해 공통점과 차이점을 알기 쉽게 정리하면서 요약하는 능력도 키울 수 있지만 너무 많은 대상을 정하는 경우 이미지로 나타내는 것과 겹치는 부분을 정리하는 것이 어려워진다. 그러므로 2~3개의 집합을 선택해 벤 다이어그램을 활용하는 것이 좋다.

디지털·미디어 교육 연계 방안은? 벤 다이어그램은 두 대상을 비교·대조하며 분석하는 데 활용할 수 있는 도식이다. 같은 주제를 서로 다른 관점에서 다룬 두 가지 뉴스나 기사문을 분석하여 공통점과 차이점을 찾아 비교·대

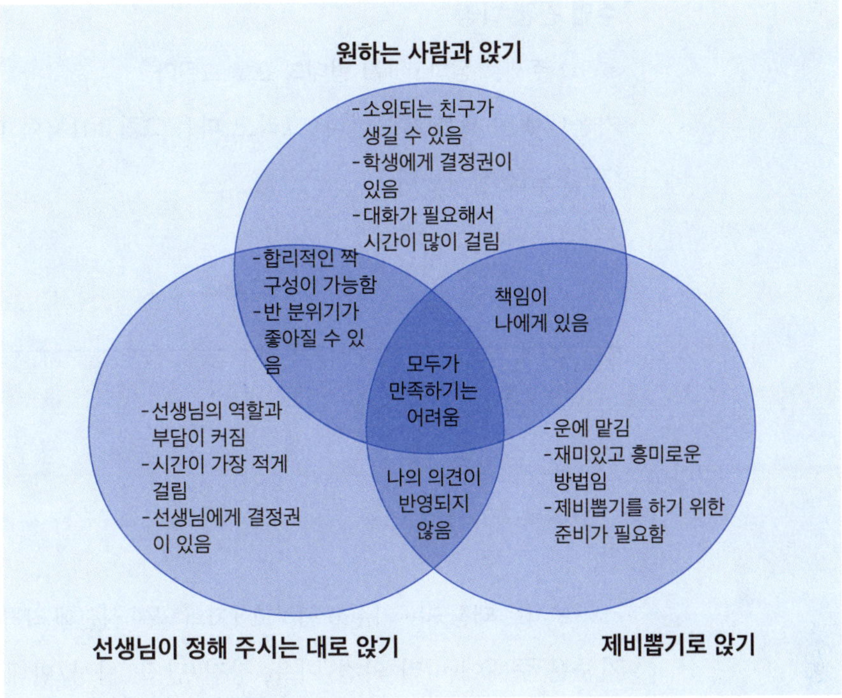

그림 3.10 세 가지 선택지를 분석한 벤 다이어그램 예시

조할 때 활용할 수 있다. 이를 통해 학생들은 미디어 문해력과 논리적이며 체계적인 분석 능력을 기를 수 있다.

2 T-차트

T-차트(T-chart)는 아이디어를 단순하고 쉽게 두 가지로 분류하거나 정리하기 위해 많이 사용되는 기법으로 영어 T자를 본떠 붙인 이름이다(오우식, 2019). T-차트는 장점과 단점, 찬성과 반대, 계획과 실천 등의 대칭적인 기준을 제시하여 내용을 구분할 경우 유용하게 사용할 수 있는 기법이다. 하나의 주제에 대해 두 가지 측면의 아이디어를 나열하고 검토함으로써 기준에 따라 아이디어를 구조화할 수 있고, 제시된 아이디어를 비교·대조하여 개념을 명확하게 할 수 있다. T-차트를 활용하여 아이디어를 시각화하면 내용을 한눈에 비교·대조하기에 용이하다.

수업 진행 과정

step1 주제를 정하고 T자 형태의 표를 그린다.

가운데에 주제를 제시한다. 그리고 다음 그림 3.11처럼 T자 형태의 표를 그려 구조도를 제시한다.

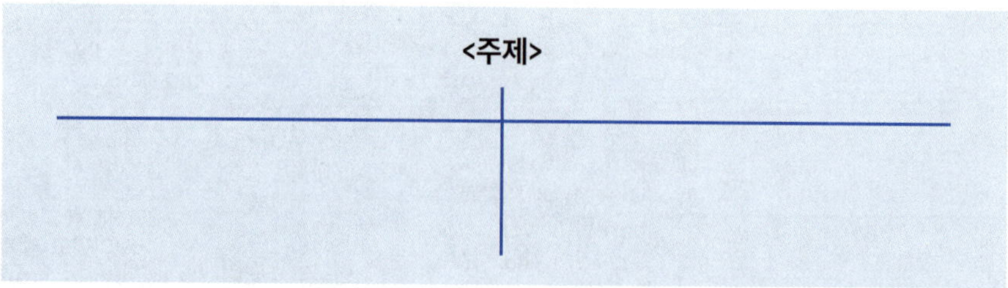

그림 3.11 T-차트 구조도 양식

step2 서로 대칭되는 기준을 정하고 T자의 양쪽 상단에 각각 기록한다.

기준은 주제에 따라 의견/이유, 장점/단점, 찬성/반대, 계획/실행, 원인/결과 등으로 달리하여 제시한다. 예를 들어 '현장 체험 학습 장소를 어디로 정하면 좋을까?'라는 토의 주제에 대해서는 학생들이 제시하는 의견을 왼쪽에, 그렇게 생각하는 이유를 오른쪽에 작성할 수 있다.

step3 각 해당란에 제시된 아이디어를 기록한다.

제시된 아이디어를 보완할 수 있는 질문을 제시하여 보충·심화한 아이디어를 추가로 수집한다. 예를 들어 아이디어에 대한 장점과 단점을 T-차트에 작성했다면 장단점을 보완할 수 있는 아이디어를 추가로 수집할 수 있다.

step4 아이디어를 검토하도록 한다.

작성한 아이디어들을 검토하면서 두 가지 측면에 대해 비교 또는 대조하며 평가한다. 이때 선, 기호 등을 활용하여 의견을 시각화할 수 있다.

학생 참여 과정

1	2	3	4
토의 주제를 확인한다.	T-차트에 제시된 토의 기준을 확인한다.	토의 주제에 대한 아이디어를 발표한다.	공유된 아이디어를 평가한다.

퍼실리테이션 방안

토의·토론 수업에 적용할 때? 토의 수업에서 적용하는 경우 주제에 대한 해결 방안의 장단점을 구조화하여 최선의 안을 선택하기 위해 사용할 수 있다. 토론 수업에서 적용하려면 논제에 대한 찬성과 반대 측에서 제시할 수 있는 논거들에 대해 정리하여 주장 다지기 또는 반박하기의 근거로 활용할 수 있다.

T-차트 기법 적용 시 유의점은? T-차트 기법은 기준을 어떻게 정하냐에 따라 완전히 다른 결과물이 도출되므로 수업 또는 토의·토론의 주제에 적합한 기준을 제시하는 것이 필요하다. 아이디어나 활동에 대한 분석을 위한 수업이라면 아이디어에 대한 장단점을 제시하고, 어떠한 현상에 대해 분석을 하는 경우라면 원인과 결과 등을 기준으로 제시할 수 있다. 또한 T-차트에 아이디어를 기록할 때는 가능한 제시된 의견을 모두 기록하고 아이디어에 대한 평가는 검토 단계에서 진행한다.

디지털·미디어 교육 연계 방안은? T-차트는 온라인 공유 문서 프로그램을 활용하여 토의·토론 활동에서 적용할 수 있다. '구글 문서(Google Docs)'와 같은 공유 문서 프로그램을 활용하여 온·오프라인 학습 환경에서 실시간으로 의견을 작성·수정 및 공유할 수 있다.

T-차트를 수업에서 활용할 예시는? 다음 그림 3.12는 '점심 시간 운동장 사용'에 대한 토의 주제를 T-차트를 활용하여 정리한 예시이다.

<점심시간 운동장 사용을 학년별 요일제로 운영하자>

장점	단점
-모든 학년이 골고루 사용할 수 있다. -저학년도 고학년의 눈치를 보지 않고 쓸 수 있다. -다른 학년과 다투는 일을 방지할 수 있다. -운동장을 넓게 쓸 수 있어 다양한 활동을 할 수 있다. -같은 학년 친구들끼리 더 친하게 놀 수 있다.	-일주일에 사용하는 시간이 줄어든다. -사용하는 요일에 행사가 있으면 그 주에는 운동장을 쓸 수 없다. -비가 와서 운동장 놀이를 못 하는 경우 일주일을 기다려야 한다. -학생 수가 많은 고학년에게 불리하다. -저학년은 방과 후 놀이 시간이 더 길어서 고학년에게 불리하다.

그림 3.12 점심 시간 운동장 사용을 주제로 한 T-차트 예시

3 논리 나무

논리 나무(Logic Tree)는 논리적이고 체계적으로 과제를 해결하거나 문제를 규명할 때 적용하는 기법이다(오우식, 2019: 202). 논리 나무는 과제를 해결하기 위한 목적과 수단의 구조 관계 혹은 원인과 결과 간의 인과 관계를 논리적으로 체계화하거나 시각화하는 데 유용하게 사용된다. 즉, 과제를 해결할 목적과 수단 혹은 문제의 원인과 결과 등을 연관성에 따라 나뭇가지 형태로 논리적으로 분해하고 전개해 나가는 방법이다. 논리 나무는 토의·토론 중 논의의 수준에 맞지 않은 모호한 의견들을 정리하는 데 효과적이며, 아이디어들을 중복이나 누락 없이 그리고 단계에 따라 계층적으로 정리하는 데 도움이 된다.

수업 진행 과정

step 1 무엇 나무(What Tree)를 활용하여 문제 상황을 파악하게 한다.

특정 주제에 대한 문제 상황이나 중심 개념을 낱말로 표현한다. 예를 들어 '행복한 학교를 만들기 위한 방법'이라는 주제로 토의를 이어간다면 학생들은 '서로 돕고 배려하자'라는 일반적이고 추상적인 의견을 제시하기 쉽다. 하지만 그림 3.13처럼 '교우관계', '학업 부담', '열악한 환경' 등 주제와

관련된 긍정 요소와 부정 요소를 떠올려 구체적인 문제를 낱말로 표현하고 시각화하면 문제 상황을 명확하게 이해할 수 있다.

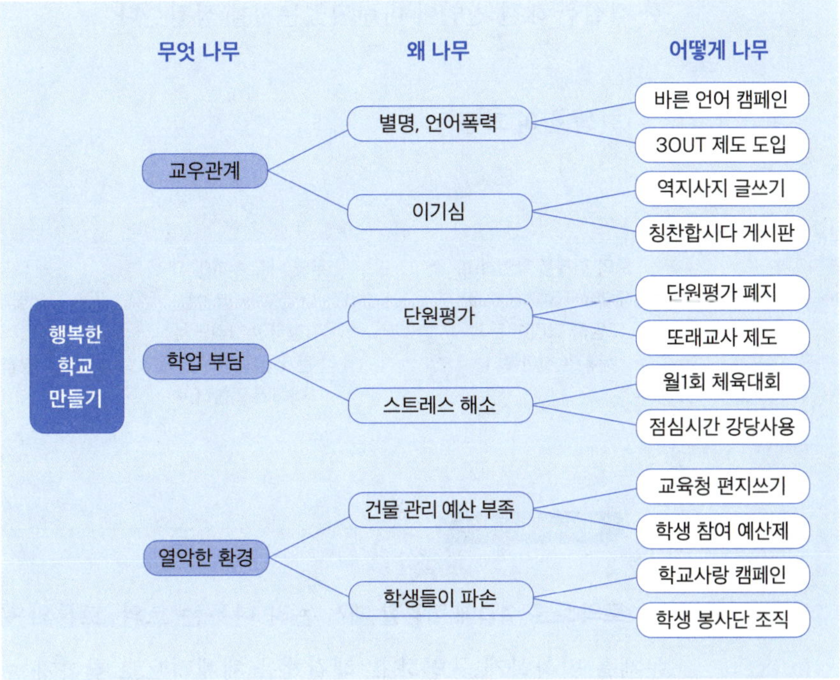

그림 3.13 행복한 학교 만드는 방법을 주제로 한 논리 나무 활용 예시

step 2 왜 나무(Why Tree)를 활용하여 문제의 원인에 대해 토의하게 한다.

무엇 나무에서 문제 상황을 파악했다면, 왜 나무에서는 각 문제 상황의 원인을 찾는 토의를 진행한다. 예를 들어 앞서 찾은 '교우관계'라는 문제 상황에 대해 원인이 무엇인지를 찾는 것이다. 이때 무엇 나무(What Tree)에서 찾은 모든 문제 상황에 대한 원인을 분석할 수도 있지만 그중 한두 가지를 선정하여 더 깊이 있게 토의를 이어 나갈 수도 있다. 토의 과정에서 나온 원인을 계속해서 나무의 형태로 정리하고 적절하지 않은 의견은 삭제하며 문제의 원인을 명확하게 파악한다.

step 3 어떻게 나무(How Tree)를 활용하여 문제의 해결 방법을 찾게 한다.

어떻게 나무로 계속해서 그림을 이어 나가며 각 문제의 해결 방법에 대해 토의한다. 논리 나무는 일종의 도해 조직자(graphic organizer)이므로 토의의 진행 자체는 일반적인 토의 절차를 따르는 것도 좋다. 최종적으로 정리한 해결 방안의 실천 가능성과 타당성을 판단하여 최초 토의 주제에 대한 적절한 해결 방안이 마련되었는지를 점검한다.

학생 참여 과정

1		2		3
토의 주제를 확인하고 무엇 나무(What Tree) 그림을 그리며 문제 상황을 찾아본다.	▶	무엇 나무 우측에 왜 나무(Why Tree)를 확장하여 그리면서 각 문제 상황의 원인에 대해 토의한다.	▶	왜 나무(What Tree) 우측에 어떻게 나무(How Tree)를 그리며 각 문제의 해결 방법에 대해 토의한다.

퍼실리테이션 방안

토의·토론 수업에 적용할 때? 논리 나무는 토의·토론의 층위를 구별하여 문제를 명확하게 규명하고, 해결책을 체계적으로 찾아가는 데 유용한 도구이다. 나무 형태의 그림은 아이디어를 구조화하는 데 효과적이다. 무엇 나무를 통해 문제 상황을 규명하고, 왜 나무를 통해 원인을 찾은 후, 어떻게 나무를 통해 해결 방법을 찾는 3단계로 구분하여 토의 수업에 활용할 수 있다. 논리 나무는 ① '문제 상황이 무엇인가?', ② '문제 상황의 원인은 무엇인가?', ③ '적절한 해결 방안은 무엇인가?'의 3가지 절차에 따라 다양한 토의 주제에 적용할 수 있다.

논리 나무를 만들 때 유의할 점은? 논리 나무를 만들 때 다음과 같은 점에 유의해야 한다. 첫째, 상위 분류나 항목은 하위 요소들을 포괄해야 한다. 둘째, 같은 층위의 분류나 항목은 항상 비슷한 유형이나 동일한 수준이어야 한다. 셋째, 논리 나무 내의 같은 범주나 분류나 항목은 논리적으로 순서가 존재한다. 넷째, 아래로 전개될수록 항목이나 내용은 세분화·구체화된다.

디지털·미디어 교육 연계 방안은? 논리 나무는 온라인 앱 개발이 많이 되어 있는 편으로 '마이로직트리(My logic tree)'나 디지털 마인드 맵 프로그램인 '이드로우 마인드(EdrawMind)' 등을 활용하면 손쉽게 생각을 정리할 수 있다. 다만 이것을 함께 공유하며 토론을 이어가기보다 토론에서 제시할 자신의 주장과 근거의 적절성을 판단하기 위한 도구로 활용하도록 개별 지도를 하는 것이 더 효과적이다.

적절한 토의 주제와 예시 자료는? 학생들의 삶과 관련이 있는 문제를 제시해야 문제 상황과 원인, 해결 방안을 구체적으로 떠올릴 수 있다. 위의 그림 3.13 자료는 '행복한 학교를 만드는 방법'에 대해 논리 나무를 활용한 것이다.

4 PREP

PREP은 내용을 조리 있게 논리적으로 전달하기 위한 기법 중 하나이다(Sparks, 1982). PREP 기법은 보고하거나 설득할 때 효과적인 방법으로 발표나 프레젠테이션, 토의·토론뿐만 아니라 글쓰기 구조로 활용하기에도 유용하다. PREP은 Point-Reason-Example-Point의 약자로, 주장-이유-예시-강조의 순서대로 말하거나 글로 표현하는 것이다. 구조가 단순하지만 화자와 청자 양자가 모두 쉽게 내용을 전달하고 수용할 수 있는 장점이 있다. 두괄식 구조로 결론에 해당하는 주장을 먼저 말함으로써 요점을 빠르게 전달하고, 뒤이어 그 이유와 예시를 제시함으로써 주장에 대한 설득력을 높인다. 마지막에 주장에 대한 재진술, 혹은 강조를 통해 의사를 분명하게 전달하는 이 기법은 단순하지만 논리적이다.

수업 진행 과정

step 1 주제에 대해 자신의 주장을 정하여 말하게 한다.

주제에 대해 자신의 주장을 떠올리고, '~라고 생각합니다.'라는 형태로 말하게 한다.

주제: 학교에서 앉는 자리를 정하는 방법

P(주장): 제비뽑기를 통해 자리를 정해야 한다고 생각합니다.

step 2 주장에 대한 이유를 말하게 한다.

주장에 따른 적절한 이유나 근거를 말하게 한다. 이때 '왜냐하면 ~ 때문이다'와 같은 표현을 사용할 수 있다는 것을 지도한다.

R(이유): 왜냐하면 제비뽑기는 가장 공정한 방법이기 때문입니다.

step 3 주장이나 근거와 관련된 예시를 말하게 한다.

자신의 주장과 근거를 뒷받침할 수 있는 예시를 발표하게 한다. 처음에는 1개의 예를 들지만 예시 수를 더 늘려도 좋다는 것을 안내한다.

E(예시): 예를 들어 앉고 싶은 친구들끼리 앉으면 떠드느라 수업 시간에 집중하기 힘이 들고, 선생님께서 자리를 정해 주면 불만을 갖는 학생들이 생겨납니다. 그렇지만 제비뽑기는 자신이 뽑은 자리에 앉는 것이기 때문에 불만이 생기지 않을 것이고, 친한 친구끼리 앉기만 하는 일도 많지 않을 것입니다.

step 4 마지막으로 자신의 주장을 재차 강조하게 한다.

자신의 주장을 반복하며 강조하여 말한다. '그러므로', '따라서'와 같은 표현을 사용하여 자신의 주장을 명확하게 표현한다.

P(강조): 그러므로 제비뽑기를 통해 자리를 정합시다.

학생 참여 과정

1		2		3		4
주제에 대한 자신의 주장을 정하여 말한다. '~라고 생각합니다'라는 형식을 활용해도 좋다.	▶	자신의 주장을 뒷받침할 근거를 이야기한다. '~ 때문입니다'라고 말할 수 있다.	▶	자신의 주장과 근거를 뒷받침할 예시나 자료를 찾아 이야기한다.	▶	마지막에 다시 한번 자신의 주장을 재차 강조하여 듣는 사람에게 깊은 인상을 남긴다.

토의·토론 수업에 적용할 때? PREP은 토의·토론에 참여하는 학생들이 기본적으로 갖추어야 할 소양이나 능력을 함양하도록 연습하는 데 적절한 기법이다. 기본적으로 ① 자신의 주장, ② 주장에 대한 근거, ③ 근거를 뒷받침하는 예시나 자료, ④ 최종 정리한 자신의 주장에 대한 강조를 논리적으로 준비하고 말할 수 있어야 주제에 대한 토의·토론이 원활하게 이루어질 수 있기 때문이다. 그러므로 토의·토론 수업 이전에 PREP 말하기를 숙달할 수 있도록 연습하고, 토의·토론 수업 전·중·후 전반에 걸쳐 체크리스트를 통해 점검하여 습관적으로 활용할 수 있도록 지도한다.

PREP의 과정별 표현을 연습하는 방법은? 교사가 제시한 주제에 대해 PREP을 각각 글로 쓰며 절차를 연습한다. 이때 주장을 말하는 P는 '~해야 한다, ~하지 말아야 한다, 나의 생각으로는~'의 표현을 활용할 수 있다는 것을 소개한다. 이유를 제시하는 R은 '왜냐하면' 등의 표현을 사용하게 한다. 마찬가지로 예시를 드는 E에서는 '예를 들면, ~에 따르면, ~을 살펴보면' 등의 표현을 제시함으로써 어떤 내용이 들어가야 하는지 명확하게 파악하도록 한다. '자료'나 '실제 있었던 사건' 등도 예시라는 것을 설명해 주면 좋다. 끝으로 주장을 강조하는 P 단계에서는 '그러므로, 따라서' 등의 표현을 사용함으로써 강조 표현을 익히게 한다.

수준별 적용 방안은? 저학년이나 토의·토론 수업의 기초 학습자의 경우 자신의 주장과 그에 대한 근거를 조리 있게 말하는 것이 어렵다. 그러므로 각 단계에 대한 예시 문장을 제시하여 연습할 기회를 충분히 제공하는 것이 좋다. 수준이 낮은 학습자의 경우 말하기의 형식에 초점을 맞추도록 하고, 수준이 높은 학습자의 경우에는 내용의 타당성에 초점을 맞추도록 지도할 수 있다. 또한 각 단계를 지켜 말하였는지, 단계별 내용과 표현이 적절한지 등을 점검하기 위해 체크리스트를 활용한 자기 평가나 동료 평가를 활용할 수 있다.

디지털·미디어 교육 연계 방안은? '패들렛' 등의 온라인 플랫폼을 활용하여 디지털 글쓰기로 연습할 경우 각 단계의 특징이 더 잘 드러나 활동의 효과를 높일 수 있다. 예를 들어 P(주장)는 빨간색 텍스트 박스로, R(이유)은 파란색, E(예시)는 노란색, P(강조)는 초록색 텍스트 박스로 표시해 주고, 교사의 예를 먼저 제시하면 학생들이 각 단계를 시각적으로 보다 명확하게 인지하여 내용을 작성할 수 있다. 예시 사진이나 영상 등을 첨부하여 활용할 수도 있다. 실시간 화상 토의·토론의 경우 대면 기반 토의·토론에 비해 집중력이 떨어질 수 있으므로, PREP 기법을 활용하여 자신의 의견을 분명하고 간결하게 제시하는 것이 더 효과적임을 인지시키고 토의·토론을 진행하는 것도 좋다. 아래 자료는 패들렛을 활용하여 인터넷 실명제에 대한 토론을 할 때 활용할 수 있는 양식이다.

패들렛을 활용한 PREP 기법 예시

5 생선뼈 다이어그램

생선뼈(Fishbone) 다이어그램은 이시카와 카오루(Kaoru Ishikawa, 1943)가 개발한 원인-결과 그림의 일종으로 '이시카와 다이어그램'이라고도 한다. 이것은 특정 문제에 대한 원인을 분석하는 기법으로, 문제에 어떤 요인이 어떤 관계에 영향을 미치는지 보여 주어 문제의 원인을 규명할 수 있게 도와준다. 물고기 그림을 활용하는 이 기법은 현재의 문제점이나 상황을 분석하고자 할 때 유용하다. 물고기의 모습을 머리(문제), 몸통의 큰 뼈(주요인, 영역, 측면), 작은 뼈(세부 원인), 꼬리 부분(원인)으로 나타내 한눈에 문제와 원인을 시각화하는 것이다. 이를 통해 문제의 인과 관계를 시각적으로 드러낼 수 있을 뿐만 아니라, 교과 학습에 적용할 경우 학습 내용을 위계적으로 정리할 수도 있다. 또한 일반적인 토의·토론에서 잘 드러나지 않던 요인들을 찾아낼 수 있으며, 생선뼈 모양으로 토의·토론 활동에 흥미를 불어넣을 수 있다.

수업 진행 과정

step 1 문제 상황을 파악하여 머리 부분에 기록하게 한다.

현장에서 문제가 되는 것, 다시 말해 '개선해야 할 문제가 되는 특성'을 결정한다. 예를 들어 학급에서 역할 분담 청소가 잘 되지 않는 것이 문제라면 '역할 분담 청소가 잘 되지 않는다'라는 것을 생선의 머리 부분에 기록하게 한다. 오른쪽에 생선 머리를, 왼쪽에 등뼈와 꼬리를 그리도록 안내한다.

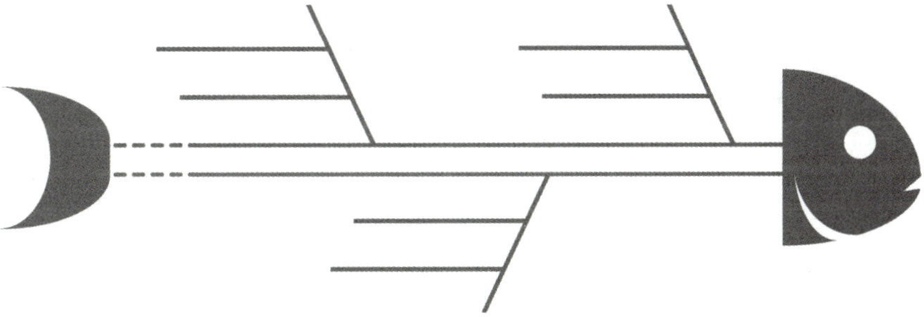

그림 3.14 생선뼈 다이어그램 양식

step 2 문제의 주요 원인을 파악하여 큰 뼈에 기록하게 한다.

문제에 영향을 미친 주요 원인을 떠올려 큰 뼈에 기입하게 한다. 요인은 크게 4개에서 8개 정도 선정한다. 역할 분담 청소의 예를 활용한다면 ① 학생들의 불성실한 태도, ② 시간 부족, ③ 청소 도구 부족, ④ 비효율적 역할 분담 등으로 원인을 분석할 수 있다.

step 3 문제의 잠재적 원인을 찾아 작은 뼈에 기록하게 한다.

앞 단계에서 선정한 원인들을 바탕으로, 팀별 브레인스토밍을 통해 잠재적인 원인을 구체적으로 떠올리게 한다. 큰 뼈 수준에서는 요인의 범위가 너무 크기 때문에 적절한 조치를 취하기 어렵다. 따라서 큰 뼈를 중간 뼈와 작은 뼈로 분해하여 구체적인 대처 방안이 도출될 수 있을 때까지 세분화한다. 앞의 예시 중 '② 시간 부족'이라는 큰 뼈를 세분화하면 '점심시간 급식 대기로 인한 청소 시간 부족, 종례 이후 학원 일정으로 인한 시간 부족, 쉬는 시간 이후에 발생하는 청소 소요, 학생별 청소 구역 과다' 등과 같은 잠재적 원인을 찾아낼 수 있다.

step 4 원인의 적절성을 판단하고 비중을 정하도록 한다.

문제에 대한 잠재적 원인의 인과관계가 적절한지, 누락된 요인은 없는지 등을 철저히 파악하게 한다. 인과관계를 파악할 때는 '왜?'라는 질문을 반복할 필요가 있다. 이 과정을 통해 문제 상황에 대해 가장 큰 영향을 미치는 것이 어떤 요인인지 검토한다. 이때 가장 큰 영향을 미치는 원인에 색깔을 칠하거나 테두리를 그리는 등 시각적으로 드러나게 표시하는 것도 좋다.

step 5 세부 해결 방안을 도출하여 공유하게 한다.

시각화된 자료를 펼쳐놓고 작은 뼈에 대한 해결 방안을 토의를 통해 찾게 한다. 찾은 해결 방안을 공유하고 머리에 적은 문제를 해결하기에 적절한지 판단한다.

학생 참여 과정

1		2		3		4		5
생선뼈 모양을 그리고 머리 부분에 문제 상황을 기록한다.	▶	문제의 주요 원인을 찾아 생선의 큰 뼈에 기록한다.	▶	각 주요 원인들의 잠재적 원인을 떠올려 작은 뼈에 기록한다.	▶	원인이 적절한지 판단하고 가장 큰 영향을 미치는 요인을 찾아 표시한다.	▶	생선뼈를 보며 작은 뼈에 대한 해결 방안을 토의하고 공유한다.

퍼실리테이션 방안

토의·토론 수업에 적용할 때? 생선뼈 다이어그램은 그 자체가 토의 도구이기도 하지만 원인을 분석한 시각 자료를 만들어 더 심화된 토의를 진행할 수 있는 토의 전 단계 활동으로도 활용할 수 있다. 그러므로 토의 주제에 따라 교사가 다른 토의 기법과 적절하게 연계하여 활용함으로써 그 효과를 높일 수 있다. 생선뼈 다이어그램과 월드카페를 결합하여 학생들이 돌아가며 의견을 말하고, 그 내용을 생선뼈의 형태로 정리하는 것도 좋은 방법이다. 또 한두 명의 학생이 그림 그리기와 기록하기를 전담하여 진행하는 경우 자칫 토의에 참여하지 않는 학생이 발생하기 쉬우므로 사회자와 기록자를 정하되 내용을 기록할 때는 참여자들의 의견을 반영하며 기록하게 하는 것이 좋다. 또 회전목마 토의나 둘 가고 둘 남기 등의 방법과 함께 활용하면 다양한 해결 방법을 찾을 수 있다.

활용하기 적절한 학년과 규모, 주제는? 생선뼈 다이어그램은 겉모양만 보면 저학년 학생들의 흥미를 끌고 참여를 유도할 수 있다고 판단하기 쉽지만, 실제로는 세부적인 원인을 찾아내는 과정이 저학년에게는 다소 어려울 수 있다. 그러므로 5-6학년 이상의 고학년에게 활용할 때 기대한 효과를 거둘 수 있다. 학생 수는 모둠 당 4-6명 정도가 적절한데, 너무 많은 학생이 참여할 경우 그림이 잘 보이지도 않을뿐더러 개인별 기여도가 낮아져 산만해지기 쉽다. 주제는 해결책을 찾아내는 것과 관련하여 선정하는 편이 좋고, '학급에서 자리를 민주적으로 선정하는 방법'이라는 형태보다 '자리 배치로 인해 갈등이 생겨난다'와 같은 문제 상황의 형태로 제시하는 것이 좋다.

디지털·미디어 교육 연계 방안은? 온라인 수업 도구를 활용할 경우 '띵커벨' 등의 화이트보드 도구를 사용할 수 있다. 기본적인 오프라인 협업 도구가 8절 크기 이상의 도화지나 모둠 화이트보드이므로 온라인에서 활용할 도구를 찾는 것이 크게 어렵지 않다. 생선뼈 모양을 정하여 학생들이 그 틀에 맞춰 원인의 숫자를 제한하게 될 수도 있으므로 능숙한 학습자들이라면 모둠 토의를 통해 원인의 개수를 정할 수 있도록 백지로 주는 것도 좋다. 중요한 내용은 뼈의 두께나 색깔을 구별하여 기록하도록 지도한다.

6 스토리보딩

스토리보딩(Storyboarding)은 아이디어를 생성한 뒤 다양한 방법으로 묶어 도출된 아이디어를 쉽게 확인할 수 있도록 도와주는 구조화 방법이다. 원래 영상물을 제작하기 전에 아이디어와 컨셉 등을 기획하고, 이것을 구체적인 그림으로 묘사하여 시각화하는 것으로부터 시작되었다. 토의·토론 장면에서는 창출된 아이디어들을 분류하여 평가하고 조직하는 시각적 과정을 거쳐 주제를 선택하거나 문제를 확인하는 데 주로 사용한다. 스토리보딩은 칠판이나 보드에 당면한 문제의 이야기와 그림을 제시하고 문제에 대해 브레인스토밍을 실시한 뒤, 창조적인 과정으로 아이디어를 평가하고 분류하면서 아이디어 리스트를 축소하여 구조화한다. 흩어진 아이디어를 기준에 따라 분류하고 정렬하여 문제의 해결안을 도출할 수 있다.

수업 진행 과정

step 1 당면한 문제를 시각적으로 제시한다.

문제에 대한 이야기와 그림을 칠판이나 보드에 시각적으로 제시하여 문제에 대해 명확하게 이해한다. 예 스쿨존에서 일어난 교통사고를 설명할 수 있는 사진이나 영상을 제공한다.

step 2 문제 해결을 위한 아이디어를 생성하게 한다.

시각화된 보드를 보고 문제 해결을 위해 떠오르는 아이디어들을 붙임쪽지에 옮겨 적는다. 필요한 경우 아이디어를 보충할 수 있다. 예 스쿨존 교통사고를 예방하고 해결할 수 있는 방법에 대한 아이디어 등(그림 3.15)

step 3 생성된 아이디어를 분류하고 배치하게 한다.

문제에 대해 직접 연관이 있거나 비슷한 아이디어는 서로 모으고, 연관성이 적은 것은 따로 멀리 붙여 둔다. 아이디어를 분류하는 작업을 통해 4개 정도의 아이디어 그룹을 형성한다.

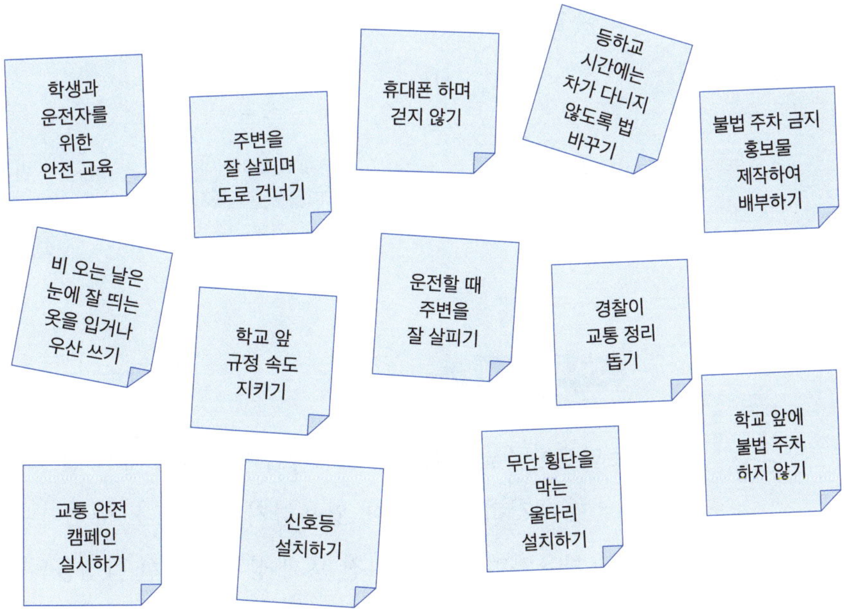

그림 3.15 스쿨존 내 교통사고 예방 아이디어 예시

step 4 아이디어 그룹에 어울리는 이름을 붙이도록 안내한다.

분류한 아이디어 그룹을 살펴서 적당한 이름을 붙인다. 이름에 어울리지 않는 아이디어는 다른 그룹으로 옮기고, 필요할 경우 다른 그룹에 있는 아이디어를 가져올 수 있다. 묶음을 조정해 가면서 이름을 모두 정한 후 참여자들의 동의를 확인한다. 예 해결 주체에 따라 분류한 결과(그림 3.16)

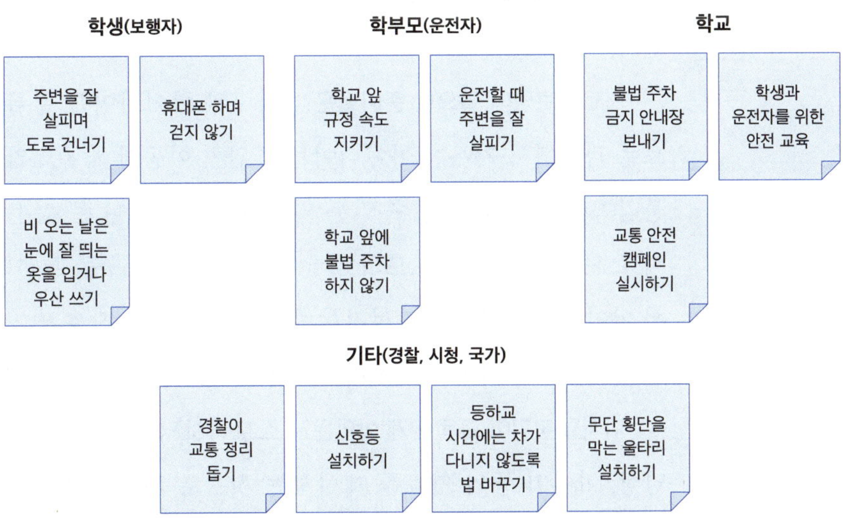

그림 3.16 해결 주체를 기준으로 분류한 스쿨존 내 교통사고 예방 아이디어

학생 참여 과정

1. 제시된 시각 자료를 통해 문제 상황을 파악한다.
2. 문제 해결 아이디어를 떠올려 붙임쪽지에 기록한다.
3. 비슷한 아이디어끼리 모아 그룹을 짓고 그룹의 이름을 붙인다.

퍼실리테이션 방안

토의·토론 수업에 적용할 때? 학급이나 학교에서 발생한 실제적 문제를 살펴보고 해결하고자 할 때 활용하기 적합하다. 사진이나 영상 등의 시각 자료를 활용하면 우리가 가진 문제 상황에 대한 학생들의 몰입도를 높이고 적극적 참여를 유도할 수 있다. 또한 이러한 시각적 자료는 토의·토론 전 주제와 목적을 명확하게 인식하여 다양한 아이디어를 떠올리는 데 사용되기도 하지만, 토의·토론 중 아이디어가 잘 떠오르지 않을 때 활용하여 학생들이 문제 상황에 다시금 초점을 두게 유도할 수도 있다.

스토리보딩에서 주의해야 할 점은? 다양한 아이디어들을 구조화하여 문제를 해결할 수 있는 실제적 방안을 찾기 위해서는 목록을 효과적으로 축소하는 것이 필요하다. 따라서 생성한 아이디어를 분류할 때는 적당한 개수의 기준이 필요하고, 분류된 소집단 간 중복된 요소가 없는지 점검해야 한다.

스토리보딩에 필요한 준비물은? 제시된 아이디어를 분류하여 그룹을 만드는 과정에서 기록한 아이디어들의 위치 이동이 자유로워야 한다. 따라서 붙임쪽지와 이를 붙일 수 있는 넓은 공간(칠판이나 큰 종이)이 필요하다. 마이크로소프트 화이트보드와 같은 온라인 협업 도구를 통한다면 온라인상에서 아이디어를 분류하고 정리할 수 있으며, 공간적으로 떨어져 있거나 더 많은 참여자들이 아이디어를 제시하여도 이를 수집하여 분류할 수 있다.

아래 QR 코드를 인식하여 수업 활동지를 내려 받아 활용할 수 있습니다.

디지털·미디어 교육 연계 방안은? 스토리보딩은 당면한 문제를 그림, 사진, 영상, 이야기 등의 자료를 제시하는 것으로부터 시작한다. 이때 학생들은 토의·토론 주제와 관련한 문제 상황이 담긴 여러 가지 매체 자료를 보고,

문제의 핵심과 본질을 파악하는 경험을 할 수 있다. 또한 디지털 윤리를 주제로 스토리보딩을 활용해 토의·토론을 진행할 수도 있다.

7 멀티 플로 맵

멀티 플로 맵(Multi-flow map)은 인지 과정을 시각적으로 나타내는 생각 지도(thinking maps)의 하나로 원인과 결과, 영향과 효과 등을 분석하는 방법이다(Hyerle, 1989). 이름 그대로 다수의 흐름을 보여 주는 지도로, 하나의 원인에서 하나의 결과로 이어지는 것을 넘어서 다양한 원인을 통해 결과가 생기고 그 결과가 또다시 원인이 되어 여러 결과를 낳는 것을 시각적으로 나타낼 수 있다. 토의·토론에 필요한 주제나 사건을 두고 그것에 대한 원인과 결과를 양쪽으로 분석함으로써 다양한 관점에서 접근할 수 있어 문제 해결을 위한 비판적 사고를 할 수 있다. 또한 주제에 대한 원인과 결과를 한눈에 보여 주어 이해력을 높이고 의사소통을 돕는다.

| 더 알아보기 |

생각 지도

데이비드 하이엘(David Hyerle)은 저서 『생각을 넓혀라(Expand Your Thinking)』을 통해 생각 지도를 소개했다. 생각 지도는 정보 구조에 공통의 시각적 언어를 제공할 목적으로 초중등 교육에서 사용되는 일련의 사고 기법을 가리키며, 다음과 같이 8가지 유형으로 구성된다.

① 서클 맵(Circle map): 개념을 정의할 때 사용하는 사고 기법
② 버블 맵(Bubble map): 어떠한 사물이나 지식에 대해 형용사를 활용해 묘사하는 사고 기법
③ 플로 맵(Flow map): 일정한 규칙과 기준에 따라 순서를 정렬하는 사고 기법
④ 브레이스 맵(Brace map): 부분과 전체에 대한 관계를 파악하는 사고 기법
⑤ 트리 맵(Tree map): 여러 가지 사물이나 지식을 일정한 기준에 따라 분류하는 사고 기법
⑥ 더블 버블 맵(Double Bubble map): 서로 다른 사물이나 개념을 비교, 대조하여 공통점과 차이점을 찾는 사고 기법
⑦ 멀티 플로 맵(Multi-flow map): 사건이나 현상에 대해 인과관계를 찾아내는 사고 기법
⑧ 브리지 맵(Bridge map): 한 가지 사실을 통하여 또 다른 사실을 유추하는 사고 기법

수업 진행 과정

step 1 분석할 주제를 가운데 표시하도록 안내한다.

다음 그림 3.17처럼 중심에 큰 사각형을 한 개 그리고 그 안에 분석할 주제를 쓴다. 양쪽에 주제가 일어난 원인과 이 주제로 인한 결과를 떠올린다.

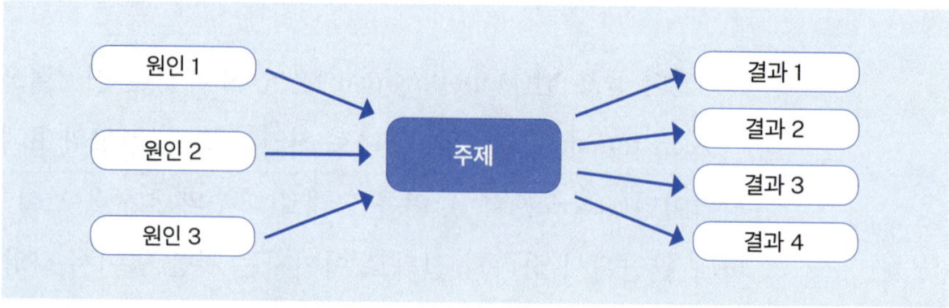

그림 3.17 멀티 플로 맵 기본 양식

step 2 주제가 일어난 원인을 표시하게 한다.

주제가 일어난 다수의 원인을 떠올리고 가운데 작성해 둔 주제의 왼쪽에 그 수만큼 사각형을 그린다. 사각형 안에 각 원인을 표시하고, 원인을 주제로 연결하는 선을 긋는다.

step 3 주제로 인한 결과를 표시하게 한다.

주제를 통해 발생할 수 있는 다수의 결과를 떠올리고 주제의 오른쪽에 그 수만큼 사각형을 그린다. 사각형 안에 각 결과를 표시하고, 주제에서 결과로 이어지는 선을 긋는다.

학생 참여 과정

1

그림의 중앙에 위치한 큰 사각형에 주제를 쓴다.

▶

2

주제가 일어난 원인을 다양하게 떠올리고, 주제의 좌측에 기록한 후 선을 그어 주제와 연결한다.

▶

3

주제로 인해 발생할 수 있는 결과를 다양하게 떠올리고, 주제의 우측에 기록한 후 선을 그어 주제와 연결한다.

토의·토론 수업에 적용할 때? 토의 장면에서 멀티 플로 맵을 통해 사건에 대한 원인과 결과를 다각적으로 분석하여 시각적으로 구조화하면 각 아이디어를 정리하면서 사건에 대해 깊이 이해하여 더 나은 아이디어를 떠올려 선택할 수 있다. 하나의 원인에 대한 결과를 분석하는 것이 아닌 두 가지 이상의 원인을 찾고 두 가지 이상의 결과를 예상함으로써 더욱 합리적인 판단을 내릴 수 있고 판단에 대한 근거도 명확해진다. 멀티 플로 맵을 통해 나온 원인과 결과를 새로운 토의· 토론 주제로 활용할 수 있다.

멀티 플로 맵을 활용하기 전에 유의할 점은? 멀티 플로 맵의 구조를 먼저 설명하고 용도를 이해하여 원인과 결과, 투입과 산출, 영향과 효과의 관점에 활용한다면 주제를 분석할 때 효과적이다. 원인과 결과를 알기 쉽게 정리하면서 요약하는 능력도 키울 수 있지만 불필요하게 많은 분석을 이미지로 나타낸다면 정리하기가 어려워지므로 비슷한 내용은 합치고 중요도가 떨어지는 것을 추려 내서 한눈에 볼 수 있도록 생각을 정리하는 것이 좋다.

멀티 플로 맵을 활용하면 좋은 주제는? 학생들과 함께 분석할 사건에 대해 의미 있는 원인과 결과가 2가지 이상일 때 멀티 플로 맵을 활용하면 각 원인과 결과를 분석하면서 사건에 대해 학생들의 생각을 수렴할 수 있다. 예를 들어 '교실의 수업이 잘 이루어지지 않는 상황'을 주제로 토의한다면, 먼저 다양한 원인을 찾은 뒤 다양한 결과를 살펴봄으로써 이 문제의 심각성을 이해하고 여러 원인 중 해결하고 싶은 것에 대해 다시 토의·토론을 진행할 수도 있다. 이 외에도 멀티 플로 맵을 활용하면 좋을 주제 예시들은 아래와 같다.

- 우리 학교와 마을 주변에서 찾을 수 있는 문제들
- 고민되는 선택과 행동
- 작품에서 인물의 말과 행동
- 역사적인 사건

- 과학적인 실험의 결과
- 자연의 현상

디지털·미디어 교육 연계 방안은? 다양한 원인이 복합적으로 작용하는 문제 상황을 분석하고, 종합하여 기록하는 방법으로 멀티 플로 맵을 활용할 수 있다. 이때 '구글 슬라이드, 캔바, 패들렛'과 같은 공유 플랫폼을 이용하면 여러 학생들이 하나의 문제 상황에 대해 각자 조사한 원인과 결과를 동시에 작성하고 공유할 수 있다. 또 '루시드차트(lucidchart)'와 같은 다이어그램 작성 플랫폼을 이용하면 기존에 제공하는 양식뿐만 아니라 선과 박스, 색 구분 등을 활용하여 시각화할 수 있다.

의견 공유 및 합의 형성하기

이 단계에서는 각자의 생각을 조율하고, 공동의 결론이나 실행 가능한 대안을 도출해 내는 과정을 중심으로 한다. 이 단계는 단순 발표를 넘어서 민주적 의사 결정, 타협, 합의 형성의 과정을 경험하게 하며, 공동체적 사고를 기르는 데 효과적이다. 의견을 공유하고 합의에 도달하는 8가지의 기법을 통해 학습자는 성찰적 태도와 소통 역량을 함께 키워나가게 된다.

1 의사 결정 그리드

의사 결정 그리드(Decision grid)는 문제 해결을 위한 다양한 방안들을 탐색한 뒤 그중 가장 적합한 방안을 결정할 수 있도록 고안한 격자 모양(grid)의 의견 수렴 도구이다(오우식, 2019; 장경원 외, 2018). 평가 기준을 고려하여 문제의 해결 방안을 결정하는 방법으로, 사람들의 의견을 모으고 최선의 의사 결정을 할 수 있도록 관점을 세워 점수를 매기는 과정에서 학생들의 비판적 사고력을 확장하는 데 도움을 줄 수 있다.

수업 진행 과정

step 1 의사 결정의 판단 기준을 정하고 그리드에 표시하도록 안내한다.

토의 주제에 맞는 최종 의사 결정을 앞두고 가장 중요한 판단 기준(중요성, 실행 가능성 등)을 2가지 정하고, 판단 기준을 다음 표 3.5와 같은 의사 결정 그리드의 양식에 표시한다.

표 3.5 의사 결정 그리드 기본 양식

높음			
중간			
낮음			
중요성 / 실행 가능성	낮음	중간	높음

step 2 판단 기준에 따라 선택지를 분석하고 표시하게 한다.

각자 제안한 선택지를 모둠원과 함께 분석하면서 어느 그리드에 놓아야 할지 충분히 논의한다. 판단 기준에 비추어 봤을 때 선택지가 3단 척도인 낮음-중간-높음 중에서 어떤 단계인지 분석하고 표시한다. 주제에 따라 선택지를 5단 척도로 세분화하거나 낮음-중간-높음 대신 점수로 표시할 수 있다.

step 3 아이디어를 최종적으로 결정하고 과정을 성찰하게 한다.

의사 결정 판단 기준에 따라 각 선택지가 표시된 위치와 척도를 확인하고 비교하여 가장 높은 점수를 획득한 선택지를 최종적으로 결정한다. 최종 결정된 선택지가 토의 주제에 적합한지 다시 한번 확인하면서 의사 결정의 기준을 수정해야 할 필요는 없는지, 놓친 아이디어는 없는지를 돌아본다. 두 가지 이상의 의견이 점수상으로 동점이 나온 경우, 어느 기준을 우선할 것인지에 대해 추가로 토의를 진행할 수 있다.

학생 참여 과정

1	2	3
의사 결정에 있어서 중요한 기준 2가지를 결정하고 그리드에 표시한다.	모둠원과 선택지를 기준에 따라 분석하고 그 결과를 그리드에 표시한다.	각 선택지의 점수를 비교하여 가장 높은 선택지를 최종적으로 결정한다.

퍼실리테이션 방안

토의·토론 수업에 적용할 때? 의사 결정 그리드를 활용하여 토의의 최종 결정을 내릴 수 있다. 여러 가지 대안 중 합의한 기준에 따라 객관적 판단을 내릴 수 있기 때문에 합리적 의사 결정이 가능하다. 토론 수업에서도 찬성과 반대 의견을 결정하기 전 주제와 관련된 기준에 따라 판단해 본 후 자신의 입장을 결정하고 토론을 시작할 수 있다.

의사 결정 그리드에서 주의해야 할 점은? 합리적 의사 결정을 위해서는 의사 결정 그리드의 타당한 기준을 정하는 것이 중요하다. 주제에 따라 중요하게 고려해야 할 기준이 달라질 수 있으므로, 이에 대해 충분한 사전 토의가 필요하다. 교사와 그룹별 리더가 함께 기준을 사전에 결정한 후 전체 학급 구성원들의 의견을 수렴할 수도 있다. 이와 더불어, 의사 결정 그리드의 기준에 따른 평가가 객관적이어야 한다. 특히 리더나 우수한 학생, 교우 관계 등이 의사 결정에 영향을 미쳐 문제 해결 과정의 객관성이 흔들리지 않도록 주의한다.

의사 결정 그리드에서 활용할 수 있는 판단 기준은? 안전성, 효과성, 경제성, 지속가능성, 실현 가능성, 실천 가능성, 영향력, 중요도, 시급성, 형평성, 합리성, 논리성, 만족도, 흥미도 등이 있다. 주제에 알맞은 판단 기준을 선택할 수 있다.

의사 결정 그리드를 활용하면 좋은 주제는? 의사 결정 그리드를 진행할 때 토의 주제는 흥미롭고 학생들의 삶과 관련된 주제를 선정해야 한다. 의사 결정 그리드는 한 가지 해결책보다는 여러 가지 해결책을 가지고 있는 주제를 선정해야 하며 여러 해결책 중 우리 집단에 가장 적합한 방안을 선택하는 것이 목적이다. 그러므로 주제는 구체적이어야 하며, 학생들의 흥미와 관심을 반영한 주제로 선정하여 쉬운 것부터 연습해 보는 것이 바람직하다. 주제에 대한 선택지가 서로 비교 가능하며 평가 기준이 같아야 효과적이다. 이때 의사 결정 그리드의 판단 기준을 1개로 시작해서 2개로 늘려나가는 것도 이해와 활용에 도움이 된다. 판단 기준이 3개 이상이 되면 의사 결정 매트릭스를 활용할 수 있다.

의사 결정 그리드를 수업에 활용한 예시는? 다음 표 3.6은 교실에 구입하면 좋을 물건 정하기를 주제로 의사 결정 그리드를 진행한 예시이다. 여기서 판단 기준은 중요도와 실현 가능성이며, 결과를 분석하여 두 기준의 점수 합이 8점 이상인 경우 해당 물건을 구입하기로 하였다.

표 3.6 의사 결정 그리드 예시

<교실에서 구입하면 좋을 물건 정하기>

중요도					
5			원탁 테이블		보드게임
4				개인 방석	학급 도서
3		빈백	담요	모둠별 식물	
2	쇼파				
1					
중요도 / 실현 가능성	1	2	3	4	5

음영은 두 기준의 합이 8점 이상인 경우를 표시함.

디지털·미디어 교육 연계 방안은? 뉴스를 제작하는 수업에서 뉴스의 소재가 될 만한 사건을 추려 의사 결정 하는 단계에서 활용할 수 있다. 시급성, 관련성, 중요성 등의 기준을 세워 사회 혹은 교내외에서 일어난 여러 가지 사건들을 소재로 뉴스를 제작해 보는 경험을 통해 뉴스 매체에 대한 이해도를 높일 수 있다.

2 의사 결정 매트릭스

의사 결정 매트릭스(Decision Matrix)는 토의에서 제시된 아이디어를 평가 요소나 기준에 따라 행렬로 배열하여 점수를 매긴 다음, 우선순위를 정하거나 최종 선택을 할 수 있도록 도와주는 토의 기법이다. 주로 토의에서 제시된 여러 가지 선택 사항 중 다양한 요소를 고려하여 하나 또는 둘의 최종안을 고를 때 사용한다(김종남, 2016). 이 기법은 과정이 간단하여 다양한 토의 주제에 활용하기가 용이하며, 제시된 아이디어들을 기준에 따라 평가하고 이를 시각화함으로써 합리적인 선택을 하는 데 도움을 주고 선택의 결과를 토의 참여자들과 공유하기에 유용하다.

수업 진행 과정

step 1 토의의 결과 제시된 여러 가지 아이디어를 나열하게 한다.

주제에 대한 토의를 통해 도출된 여러 아이디어나 대안들을 나열한다. 이때 비슷한 아이디어끼리 분류하여 정리한다.

step 2 선택 기준을 작성하도록 한다.

제시된 아이디어 중에서 최선의 선택을 할 수 있도록 기준을 마련하고, 표 3.7과 같은 형태로 작성한다. 선택 기준을 작성할 때는 해당 기준이 적절한지 의논한다. 학년과 학생의 수준에 따라 선택 기준을 교사가 제시할 수도 있다.

표 3.7 의사 결정 매트릭스 예시

〈현장 체험 학습을 어디로 가면 좋을까?〉

아이디어	기준		
	안전성	선호도	공익성
놀이공원			
박물관			
동물원			

step 3 선택 기준에 따라 아이디어를 평가하게 한다.

선택 기준에 따라 아이디어별 점수를 매긴다. 아이디어 평가는 토의 주제에 따라 개인, 모둠 등으로 주체를 달리 할 수 있다.

step 4 최종 아이디어를 결정하도록 한다.

기준에 따라 평가한 아이디어의 총점을 확인한다. 의사 결정 매트릭스에서 점수가 가장 높은 아이디어를 최종 선택하고 최종 아이디어를 공유한다.

학생 참여 과정

1		2		3		4
주제에 대한 아이디어들을 나열하고 분류한다.	▶	토의를 통해 아이디어의 선택 기준을 정한다.	▶	기준에 따라 아이디어를 평가한다.	▶	최종 아이디어를 결정한다.

퍼실리테이션 방안

토의·토론 수업에 적용할 때? 의사 결정 매트릭스는 토의 수업에서 적용하기 적합한 기법이다. 선택 가능한 다양한 대안들 중에서 여러 가지 선택 기준에 따라 선택하고 최선의 안을 결정해야 하는 문제 상황에서 의사 결정 매트릭스를 사용할 수 있다. 사회과의 의사 결정 학습모형에서 활용하기에 적합하다.

기준별 가중치를 달리하려면? 의사 결정 매트릭스는 아이디어를 선택한 기준에 따라 점수를 매기고 의사를 결정하는 기법이다. 하지만 문제 상황의 특성에 따라 다른 기준들보다 더 중요하게 고려해야 하는 기준이 있을 수 있다. 예를 들어 학급 자치 예산을 어디에 사용할지 결정하는 토의에서는 예산을 초과할 수 없으므로 비용이 다른 기준에 비해 더 중요한 기준이 될 수 있다. 이 경우 기준별 중요도를 고려하여 가중치를 달리 두어 점수를 매길 수 있다. 다음 표 3.8은 '현장 체험 학습 장소'를 주제로 의사 결정 매트릭스 기법을 적용한 예시이다. 가중치를 두지 않은 경우 '동물원'의 점수가 가장 높지만, 표 3.9에서와 같이 기준에 따라 가중치를 달리 두면 '박물관'이 점수가 가장 높다.

표 3.8 기본형 의사 결정 매트릭스

아이디어	기준			합계
	안전성	선호도	공익성	
놀이공원	1	3	1	5
박물관	1	1	5	7
동물원	5	2	2	9

표 3.9 가중치를 반영한 의사 결정 매트릭스

아이디어	기준			합계
	안전성	선호도	공익성	
가중치	1	2	3	-
놀이공원	1×1=1	3×2=6	1×3=3	10
박물관	1×1=1	1×2=2	5×3=15	18
동물원	5×1=5	2×2=2	2×3=6	13

디지털·미디어 교육 연계 방안은? 의사 결정 매트릭스는 '구글 문서(google-docs)'와 같은 공유 문서 플랫폼을 활용하여 동시에 활동을 수행할 수 있다. 교사가 사전에 의사 결정 매트릭스 활동지를 작성하여 링크를 공유하고, 조별로 작성한 활동지를 학급 전체와 공유하여 최종 의견을 결정한다.

3 의사 결정 나무

의사 결정 나무(Decision Tree)는 의사 결정 규칙을 나무 구조로 도표화하여 분류와 예측을 수행하는 분석 방법이다(von Winterfeldt, D. & Edwards, W., 1986). 이 방법은 스무고개를 그림으로 나타냈다고 생각하면 이해하기 쉽다. 다른 토의 기법과는 다르게 데이터를 분석하여 이들 사이에 존재하는 패턴을 예측 가능한 규칙들의 조합으로 나타내는 데이터마이닝 기법으로 널리 쓰인다. 의사 결정 나무는 결론에 도달할 때까지 연속해서 '예/아니오' 질문을 반복해 최종 의사 결정을 하기 때문에 학생들이 합리적인 의사 결정을 내리는 데 도움을 준다. 가능한 한 여러 가지 대안을 나열하고, 각각의 대안을 선택했을 경우와 그렇지 않은 경우의 결과를 나무 모양의 그림으로 그려서 생각하는 방법이다.

수업 진행 과정

step 1 학생들과 함께 의사 결정의 기준을 정한다.

예를 들어 '운동장의 쓰레기를 줄이기 위해 우리가 할 수 있는 일'에 대해 토의를 한다고 가정해 보자. 이 주제에 대한 의견이 타당한지 결정하기 위해 ① 실제로 쓰레기가 줄어드는 방법인가? ② 우리가 실천할 수 있는 방법인가? ③ 지속적으로 실천할 수 있는 방법인가? ④ 많은 사람이 동의할 수 있는 방법인가? 등의 기준을 질문 형태로 만들 수 있다.

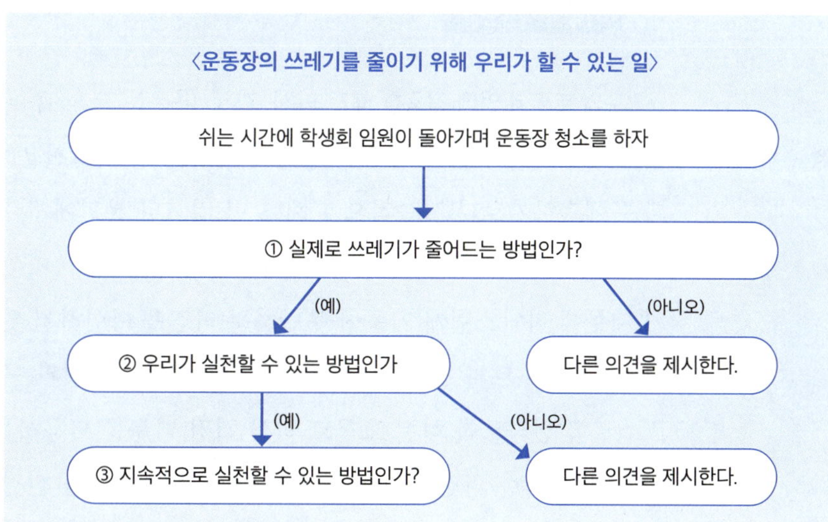

그림 3.18 의사 결정 나무 예시

step 2 떠올린 의견을 의사 결정 기준에 따라 '예/아니오'로 분류하게 한다.

주제에 대해 '쉬는 시간에 학생회 임원이 돌아가며 운동장 청소를 하자'라는 의견을 제시한 경우, 이 의견을 앞의 과정에서 세운 기준에 따라 분류해 가며 나무를 거꾸로 세운 모양으로 만들어 나간다.

step 3 분류한 내용에 따라 적합한 의견을 선정한다.

위와 같이 '예/아니오'로 분류하다 보면 주제에 적합한 의견과 그렇지 않은 의견을 구별할 수 있다. 최종적으로 기준을 충족시키는 의견을 제안하거나 찾아낼 수 있다.

학생 참여 과정

1	▶	2	▶	3
토의 주제에 대한 의견이 타당한지 판단하는 기준을 정한다. 토의를 통해 질문의 형태로 기준을 정한다.		토의 주제에 대해 의견을 떠올린다. 의사 결정 나무 양식을 활용하여 자신이 떠올린 의견이 각 기준에 적절한지 '예/아니오'로 판단한다.		다양한 의견을 기준에 따라 분류하며 기준을 충족시키는 의견을 찾아 제안한다.

퍼실리테이션 방안

토의·토론 수업에 적용할 때? 의사 결정 나무는 토의 주제에 대한 의견을 제시하거나 검증할 때 유용한 방법이다. 토의에서 의견을 제시할 때 그 결과를 예측하기보다 관습적으로 해 오던 것이나 본인에게 유리한 주관적인 의견을 내기가 쉬운데, 의사 결정 나무를 활용할 경우 기준에 따라 분류하기 때문에 자연스럽게 기준에 부합하는 의견을 마련하기 위해 노력하게 된다. 그러므로 토의 전 활동으로 토의에서 내세울 의견과 근거를 마련할 때 스스로 점검하도록 하는 도구로 의사 결정 나무를 활용하는 것도 좋다. 토의 주제에 대한 의견을 수합한 후 가장 최선의 의견을 선정하기 위한 도구로 활용하는 것도 고려해 볼 수 있는데, 이 경우에도 가장 중요한 것은 적절한 기준을 선정하는 것이다.

기준에 대한 다양한 의견을 구조화하는 방안은? 토의를 하는 이유 중 하나인 '다양한 의견을 마련할 수 있다'라는 측면에서 접근한다면 단순히 질문에 대한 답이 '예'인 경우만 적절한 의견이라고 말하기는 어렵다. 의사 결정 나무는 기준을 어떻게 세우는가에 따라 다양한 측면을 고려할 수 있게 해 주는 기법이다. 예를 들어 '어떤 형태의 반 티셔츠를 제작할 것인가'에 대해 토의할 때 첫 질문을 '제작 비용이 20,000원 이하인가?'로 설정할 수 있다. 이때 20,000원 이상인 경우의 디자인과 장점, 20,000원 이하인 경우의 디자인과 장점 등으로 분류한 후, 이 결과들을 비교하여 더 합리적인 의견을 선택하는 방법을 취할 수도 있다.

의사 결정 나무에서 주의해야 할 점은? 분류하는 질문(기준)을 명확하게 세워야 한다. 토의 주제나 학습자의 수준에 따라 교사가 기준을 제시할 수도 있고, 그 기준을 세우기 위한 토의를 진행할 수도 있다. 질문(기준)은 토의에 참여하는 대다수가 공감할 수 있는 내용으로 마련되어야 하며 객관성에 대한 검토 또한 필요하다.

디지털·미디어 교육 연계 방안은? 의사 결정 나무는 '캔바(canva)' 등의 플랫폼을 활용하면 그 과정을 정확하게 점검할 수 있다. 다만 여기에서 의사 결정 나무를 소개한 것은 문제 해결을 위해 의사 결정 나무를 활용하려는 것이 아니라 문제 해결 과정에서 의사 결정 나무를 활용함으로써 보다 논리적이고 객관적으로 의사 결정을 하는 경험을 제공하기 위해서이다. 그러므로 직접 의사 결정 나무를 그려 적절한 기준을 세워 의견을 점검한 후 최종 단계에서 논리적으로 결정을 하였는지 점검하는 정도로 디지털 매체를 활용하는 것이 좋다.

아래 QR 코드를 인식하여 수업 활동지를 내려받아 활용할 수 있습니다.

4 주먹에서 보까지

주먹에서 보까지(fist to five)는 가위바위보처럼 손가락을 활용하여 점수를 부여하는 방법으로 협력 과정을 점검하면서 동의를 확보하기 위해 활용할 수 있는 방법이다(오우식, 2019). 주먹에서 보까지를 통해 구성원의 동의 수준을 점검하고 의견을 반영하여 새로운 합의를 이끌어낼 수 있다.

수업 진행 과정

step 1 주먹에서 보까지(Fist to Five)의 기법과 동의 수준에 대해 설명한다.

손가락 개수로 점수를 표현하여 동의 수준을 나타내는 점수로 표현하기로 한다. 다음 표 3.10과 같이 나타낼 수 있으며, 3~4단계로 동의 수준을 축소하여 사용할 수도 있다.

표 3.10 주먹에서 보까지 동의 수준 예시

점수	동의 수준
	완전 동의: 좋은 생각이며 앞장서서 말할 수 있습니다.
	동의: 좋은 생각이며 잘 될 것 같습니다.
	보통: 완전히 동의하지 않지만 반대하지는 않을 정도로 괜찮습니다.
	조금 반대: 몇 가지 사소한 문제가 있어서 이야기하고 싶습니다.
	매우 반대: 예상되는 큰 문제가 떠오릅니다.
	절대 반대: 전혀 좋은 생각이 아니며, 전면 수정해야 합니다.

step 2 토의 주제와 평가 기준을 정하게 한다.

다양한 의견이 제시될 수 있는 토의 주제를 안내하고, 중요하게 고려할 평가 기준을 정하도록 한다. 예를 들어 '아침 시간에 할 수 있는 활동'을 주제로 하여 '중요도', '흥미'라는 평가 기준을 정할 수 있다.

step 3 평가 기준에 따라 여러 가지 아이디어의 동의 수준을 점검하도록 한다.

'독서', '놀이' 등과 같이 제안된 아이디어마다 주먹에서 보까지를 활용하여 각 평가 기준별 동의 수준을 확인한다. 구성원이 제시한 숫자를 모두 합하여 기록함으로써 전체 구성원의 동의 수준을 한눈에 확인할 수 있도록 한다.

step 4 구성원의 의견을 반영하여 아이디어를 개선하게 한다.

구성원이 표시한 동의 수준에 대한 이유를 청취한다. 특히 반대 의견(2

점 이하)을 낸 경우 걱정되는 점 혹은 개선할 점이 무엇인지 물어본다. 이를 반영하여 새로운 의견을 만들어 내고 다시 주먹에서 보까지를 실시하여 구성원이 만족할 만한 합의에 도달했는지 검토한다.

step 5 합의 결과가 만족스럽지 않으면 다시 평가 기준 설정 단계부터 반복하도록 안내한다.

한 번의 점검 과정으로 다수의 높은 동의를 얻기는 쉽지 않다. 동의가 낮은 이유를 경청하고 보완하기 위한 합의 과정을 반복함으로써 지난 합의에서 놓쳤던 개선점을 새롭게 찾을 수 있다.

학생 참여 과정

1		2		3		4		5
손가락 개수가 의미하는 동의 수준을 이해한다.	▶	토의 주제와 평가 기준을 정한다.	▶	평가 기준별로 손가락 개수를 통해 동의 수준을 표시한다.	▶	표시한 동의 수준에 대한 이유를 공유하고 낮은 동의 수준에 대한 의견을 반영하여 개선한다.	▶	합의 과정을 거듭하여 보완해 나가면서 만족할 만한 결과에 이른다.

퍼실리테이션 방안

토의·토론 수업에 적용할 때? 토의·토론 수업의 주제를 정할 때, 의견과 근거에 대해 평가할 때, 근거에 대한 자료를 점검할 때, 최종 합의를 통해 하나의 의견을 결정할 때와 같이 다양한 점검과 결정 상황에서 빠르고 쉽게 적용할 수 있다.

주먹에서 보까지에서 주의해야 할 점은? 주먹에서 보까지는 구성원 개개인의 동의 수준을 한눈에 보기 쉽게 나타내는 도구이다. 이때 평가 기준이 적을수록 의견을 빠르게 점검할 수 있으나 주제와 관련성이 낮거나 평가 기준이 부족할 경우 적절한 의견을 도출하기 힘들다. 더욱이 평가 기준이 명확하지 않은 채 주먹에서 보까지를 적용하면 전체적인 만족도와 같이 두루뭉술한 평가가 이루어질 수 있다. 평가 기준을 세분화하여 점검해야 할 부분을 명확하게 나눈다면 각 평가 기준에 대한 정확한 판단과 개선을 할 수 있을 것이다. 또한 점수만 확인하여 결정을 내리면 다수결과 다르지 않으므로 점수를 확인한 후 구성원의 의견을 들어야 더 발전된 방안을 마련할 수 있을 것이다.

아이디어를 평가할 때 활용하는 방안은? 여러 대안 중 우선순위를 평가할 때 활용할 수도 있다. 투표용 스티커가 없거나 활동적으로 흥미를 유발하면서 평가할 수 있는 방법으로 0점에서 5점까지 점수를 부여할 수 있다. 손가락 5개=5점, 손가락 4개=4점, 손가락 3개=3점, 손가락 2개=2점, 손가락 1개=1점, 손가락 0개=0점과 같이 손가락 개수에 알맞은 점수를 부여할 수 있다. 즉, 대안에 대해 손가락 숫자로 평가하는데 참여자들의 손가락을 편 수만큼 대상에 대해 찬성 의사가 강하다는 것을 의미한다. 개인의 의견이 공개되는 위험성이 있으므로 민감한 사항에 대해서는 사용에 신중에 기해야 하지만, 동시에 평가하게 되어 상호 비교가 가능하며 활동적이고 흥미로운 점이 있어 평가에 활력을 불어넣을 수 있다.

디지털·미디어 교육 연계 방안은? 동시 협업이 가능한 '구글 스프레드시트'를 활용하여 판단 기준에 따른 동의 수준을 숫자로 각 셀에 나타내는 방법으로 진행할 수 있다. 각 구성원이 내린 동의 수준이 판단 기준별로 기록으로 남을 뿐 아니라, 자동 덧셈 기능을 이용하면 총점을 손쉽게 계산할 수 있다.

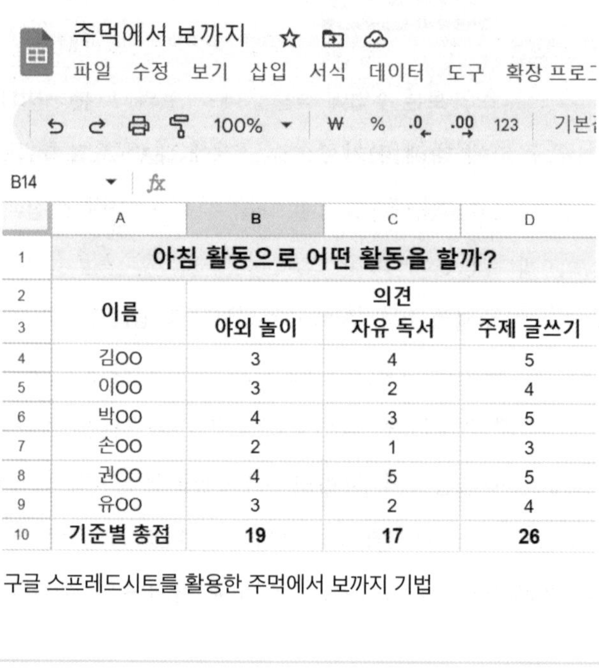

아침 활동으로 어떤 활동을 할까?			
이름	의견		
	야외 놀이	자유 독서	주제 글쓰기
김OO	3	4	5
이OO	3	2	4
박OO	4	3	5
손OO	2	1	3
권OO	4	5	5
유OO	3	2	4
기준별 총점	**19**	**17**	**26**

구글 스프레드시트를 활용한 주먹에서 보까지 기법

5 다중 투표

다중 투표(Multi-Voting)는 여러 의견에 대해 투표를 통해 의사 결정을 하는 투표 방식 중 하나이다. 한 사람이 투표할 수 있는 개수가 여러 개이기 때문에 다중 투표라고 한다. 다중 투표를 할 때는 손을 들어 의사를 표시할 수도 있고 붙임쪽지와 스티커를 이용할 수도 있다(장경원 외, 2018: 66). 이 기법은 다수결이라는 투표의 단점을 보완하고 우선순위에 따라 결론을 도출할 수 있는 특징을 갖는다.

수업 진행 과정

step 1 다중 투표의 목적, 평가 기준, 방법을 공유한다.

참여자들에게 투표의 목적과 평가 기준에 대해 공유하게 한다. 그리고 투표의 대상(아이디어 또는 해결 방안 등)과 투표 방법에 대해 확인하도록 한다.

step 2 개인 당 부여되는 투표권 수를 정하여 확인하도록 한다.

개인 당 부여되는 투표권 수는 투표 대상의 개수와 참여자의 수에 따라 다르게 정할 수 있다. 보통 투표 대상 개수의 1/3에 해당하는 표를 부여한다. 예를 들어 투표 대상이 6개이면 참여자들에게 2표를 제공할 수 있다. 단, 참여자가 가지게 되는 투표권의 수가 너무 적으면 변별력이 없어질 수 있으니 투표 대상 및 참여자 수에 따라 적절히 변형하여 활용해야 한다.

step 3 투표에 참여하고 결과를 공유한다.

투표 대상에 대해 투표를 실시한다. 한 대상에는 한 번만 투표하도록 하고, 대상별 투표수를 집계하여 결과를 참여자들에게 공유한다.

학생 참여 과정

1	▶	2	▶	3
다중 투표의 목적과 평가 기준, 방법을 확인한다.		개인 당 부여되는 투표권 수에 따라 투표에 참여한다.		투표 결과를 함께 확인한다.

토의·토론 수업에 적용할 때? 다중 투표는 브레인스토밍이나 토의가 끝난 후, 다양한 아이디어 항목들을 정리 및 우선순위를 매기고자 할 때 활용할 수 있으며, 다양한 의견들에 대해 참가자들에 의한 투표를 기초로 하여 결론을 내리고자 할 때 유용하게 활용할 수 있다.

다중 투표 진행 시 유의할 점은? 다중 투표의 진행 방법을 명확하게 안내해야 한다. 동일한 대상에는 한 번만 투표할 수 있으며, 복수의 아이디어에 대해 우열이 뚜렷하지 않은 경우, 상위 몇 개의 아이디어만 가지고 투표를 실시할 수 있다. 또한 투표의 결과가 절대적 우위가 아닌 약간의 차이라 하더라도 이에 대한 수용이 이루어질 수 있도록 결과에 대해 충분한 논의를 통한 공감대 형성이 필요하다. 공감대가 형성되어 있지 않으면 도출된 결론에 대해 불만을 갖거나 추후 토의·토론 활동을 하는데 어려움을 겪을 수 있다.

디지털·미디어 교육 연계 방안은? '멘티미터(mentimeter)' 플랫폼에서 제공하는 'Multiple Choice'라는 유형을 활용하여 다중 투표를 진행할 수 있다. 투표 결과가 자동으로 집계되고, 막대그래프로 표시되어 쉽고 빠르게 결과를 확인할 수 있다.

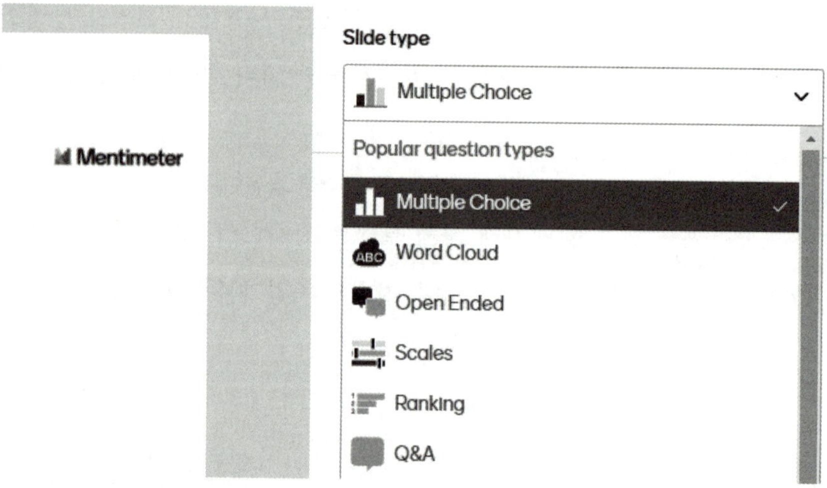

멘티미터의 다중 투표 기능

6 PMI

PMI(Plus Minus Interesting) 기법은 드 보노(De Bono, 1982)가 고안한 비판적·창의적 사고 기법으로, 제안된 아이디어를 장점(Plus), 단점(Minus), 흥미로운 점(Interesting)의 3가지 관점을 통해 평가하는 방식이다. 여러 아이디어를 다각적으로 분석하고 가장 최선의 아이디어를 선택하거나 아이디어의 강점과 약점을 식별하여 개선하는 데 활용할 수 있다. PMI 기법은 간단하면서도 매우 생산적인 사고 기법으로 누구나 쉽게 사용할 수 있다. 아이디어를 3가지 관점으로 분석하고 평가한 다음에 결정을 내리기 때문에 감정에 근거해 충동적으로 판단을 내리는 것을 방지해 주며, 기존 아이디어로부터 새로운 아이디어를 도출하는 데 도움을 줄 수 있다.

수업 진행 과정

step 1 PMI 기법으로 평가할 아이디어를 제시한다.

하나의 아이디어를 다각적으로 분석할 때 사용할 수도 있고, 여러 가지의 아이디어를 다각적으로 분석하여 비교할 때 사용할 수도 있다. 분석할 아이디어를 학생들에게 제시한다.

step 2 선정한 아이디어의 장점(Plus)을 열거하게 한다.

생각할 수 있는 모든 장점을 간단히 기록한다. 정해진 시간 동안 긍정적인 효과만을 생각하며 떠오르는 대로 기록하고 중복된 것은 추후 정리한다.

step 3 선정한 아이디어의 단점(Minus)을 열거하게 한다.

생각할 수 있는 모든 단점을 간단히 기록한다. 정해진 시간 동안 부정적인 효과만을 생각하며 떠오르는 대로 기록하고 중복된 것은 추후 정리한다.

step 4 아이디어에 대하여 발견한 흥미로운(Interesting) 대안을 열거하게 한다.

생각할 수 있는 모든 흥미로운 점을 기록한다. 긍정적이거나 부정적이지 않은 특이한 아이디어 요소에 집중하고 여러 가지 세부 사항에 초점을 맞춰 새로운 대안을 마련하는 데 활용한다.

step 5 각 단계에서 산출된 생각을 종합하여 평가 결론을 내리도록 안내한다.

앞의 세 가지 관점에서 분석한 아이디어를 검토하여 중복된 것이나 각 단계에 맞지 않는 요소는 제거한다. 그 후 분석한 아이디어에 대한 최종 결론을 내린다.

학생 참여 과정

1. 아이디어의 장점을 떠올려 기록한다. ▶
2. 아이디어의 단점을 떠올려 기록한다. ▶
3. 아이디어의 흥미로운 점을 떠올려 기록한다. ▶
4. 기록한 것들을 검토하고 종합하여 아이디어에 대한 최종 평가를 내린다.

퍼실리테이션 방안

토의·토론 수업에 적용할 때? 스캠퍼와 같은 창의적 사고 기법을 통해 생성된 여러 가지 아이디어들을 PMI 기법을 통해 다각적으로 평가할 수 있다. 토의에 제안되는 다양한 의견들에 대해 참가자들이 함께 세 가지 관점으로 분석하다 보면 더 나은 아이디어를 생성하거나 선택하는 것에 도움이 된다. 토의 결과로 결정된 사안을 간단히 재평가하여 우려되는 점과 대안을 미리 생각해 두는 데 활용할 수 있다. 또한 토론의 경우 두 가지 상반된 입장에 대해 장점, 단점을 점검하여 결론을 내리고자 할 때 유용하게 활용할 수 있다.

PMI 기법에서 주의해야 할 점은? 아이디어를 산출할 때 장점, 단점, 흥미로운 점을 철저히 분리해서 생각해야 한다. 이 기법은 아이디어가 가지고 있는 여러 가지 요인들을 단계에 따라 독립적으로 바라보고 평가하는 것이 목적인데, 단계를 무시하고 혼합하여 생각하면 제대로 된 평가가 일어나지 않아 오류가 발생할 가능성이 크다.

사회자와 기록자의 역할은? 소그룹으로 진행할 경우 그룹별로 소요되는 시간의 차이가 있으므로 전체 사회자가 각 단계별로 시간을 정해 주고 타이머를 통해 관리해 주어야 한다. 그룹별 기록자는 구성원들이 제안하는 여러 가지 아이디어들을 핵심 단어를 활용해 간단히, 빠르게 기록한다.

PMI 기법을 응용하여 활용할 수 있는 방안은? PMI에서 새로운 내용을 추가하여 활용할 수 있다. 예를 들어 '질문(Question)' 항목을 더해 PMIQ로 활용할 경우 각 아이디어에 대한 분석을 토대로 궁금증을 던짐으로써 더 깊은 이해로 나아갈 수 있다.

디지털·미디어 교육 연계 방안은? '패들렛(Padlet)'의 '섹션이 있는 담벼락(셸프)' 형식을 활용하면 PMI의 세 가지 관점을 섹션으로 두고 학생들이 그 아래에 자신의 의견을 기록할 수 있다. 이러한 온라인 도구를 사용할 경우, 기록자의 부담이 줄고 의견 공유 시간을 축소할 수 있다는 장점이 있다.

아래 QR 코드를 인식하여 수업 활동지를 내려받아 활용할 수 있습니다.

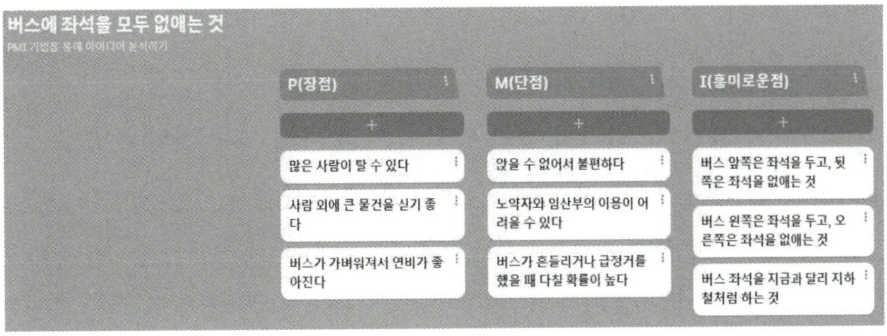

패들렛을 활용한 PMI 기법

7 다수결

다수결은 회의에서 많은 사람의 의견에 따라 안건의 가부를 결정하는 기법으로 다수의 의견이 소수의 의견보다 합리적일 것이라는 생각을 바탕으로 형성된 의사 결정의 원칙이다("다수결", 표준국어대사전). 다수결의 의사 결정 방식에는 단순다수결, 일반다수결, 제한다수결 등이 있다. 단순다수결은 1표라도 표가 많은 쪽으로 의사를 결정하는 방식이며, 일반다수결은 참여자 과반의 찬성을 요구하는 방식이다. 제한다수결은 미리 정해 둔 특정 비율 이상 다수의 결정에 따르는 방식을 말한다. 다수결로 의사를 결정하면 빠르게 결정을 내릴 수 있다는 장점이 있지만 소수의 의견이 배제될 수 있으므로 이를 존중하기 위한 대화와 타협의 절차를 거칠 필요가 있다.

수업 진행 과정

step1 토의의 결과 제시된 여러 가지 대안들을 공유하게 한다.

토의를 통해 도출된 대안들을 학생들끼리 공유하도록 한다. 내용이 비슷한 안건들끼리 분류하여 정리하게 한다.

step2 각 대안의 특징을 비교하도록 한다.

최선의 안을 선택하기 위해 각 대안의 장단점을 비교하도록 한다. 이때 대안을 평가하는 적절한 기준에 대해 의논할 수 있다.

step3 의견에 대해 표결을 실시한다.

표결의 방법은 안건에 따라 공개 또는 비밀 투표로 실시할 수 있다. 다수결의 의사 결정 방법에 대해 사전에 구성원의 합의를 반드시 거친 후 표결한다.

step4 결과를 확인하고 최종 선택을 공유하도록 한다.

합의한 다수결 방법에 따라 실시한 표결의 결과를 확인하고 최종 선택안을 공유하도록 한다. 선택되지 못한 소수의 의견을 고려할 방법이 있는지 함께 의논한다.

학생 참여 과정

1 주제에 대한 여러 가지 대안을 공유한다. ▶ **2** 각 대안의 특징을 비교한다. ▶ **3** 의견에 대한 투표를 실시한다. ▶ **4** 결과를 확인하고 최종 선택을 공유한다.

퍼실리테이션 방안

토의·토론 수업에 적용할 때? 다수결은 학급 단위나 그보다 큰 토의 집단의 참여자들이 의사 결정을 할 때 적합한 방법이다. 토의 수업에서 다수결을 적용할 때는 다수결 방법에 대한 토의 참여자들의 사전 합의가 필요하다. 토의의 주제에 따라 단순다수결, 일반다수결, 제한다수결의 방법 중 어떠한 방법이 적합할지 의논해야 한다. 수업에서 다수결을 의사 결정 방법으로 활용할 때 인기 투표가 되거나 학생들이 여론에 휩쓸려 투표하지 않도록 한 명당 두 표씩 투표권을 주는 방법을 활용할 수 있다.

다수결 기법을 활용할 때 주의점은? 다수결은 많은 구성원이 찬성한 의견을 최종 선택하여 빠르게 의사 결정을 내릴 수 있다는 장점이 있지만 여론에 의해 의사가 결정되거나 합리적인 소수의 의견이 배제될 수 있다는 단점도 있다. 따라서 다수결에 의한 의사 결정을 할 때는 학생들에게 사전에 다수결의 장단점에 대해 안내해야 한다. 또한 각 대안들에 대해 합리적인 선택을 내릴 수 있도록 의사 결정을 내리기 전 참여자 간 충분한 대화가 필요하다.

아래 QR 코드를 인식하여 수업 활동지를 내려 받아 활용할 수 있습니다.

디지털·미디어 교육 연계 방안은? 온라인 수업에서 다수결 투표를 활용할 때 온라인 플랫폼(구글 시트)이나 화상 수업 도구(Zoom, Microsoft Teams 등)에 있는 설문 조사의 기능을 활용할 수 있다. 온라인 도구를 활용하여 다수결 투표를 실시할 때는 교사가 미리 투표 수, 결과 공개 여부 등을 설정해 두는 것이 좋다.

8 동의 척도자

동의 척도자(Gradient Scale of Agreement)는 '찬성'과 '반대'라는 틀에 갇혀 있던 각자의 생각을 해방시켜주는 도구이다. 다양한 뉘앙스의 표현을 사용함으로써 아이디어에 대한 동의 정도를 연속선상에서 표현할 수 있도록 도와준다. 이 표현들은 실제로 사람들의 사고 방식을 반영한다는 특징이 있다. 동의 척도자는 1987년에 샘 케이너(Sam Kaner), 두에인 베르거

(Duane Berger)와 커뮤니티앳워크(Community At Work)의 직원들에 의해 개발된 것으로, 시간이 지나면서 수많은 언어로 번역되었으며, 전 세계의 크고 작은 조직에서 채택하여 사용하고 있다(Sam Kaner et. al, 2014).

수업 진행 과정

step 1 논의한 아이디어를 적도록 안내한다.

모든 사람이 아이디어를 잘 이해했는지 확인한다. 확인하는 과정에서 수정이 필요하면 아이디어를 최종적으로 수정한다.

step 2 동의 척도자를 그리도록 안내한다.

다음 그림 3.19와 같이 왼쪽에서 오른쪽으로 찬성에서부터 반대에 이르기까지 8단계로 구분하고, 각 단계마다 정의를 내려 기입한다. 예를 들어 1번은 '전적으로 지지' 또는 '정말 좋음'과 같이 각 단계를 설명하는 식으로 작성한다.

step 3 아이디어에 대해 자신의 의견을 표시하도록 한다.

1	2	3	4	5	6	7	8
전적으로 지지	**사소한 논점이 있지만 지지**	**마음에 든 것이 있지만 지지**	**기권**	**좀 더 논의 필요**	**좋아하지 않지만 지지**	**심각한 반대**	**거부**
"정말 좋음"	"완벽하지 않지만 충분히 좋음"	"받아들임"	"관심 없음"	"아직 제대로 이해하지 못함"	"좋지 않지만 어쩔 수 없음"	"지지하고 싶지 않음"	"제안을 거부함"

그림 3.19 동의 척도자 예시

의사 결정 사항에 대해 자신의 의견은 어느 위치에 해당하는지를 생각하고, 해당하는 단계에 스티커를 붙이거나 직접 표시한다.

step 4 아이디어에 대한 참여자들의 의견을 분석하고 합의 여부에 대해 평가하도록 한다.

참여자의 의견이 3점 이내에 있으면 일단 참여자들이 합의한 수준으로 볼 수 있다. 4점 이상이면 전체적으로 합의 수준에 미치지 못한 것으로 간주한다.

학생 참여 과정

1	2	3	4
논의한 아이디어를 최종 확인하고 작성한다.	왼쪽에서 오른쪽으로, 찬성에서부터 반대에 이르기까지 동의 척도자를 그린다.	아이디어에 대해 자신의 의견은 어느 위치에 해당하는지 생각하고 표시한다.	참여자들의 의견을 분석하고 합의 여부에 대해 함께 평가한다.

퍼실리테이션 방안

토의·토론 수업에 적용할 때? 토론 수업에서 동의 척도자는 토론 논제에 관한 찬성과 반대의 이분법적인 선택에서 벗어나 논쟁적 주제에 대해 서로 다른 의견을 가진 사람들의 논리적 의견을 들어 보는 활동으로 전개할 수 있다. 이때 점수 합산으로 토론의 승패를 결정하기보다는 여러 학생들의 의견을 듣고 자신의 의견을 논리적으로 전개할 수 있는가에 초점을 둘 필요가 있다. 동의 척도자를 토의 수업에 적용하려면 토의 주제에 대한 아이디어에 대한 학생들의 동의 정도를 파악하여 최선의 선택을 하도록 활용할 수 있다.

동의 척도자를 활용하여 합의에 이르는 방법은? 전체가 합의하는 수준에 도달하지 못했을 경우 결정 사항에 대해 동의하지 못한 이유를 들어 보고 추가적인 토론을 진행한다. 추가적인 토론이 완료되면 당사자에게 동의 수준의 변경 의사를 물어보고 3점 이내로 위치했을 때는 합의가 이루어졌음을 공지하고 토의·토론을 마무리한다.

동의 척도자의 활용 방안은? 동의 척도자의 단계는 8단계로 고정된 것은 아니다. 토론 논제나 학습자의 발달 수준에 따라 척도를 수정해서 사용해도 된다. 학습자의 수준에 따라 교사가 해당 척도의 예시를 들어줄 수 있다.

디지털·미디어 교육 연계 방안은? 디지털 도구를 이용하여 동의 척도자를 적용하는 경우 '구글 설문지' 등의 플랫폼을 활용할 수 있다. 설문 작성 시 척도를 표시한 다음 링크를 통해 설문에 참여한다. 온라인 플랫폼의 설문지를 활용하는 경우 여러 아이디어에 대한 동의 척도를 동시에 확인할 수 있고 그래프 등으로 시각화할 수 있다는 장점이 있다.

4장

토의·토론 참여 방법

협력적 의사소통 과정에 적극적으로 참여시키기

토의·토론 수업은 단지 말하기 능력을 기르는 활동을 넘어, 타인의 의견을 경청하고 자신의 생각을 조리 있게 표현하며 함께 의미를 구성해 가는 협력적 의사소통의 장이다. 이러한 수업이 성공적으로 이루어지기 위해서는 학생들이 실제로 참여할 수 있는 구조와 방법이 필요하다. 앞선 장에서는 토의·토론을 촉진하는 다양한 기법을 소개하며 수업의 기반을 다졌다면, 이번 장에서는 그 기초 위에 세울 수 있는 실제적인 토의·토론 방법들을 구체적으로 다룬다.

원탁 토의, 카드 토의, 교차 토의, 피라미드 토의, 갤러리 워크와 같은 활동은 의견을 나누고 확장해가며 협력적으로 문제를 해결해가는 토의 중심 방법이다. 하르부타 토론, 가치 수직선 토론, 신호등 토론, 협력적 찬반 토론, 회전목마 토론은 찬성과 반대의 입장을 넘나들며 논리적으로 사고하고 다양한 관점을 탐색하는 토론 중심 방법이다. 이 장에서는 각 방법의 구조와 절차, 실제 적용 사례를 통해 교사가 학생들을 능동적인 의사소통 주체로 성장시키는 방법을 안내한다.

이러한 참여 방법들은 학생 개개인의 의견을 존중하고, 타인과의 대화를 통해 문제를 해결하는 역량을 길러 주며, 나아가 민주적인 교실 문화를 형성하는 데에도 중요한 역할을 한다. 교사는 이 장을 통해 협력적 의사소통 과정을 수업 속에서 구체화하고, 학생들이 자연스럽게 토의·토론에 참여하도록 이끄는 실천적 전략을 만나게 될 것이다.

토의 방법

'토의 방법'에서는 공동의 해결 방안을 도출하고자 하는 협력적 상호작용에 초점을 맞춘 열 가지 토의 전략을 활동 중심으로 제시한다. 각 전략의 개념과 특징, 진행 절차, 퍼실리테이션 방안을 체계적으로 분석하며, 교사는 이를 바탕으로 자신이 지도하는 학습자의 특성과 수업 맥락에 적합한 토의 방식을 구체적으로 모색해볼 수 있다.

1 원탁 토의

원탁 토의는 토의의 가장 기본적인 형태로, 문자 그대로 사람들이 둥근 원 모양의 테이블에 모여 대등한 관계 속에서 자유롭게 의견을 교환하는 토의 방식을 의미한다. 원이라는 형태 자체가 더 높거나 중요한 자리를 나타내는 부분이 없기 때문에 '원탁'은 상하 없이 대등한 관계에서 이야기를 나눈다는 의미로 널리 쓰인다. 원탁 토의는 가족회의에서부터 기업의 문제 해결, 사회적 현안에 대한 토의 등 굉장히 넓은 범위의 주제와 다양한 집단에서 활용될 수 있지만 자칫 산만해지기 쉬워 5~10명 정도의 소규모 회의로 진행하는 것이 적합하다. 원활한 진행을 위해 사회자와 기록자를 둘 수 있으며, 사회자는 참가자들이 자유롭게 자신의 의견을 발표하고 청취할 수 있는 분위기를 형성하고, 참가자 모두가 발언할 수 있도록 적절한 기회를 제공해야 한다. 특별한 형식이 없기 때문에 자유 토의라고도 한다.

수업 진행 과정

step1 둥근 원탁에 5~10명의 학생들을 둘러앉히고, 토의 주제를 제시한다.

교실 가운데 원탁을 준비하거나 책상 배치를 둥글게 만들어 서로를 바라보고 앉게 한다. 5명 이하로 진행할 경우 서로 바라보는 형태로 책상을 붙여도 되지만 원탁에 앉는 것만으로도 토의에 대한 평등한 태도와 책임감을 갖출 수 있으므로 테이블이 있다면 활용하는 것이 효과적이다. 즉석에서 토의 주제를 제시하거나, 토의의 목적에 따라 주제를 미리 안내하여 사전에 의견과 근거를 마련하도록 할 수 있다.

step 2 사회자를 정해 토의를 진행하게 한다.

사회자는 토의 주제를 소개한 후 최대한 공평하게 발언 기회를 가질 수 있도록 구성원들을 배려하며 원탁 토의를 진행한다. 원탁 토의는 토의 방법의 한 형태이지 기법이 아니기 때문에 PREP 등의 기법을 함께 활용해도 좋다. 기록자를 따로 두지 않은 경우에는 사회자가 내용을 기록하여 정리한다. 의견이 없거나 다른 사람과 의견이 같은 경우 '통과(패스)'를 외치거나 다른 사람과 의견이 같다는 것을 이야기하여 발언 기회를 넘길 수 있다.

step 3 토의 결과를 정리하고 공유하게 한다.

정해진 시간이 지나거나 더 이상 의견이 없는 경우 사회자는 정리한 토의 결과를 공유한다. 토의 주제에 따라 가장 최선의 안을 결정하기 위해 다수결 등을 활용할 수 있다. 만약 원탁 밖에 더 큰 원을 만들어 청중이 참여한 원탁 토의를 진행했다면 결정 과정에 청중이 참여해도 된다.

학생 참여 과정

1		2		3
둥근 원탁에 앉아 토의 주제를 확인한다.	▶	사회자의 진행에 따라 토의에 참여한다. 의견이 없거나 다른 사람과 같은 경우 '통과(패스)'를 외친다.	▶	정해진 시간이 지나거나 더 이상 의견이 없으면 토의를 마치고 토의 내용을 정리하여 공유한다.

퍼실리테이션 방안

토의·토론 수업에 적용할 때? 원탁 토의는 원탁이 갖는 상징성과 별개로 가장 기본적인 토의라고 할 수 있다. 학급 학생 수에 따라 2개의 원탁으로 토의를 진행할 수도 있고, 1개의 원탁에서 일부가 토의에 참여하고 나머지 학생들은 뒷자리에 더 큰 원을 만들고 앉아 토의 과정을 지켜볼 수도 있다.

자유롭게 의견을 제시할 수 있는 방법이므로 토의에 익숙하지 않은 학생들이 참여한 경우 토의가 산만해지거나 원활하게 진행되지 않을 수 있다. 그러므로 토의의 기본적인 예절과 절차를 사전에 지도할 필요가 있다.

저학년에 적용할 때? '돌아가며 말하기'나 '토킹 스틱(발언권 막대)'[1] 등의 기법을 적용하는 것도 좋다. 수준에 따라 다음 규칙을 사전에 안내하거나 구성원이 스스로 규칙을 토의를 통해 정하게 하는 것도 좋다.

① 발언권을 얻어서 정해진 시간 내에 발언하기
② 다른 사람을 비방하거나 끼어들지 않고 경청하기
③ 의견에 대한 적절한 이유나 근거 제시하기
④ 타인을 배려하는 말투 사용하기
⑤ 최소 1번 이상 의견을 제시하기

다른 토의 방법에 비해 유용한 점은? 토의 과정에서 학생의 수준이나 관심 정도, 혹은 평상시 영향력에 따라 토의를 주도하는 학생이 생겨나기 쉬운 반면, 원탁 토의는 평등한 원탁에 앉는 행위에서부터 마음가짐을 다르게 가질 수 있다. 이 평등함은 기회뿐 아니라 책임감도 똑같이 나눠 갖게 되는 장점이 있다. 뒷자리에 앉아서 다른 사람의 의견을 듣기만 하는 태도에서 벗어나 모두가 중심이나 다름없는 위치에서 발언을 하기 때문에 평소 토의에서 소외되는 학생들이 토의에 적극적으로 참여할 수 있는 발판을 마련해 준다.

교과 학습에 적용하는 방법은? 원탁 토의를 숙달한 학생들에게 사회 교과나 과학 교과 등의 내용을 과제로 제시하여 학습한 후 직소 토의 등의 방법과 결합하여 수업에 적용하면 보다 큰 효과를 거둘 수 있다. 단, 이는 조사학습이나 토의에 익숙한 고학년 학생들에게 유용하다. 예를 들어 5학년 학생들에게 '영·정조 시기의 개혁 정치와 서민 문화에 대해 조사하고 조선 후기 사회와 문화의 변화 모습에 대해 소개하기'라는 과제를 제시하고, 원탁

1 아메리카 원주민 이로코이족이 회의 때 사용한 막대에서 유래한 회의 진행 방법. 막대를 가진 사람은 발언권을 얻으며, 발언 중에는 발언자를 존중해야 한다.

토의의 형태로 자유롭게 이야기를 나누게 한다면 각자 수준에서의 설명과 다양한 질문, 그에 대한 대답 등이 심도 있게 이루어질 수 있다.

| 더 알아보기 |

원탁 토의의 효과적인 적용 사례

미국의 명문고인 필립스 엑서터 아카데미(Phillips Exeter Academy)의 공부법으로 알려진 하크니스 테이블(Harkness table)은 수업에 참여하는 학생들이 해당 차시의 내용을 미리 학습해 와서 원탁에 둘러앉아 서로 대화, 질문, 토의, 토론 과정을 거치며 깊이 있게 학습해 나가는 방법이다. 이 과정에서 학생들은 자신의 생각을 체계적으로 정리하고 논변하는 자세를 기를 뿐 아니라, 교사가 진행하는 수업에 비해 더 많은 것을 자유롭게 묻고 답하며 보다 깊고 세세하게 탐구할 수 있다.

2 카드 토의

카드 토의는 다양한 기능을 부여한 카드를 토의에 활용하여 학생들의 적극적인 참여를 이끌어낼 수 있는 토의 방법이다. 카드 토의는 발언 횟수가 토의에 참여한 모두에게 동등하게 주어지는 점이 가장 큰 특징이다. 이러한 특징으로 발언 욕구나 참여 의지가 활발한 학생은 신중하게 판단하여 발언을 해야 하며, 반대로 소극적인 학생은 적극적으로 토의에 참여해야 자신의 카드를 모두 사용할 수 있다. 이처럼 자신이 소유한 카드의 수에 따라 토의에 참여함으로써 학생들이 카드 게임을 하는 것과 같은 즐거운 분위기 속에서 토의 학습을 할 수 있다는 장점이 있다.

수업 진행 과정

step1 주제 및 카드 토의 규칙을 확인하도록 안내한다.

토의 주제 및 카드 사용 규칙을 명확히 확인할 수 있도록 한다. 카드는 발언과 질문의 횟수를 제한하는 것을 의미하는데, 이를 통해 학생들은 토의에서 불필요한 발언을 최소화하고 발언의 중요도를 판단하며 토의에 참여할 수 있다. 개인에게 할당된 카드는 모두 사용하는 것을 원칙으로 하되 별도의 패널티는 부여하지 않는다.

step 2 사회자의 진행에 따라 카드 토의에 참여하도록 한다.

예를 들어 '게임 중독을 막을 수 있는 방법'을 주제로 카드를 활용하여 발언 횟수를 공평하게 발언하며 토의에 참여할 수 있다. 이때 사회자의 진행에 따라 서로의 의견에 대해 질문, 보충, 반대 등의 카드를 적절히 활용하여 주제에 대한 서로의 생각을 나눌 수 있다. 발언 카드의 기능(질문, 보충, 반대 등)은 토의의 목적에 따라 달리할 수 있다.

step 3 토의 내용을 정리하여 발표하도록 안내한다.

남은 카드의 수와 발언 횟수를 점검하며 카드 토의 내용을 간단히 정리한다. 의견을 구두로 개진하기 전에 노트에 미리 작성해 두는 방법을 활용할 수 있다. 토의 종료 시 비슷한 의견을 묶어 한눈에 알아볼 수 있게 내용을 정리하여 발표하도록 한다. 이때, 소극적인 학생의 카드가 남았을 경우 토의 내용 최종 정리 발표나 소감 등으로 카드를 사용하도록 할 수 있다.

학생 참여 과정

1		2		3
주제 및 카드 토의의 규칙을 확인한다.	▶	사회자의 진행에 따라 카드를 적절하게 활용하여 토의에 참여한다.	▶	남은 카드의 수와 발언 횟수를 점검하며 토의 내용을 되돌아보고, 토의에 참여한 소감을 발표한다.

퍼실리테이션 방안

토의·토론 수업에 적용할 때? 카드 토의는 저학년 또는 토의 입문 단계에서 쉽게 활용할 수 있는 방법이다. 토의 입문 단계에서는 발언의 횟수를 중심으로 카드 토의를 활용하는 것이 유용하며, 고학년으로 갈수록 횟수뿐만 아니라 발언 카드의 기능(질문, 보충, 반대 등)을 다양하게 활용할 수 있다.

카드 토의를 진행할 때 다양한 상황이 발생할 수 있는데 학생들의 관심사를 반영하여 게임적인 요소를 적용할 수 있다. 예를 들어 카드를 다 사용하지 못했거나 토의에 방해되는 활동을 했을 경우 패널티 요소(카드 추가 지급 또는 미션 수행 등)를 부여하는 것도 하나의 방법이 될 수 있다. 또한 수업 여건에 따라 카드가 아니더라도 카드 역할을 할 수 있는 색 클립이나 자석 등의 상징물이나 구체물을 활용할 수 있다.

카드 토의 진행 시 유의할 점은? 참여자들이 카드 사용 규칙을 정확하게 이해했는지 전체적으로 확인하는 과정이 필요하다. 카드를 활용하여 발언과 질문의 횟수를 제한하기 때문에 학생들 스스로 불필요한 발언을 최소화하고 발언의 중요도를 판단하며 토의에 참여할 수 있도록 해야 한다. 또한 카드 사용 원칙에 대한 상호 합의를 거쳐야 한다. 질문, 보충, 반대 등 발언과 질문의 성격에 따른 규칙을 확인하여야 하며, 카드를 모두 사용하는 것에 대한 부담을 갖지 않도록 한다.

아래 QR 코드를 인식하여 수업 활동지를 내려 받아 활용할 수 있습니다.

디지털·미디어 교육 연계 방안은? 온라인상에서 카드 토의 방법을 활용하여 댓글, 좋아요 표시의 횟수를 제한함으로써 불필요한 내용을 최소화하고 중요도를 판단하여 자신의 생각을 글이나 말로 표현하면서 실시간 토의에 참여하는 데 활용할 수 있다.

3 교차 토의

교차 토의(cross Interview technique)는 질문자(interviewer)와 답변자(interviewee)가 인터뷰 형식으로 주고받는 1:1 대화 방식의 활동이다(장경원 외, 2018). 일반적인 인터뷰와는 달리 인터뷰를 하는 사람과 인터뷰를 받는 사람이 역할을 바꿔 서로 교차로 질문을 하고 대답하는 방식으로 진행된다. 교차 토의는 규모와 관계없이 학급 구성원 누구나 참여할 수 있으며 구성원 전체의 의견을 모을 때 효과적으로 활용할 수 있는 토의 방법이다. 토의 활동이 비교적 간단한 인터뷰 형태로 진행되기 때문에 학년과 무관하게 모든 학생이 놀이하듯 즐겁게 참여할 수 있다.

수업 진행 과정

step 1 토의 주제와 참여자의 역할을 확인하고 인터뷰를 준비한다.

토의 주제에 대해 생성할 수 있는 다양한 질문을 준비하고 주제에 따라 달라지는 대답하는 사람의 역할을 확인한다. 예를 들어 댐 건설 문제에 대한 토의 활동의 경우 질문자는 댐 건설에 대한 생각을 묻는 질문을 작성한다. 이때 답변자는 환경보호 시민단체, 댐 수몰 지역 주민 등이 될 수 있다.

step 2 학급 친구들과 교류하며 인터뷰를 신청하도록 한다.

질문을 확인하고 나면 자리를 이동하면서 인터뷰 대상을 찾도록 한다. 인터뷰의 규모는 토의 주제 및 활동 특성에 따라 모둠 또는 학급 전체로 구성할 수 있다.

step 3 질문자가 먼저 질문지를 바탕으로 인터뷰를 진행하게 한다.

두 명 중 질문자 역할을 할 사람을 정한 뒤, 질문자는 질문지를 바탕으로 인터뷰하고 답변자는 자신의 의견을 말하게 한다. 학생의 수준에 따라 추가 질문을 허용할 수 있다.

step 4 질문자와 답변자의 역할을 바꾸어 인터뷰를 실시하도록 한다.

질문자 역할을 한 사람과 답변자 역할을 한 사람이 서로 역할을 바꾸어 같은 방식으로 토의를 진행한다. 동일한 질문에 대해 서로 생각이 다른 경우 추가 또는 반박 질문을 할 수 있다.

step 5 인터뷰 시간 종료 후 조사한 내용을 정리하고 공유하도록 한다.

주어진 시간 동안 **step 3, 4**의 인터뷰 활동을 반복하여 진행한다. 활동이 끝난 후 교차 토의를 통해 조사한 내용을 정리하고 결과를 모둠 또는 학급 전체와 공유한다.

학생 참여 과정

1	2	3	4	5
토의 주제와 역할을 확인하고 인터뷰를 준비한다.	인터뷰 대상자를 찾는다.	기자 역할인 친구가 인터뷰를 진행한다.	역할을 바꾸어 인터뷰를 한 번 더 진행한다.	인터뷰 내용을 정리하고 발표한다.

퍼실리테이션 방안

토의·토론 수업에 적용할 때? 교차 토의는 다양한 토의·토론 주제와 상황에서 적용할 수 있다. 학급 생활 지도 문제부터 지역 사회 문제, 환경오염, 전쟁과 같은 지구촌 문제까지 인터뷰 대상자를 어떻게 정하냐에 따라 다양하게 활용할 수 있다. 교차 토의를 독서 토론에 활용한다면 이야기를 읽고 이야기 속 인물에게 갈등 상황에 대한 생각을 인터뷰하는 방식으로 활동을 전개할 수 있다.

교차 토의 활동 적용 시 유의점은? 교차 토의 활동에서 학생들이 인터뷰 대상자의 역할을 원활하게 수행하기 위해서는 토의 주제에 대한 충분한 이해가 바탕이 되어야 한다. 따라서 교차 토의 활동 전 충분한 자료 조사와 주제에 대한 모둠 토의가 이루어지는 것이 좋다. 활동 결과를 발표할 때는 여러 답변 중 좋은 의견을 선택하거나 발표자의 견해를 덧붙여 수정·보완할 수 있도록 지도한다면 더욱 유의미한 활동이 될 것이다.

교차 토의를 변형하여 적용하려면? 교차 토의는 활동 방법이 비교적 간단하므로 학급의 상황에 따라 다양하게 변형하여 수업에 적용할 수 있다. 저학년 학생들이나 토의 학습 수준이 비교적 낮은 학생들의 경우 교사가 사전에 질문지를 준비하여 기자가 질문할 내용을 제공하여 진행하는 것이 좋다. 고학년 학생들이나 토의 학습 수준이 높은 학생들의 경우 질문지를 학생들이 스스로 작성하고 인터뷰 활동 시 역할을 교대함과 동시에 대답자도 바꾸는 방법을 활용하면 더 흥미롭게 활동할 수 있다.

아래 QR 코드를 인식하여 수업 활동지를 내려받아 활용할 수 있습니다.

디지털·미디어 연계 교육 방안은? 온라인 비대면 수업에서 교차 토의를 활용할 때는 줌(Zoom)이나 구글 미트(Google Meet)에서 '소회의실' 혹은 '소그룹 채팅방' 기능을 활용할 수 있다. 이때 소회의실별 참가 인원을 2명으로 정하고 참가자는 무작위로 할당하여 여러 번 토의 활동을 진행한다.

4 피라미드 토의

피라미드(pyramid) 토의는 주제에 대해 두 학생의 의견을 모으고, 또 다른 두 명의 학생과 함께 네 명의 의견을 모으는 식으로 피라미드처럼 의견을 함께 모아 가는 토의 방식으로, 집단 전체(학급 단위)의 의견을 모을 때 유용한 방법이다(정문성, 2021). 모든 학생이 토의에 참여하게 되고 학생 전체가 최선의 의견을 선택하기 위해 여러 차례의 합의에 의해 의견을 결정하기 때문에 그 방법에 대한 신뢰성이 매우 높다고 볼 수 있다. 또한 학생 수가 늘어나면서 소수일 때와 다수일 때의 토의 경험도 동시에 할 수 있고, 같은 주제로 비슷한 주장을 여러 번 발표하게 되므로 발표력 및 표현력을 신장할 수 있다는 장점이 있다.

수업 진행 과정

step 1 주제를 제시하고, 학생들에게 붙임쪽지를 배부한다.

교사는 주제를 학생들에게 제시하고, 학생들이 적어야 하는 의견 수에 따라 붙임쪽지를 배부한다. 1인당 4개의 의견이라면 4장을, 5개의 의견이라면 5장을 배부한다.

step 2 개인의 의견을 붙임쪽지에 적도록 한다.

학생들은 주제에 대해 자신의 의견을 정해진 수만큼 기록한다. 예를 들어 4개의 의견을 적기로 정했다면 4장의 붙임쪽지에 4개의 의견을 기록한다.

step 3 두 사람이 의견을 모을 수 있도록 안내한다.

두 사람이 짝이 되어 의견을 모은다. 각자의 주장을 펼치고 짝의 의견을 들으면서 좋은 의견을 처음에 주어진 붙임쪽지의 수만큼 줄여 간다. 예를 들어 처음 정한 수가 4개라면 나와 짝의 의견을 합친 8개 중 가장 좋은 의견 4개를 선정한다.

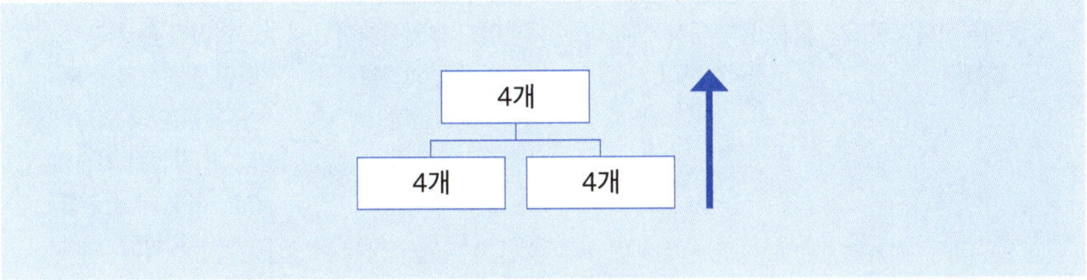

그림 4.1 두 사람이 의견을 모은 피라미드 토의 과정

step 4 네 사람, 여덟 사람으로 계속해서 의견을 모을 수 있도록 안내한다.

두 사람이 의견을 합의하면 짝(2명)을 만나 네 명이서 똑같은 방식으로 의견을 모은다. 이 과정을 반복하여 2, 4, 8, 16명 순으로 학생 수는 늘어가게 되고, 합의된 의견의 수는 계속 처음 수를 유지한다.

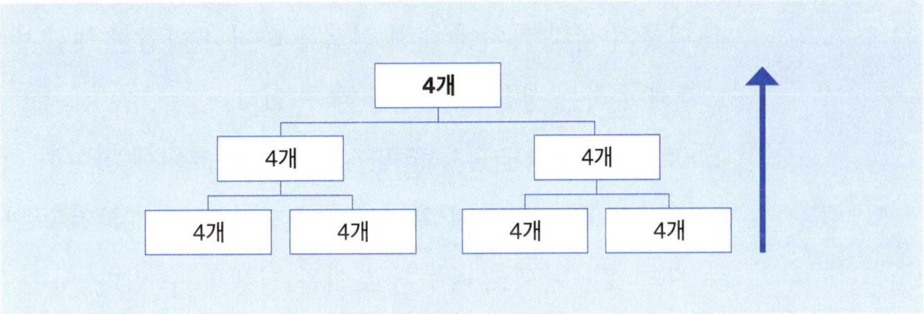

그림 4.2 네 사람이 의견을 모은 피라미드 토의 과정

step 5 전체 의견을 함께 확인하도록 한다.

최종 합의된 결과를 칠판이나 게시판 등 전체가 함께 확인할 수 있는 교구를 활용해서 발표한다.

학생 참여 과정

1	2	3	4	5
주제를 확인하고 정해진 수만큼 붙임쪽지를 받는다.	주제에 대한 자신의 의견을 붙임쪽지에 작성한다.	짝과 함께 의견을 나누고, 처음에 주어진 붙임쪽지의 수만큼 의견을 결정한다.	다른 짝을 만나 네 명이서 같은 방식으로 의견을 모은다. 이런 방식으로 다른 친구들을 만나 의견을 나누고 합의된 의견의 수는 계속 처음 수를 유지한다.	최종 합의된 결과를 함께 확인한다.

퍼실리테이션 방안

토의·토론 수업에 적용할 때? 피라미드 토의는 학기 초 학급 규칙 세우기나 기본 생활 습관 형성 등에 활용하면 좋다. 예를 들어 행복한 우리 반이 되기 위해 지켜야 할 행동을 주제로 한다면 학급 전체가 합의된 규칙이 정해지기 때문에 신뢰성 있고 효과적인 학급 규칙이 될 수 있다. 이밖에 작품 속 인물의 삶과 가치에 대해 선택을 하거나 다양한 해결 방법 중 한 가지를 도출해야 하는 상황 등에 활용할 수 있다.

토의·토론 능력을 평가하려면? 피라미드 토의에 참여한 학생들의 학습 활동 평가를 위해 토의에 참여하는 소집단과 토의 과정을 관찰 및 평가하는 두 개의 소집단으로 나누어 토의를 진행할 수 있다. 처음 두 사람(A, B)이 모여 의견을 조정하여 A의 의견을 좋은 의견으로 선정하였다면, A는 토의에 계속 참여하고, B는 관찰 및 평가자가 되어 토의 능력을 평가하는 것이다. 그리고 그 결과를 바탕으로 서로 간 다양한 피드백을 나눌 수 있다.

집단을 구성할 때 유의할 점은? 학급 전체로 진행할 수 있지만 학생 수가 홀수일 경우 부전승 제도를 적용하거나 교사가 짝을 채워 주는 방법 또는 두 사람이 한 사람인 것처럼 숫자를 맞춰 토의를 진행하면 된다. 학생 수가 짝수인 경우 2, 4, 8명 등으로 나누어지지 않을 때도 부전승 제도를 활용하면 된다. 예를 들어 학생 수가 22명이라면 12명, 10명이 진행해야 하므로 어느 한 팀(두 명)은 기다렸다가 A팀(2명), B팀(2명)이 합의해서 올라 온 네 명의 팀을 만나서 토의를 하면 된다.

피라미드 토의를 진행할 때 필요한 준비는? 붙임쪽지를 제공하는 수는 수업 상황에 따라 개인별로 3~5장 등 다양하게 변화를 주도록 하며, 칠판에 피라미드 토의 진행 방법을 판서하거나 텔레비전에 게시하여 학생들이 진행 과정을 확인할 수 있도록 하면 좋다.

아래 QR 코드를 인식하여 수업 활동지를 내려 받아 활용할 수 있습니다.

디지털·미디어 교육 연계 방안은? 마이크로소프트 화이트보드나 패들렛 등의 온라인 플랫폼을 활용하여 모둠에서 결정된 의견이 적힌 붙임쪽지를 실시간으로 위치를 옮겨가며 토의 결과를 다른 모둠 친구들에게 공유하거나 어떠한 과정을 거쳐 최종 해결 방법을 결정하게 되었는지를 공유하는 데 활용할 수 있다.

5 둘 가고 둘 남기

둘 가고 둘 남기는 아이디어를 수집하고 공유하기에 효율적인 토의 학습 방법이다(Kagan, 1994). 방법의 명칭에서 유추할 수 있듯, 모둠원 중에 두 명은 자리를 옮겨 다른 모둠의 아이디어를 수집해 오고 나머지 두 명은 원 모둠에 남아 다른 모둠원에게 자신의 아이디어를 공유하는 역할을 한다. 이러한 역동적인 방법을 통해 학생들은 자신들이 수집한 아이디어를 다른 사람들과 공유하고, 그 과정에서 더 기발하거나 훌륭한 아이디어를 얻을 수 있다. 또 다른 모둠의 아이디어를 수집하는 과정에서는 경청의 중요성을, 자신들의 아이디어를 다른 모둠에 공유할 때는 학습 결과를 정리하여 발표하는 경험을 할 수 있다.

수업 진행 과정

step 1 토의 주제에 대한 개인별 의견을 작성하도록 한다.

토의 주제를 제시하고 주제에 대한 개인 의견을 정리한다. 모둠 토의를 하기 전 개인별 의견을 작성하면 모든 학생이 모둠 토의에 참여하게 되어 보다 활발한 토의 활동을 전개할 수 있다.

step 2 모둠 토의를 통해 의견을 수합하게 한다.

개인별로 작성한 의견을 바탕으로 모둠 토의를 통해 주제에 대한 모둠의 의견을 모으고 정리한다. 이때 비슷한 아이디어끼리 분류하여 수집된 아이디어를 발표하기에 적합하도록 정리한다.

step 3 모둠에서 역할을 나눈 다음 이동하게 한다.

모둠에서 이동할 사람과 남을 사람을 정한 다음 다른 모둠으로 이동한다. 이때 이동한 학생들은 다른 모둠의 아이디어를 수집하는 역할을, 남아 있는 학생들은 다른 모둠에서 온 친구들에게 자신의 모둠에서 정리한 아이디어를 설명해 주는 역할을 맡는다.

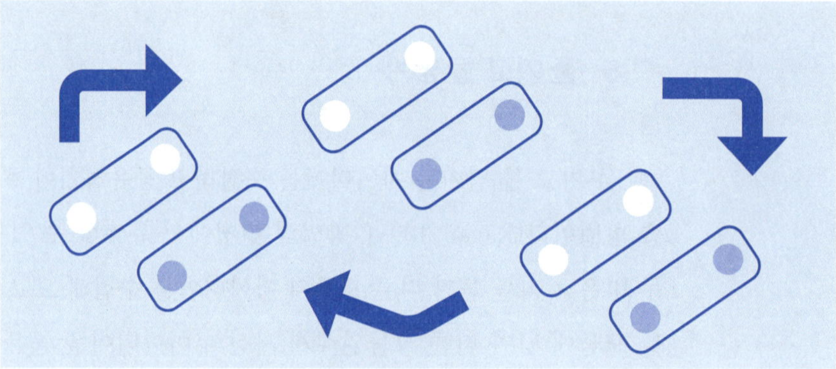

그림 4.3 둘 가고 둘 남기 활동 자리 이동 방법

step 4 자리를 이동하여 의견을 수집하도록 한다.

신호와 함께 자리를 이동하여 다른 모둠의 의견을 수집한다. 시간이 지나면 같은 방향으로 한두 번 더 이동하여 여러 모둠의 아이디어를 수집한다. 이동 방향과 이동 신호를 사전에 안내하여 혼란하지 않도록 한다.

step 5 본 모둠으로 돌아와 수집한 아이디어들을 정리하게 한다.

원래 모둠으로 돌아와 다른 모둠에서 수집한 아이디어를 모둠원들과 공유한다. 공유한 아이디어를 바탕으로 주제에 대한 우리 모둠의 최종 아이디어를 정리한다.

학생 참여 과정

1	2	3	4	5
주제에 대한 의견을 적는다.	토의를 통해 의견을 모은다.	모둠에서 역할을 나누고 2명씩 이동한다.	다른 모둠으로 이동하여 의견을 모은다.	원래 모둠으로 돌아와 활동 내용을 공유한다.

퍼실리테이션 방안

토의·토론 수업에 적용할 때? 둘 가고 둘 남기 활동은 토의 수업의 아이디어 수집 단계에서 다양한 아이디어를 모으기 위해 활용할 수 있다. 또한 모둠별로 수행한 과제의 결과를 다른 모둠과 공유할 때도 유용한 활동 방법이다. 둘 가고 둘 남기를 토론 수업에서 적용할 때는 원래 모둠에서 주제에 대한 1차 토론을 진행하고 모둠을 이동하여 2, 3차 토론을 진행한 다음, 본 모둠으로 돌아와서 최종 토론을 진행할 수 있다.

적용 시 유의점은? 둘 가고 둘 남기 활동은 학생들이 이동하면서 아이디어를 수집하고 공유하는 매우 역동적인 활동이므로 자칫하면 학생들이 이동하는 재미에 몰두하여 소란스러워지고 활동의 본래 목적을 잊어버릴 수 있다. 따라서 활동을 시작하기 전 학생별 역할을 정하는 것이 좋다. 예를 들어 이동하는 학생들의 경우 메모, 질문 등의 역할을 하고, 남아 있는 학생들의 경우 한 명은 안내하는 역할을, 다른 한 명은 설명하는 역할을 서로 번갈아 가면서 할 수 있다. 이동할 때는 타이머나 종 등을 활용하고, 이동 방향을 미리 정하면 혼란을 방지할 수 있다.

변형하여 적용하려면? 둘 가고 둘 남기의 핵심은 '두 명'이 아니라 이동하면서 아이디어를 공유하고 수집한다는 것에 있다. 따라서 학생 수준과 수업 목적에 따라 다양한 형태로 변형하여 적용할 수 있다. 예를 들어 '셋 가고 하나 남기'의 형태로 진행하여 모둠에서 한 명이 작품이나 아이디어에 대해 설명하고 나머지 학생들이 아이디어를 수집할 수 있다. '다 가고 안 남기'의 형태로 모둠의 활동 결과를 전시해 두고 다른 모둠으로 다 같이 이동하면서 '갤러리 워크'의 방식으로 아이디어를 공유할 수도 있다.

디지털·미디어 교육 연계 방안은? 온라인 비대면 수업에서 둘 가고 둘 남기 방법을 활용하기 위해서는 줌(Zoom)이나 구글 미트(Google Meet)에서 '소회의실' 혹은 '소그룹 채팅방' 기능을 활용할 수 있다. 교사가 미리 모둠 수만큼 소회의실을 만든 다음 학생들에게 모둠별 회의실 번호를 알려준다. 시간이 지나면 이동하는 학생들이 회의실을 옮기고 활동이 끝나면 원래 모둠으로 돌아오도록 안내한다. 처음 비대면으로 활동할 때 소회의실을 이동하는 연습을 하면 실제 활동에서 혼란을 줄일 수 있다.

6 갤러리 워크

갤러리 워크(Gallery Walk)는 학생들이 의자에서 일어나 마치 미술관에서 작품을 감상하며 걷듯이 교실을 돌아다니며 능동적으로 토의에 참여하는 방법이다. 미술관에서 예술 작품을 보면서 도슨트의 설명을 듣는 것처럼, 자료를 준비한 학생이 도슨트의 역할을 하여 본인 혹은 모둠의 결과물을 설명하며 토의를 진행한다. 일반적인 모둠 발표와 달리 모든 학생이 발표의 기회를 가질 수 있고, 본인이 속한 모둠의 발표를 듣는 시간을 절약할 수 있다.

수업 진행 과정

step 1 모둠을 나누고 토의 주제, 모둠 내 발표 순서를 정한다.

학생들을 한 모둠에 4명으로 배치하여 발표 순서대로 1번부터 4번까지 번호를 부여한다. 다음으로 모둠별로 다른 토의 주제를 제시한다. 예를 들어 A 모둠은 '학년 체육대회에서 어떤 종목을 운영할 것인가?', B 모둠은 '체육대회 의상은 어떤 것으로 할 것인가?', C 모둠은 '체육대회 역할 분담은 어떻게 할 것인가?', D 모둠은 '체육대회에서 응원은 어떻게 할 것인가?' 등으로 제시할 수 있다.

step 2 모둠별로 토의하고 발표할 내용을 정리하게 한다.

각자 토의 주제와 관련된 내용을 조사한 후 모둠별 토의를 진행한다.

토의가 끝나면 모둠 토의 결과물을 모둠 화이트보드나 커다란 종이 등에 정리하여 다른 모둠 학생들이 볼 수 있게 한다.

step 3 다른 모둠으로 이동하여 첫 번째 토의 결과 발표와 질의응답을 진행한다.

정해진 시간 동안 A 모둠의 1번 학생이 모둠의 토의 결과를 발표한다. 1번 학생이 발표하는 동안 2, 3, 4번의 학생들은 함께 B 모둠의 토의 결과 발표를 듣는다. B 모둠의 2, 3, 4번 학생들은 C 모둠으로, C 모둠의 학생들은 D 모둠으로 이동하여 발표를 듣는다. 발표가 끝나면 토의 결과에 대해 발표를 한 1번 학생과 다른 모둠의 2, 3, 4번 학생들이 짧게 토의를 진행하며 의견을 공유할 수 있다. 이동하는 순서는 시계 방향, 반시계 방향 등으로 미리 약속하고 종소리나 음악 소리 등으로 이동하는 시기를 알릴 수 있다.

step 4 다른 모둠으로 이동한 후 같은 방식으로 토의 결과 발표와 질의응답을 진행한다.

정해진 시간이 끝나면 종소리나 음악 소리로 이동해야 하는 시간임을 알린다. 각 모둠의 2번 학생이 자신의 모둠 결과물이 있는 곳으로 돌아가 발표를 시작하고 1, 3, 4번 학생들은 다음 모둠(A 모둠의 경우 C 모둠으로, B 모둠의 경우 D 모둠으로)으로 이동한다. 같은 방법으로 모든 모둠원이 발표를 끝낼 때까지 반복하여 진행한다. 갤러리 워크가 끝나면 모든 학생들은 자신이 발표하는 때를 제외한 모든 모둠의 토의 결과를 듣고 짧은 토의에 참여할 수 있게 된다.

학생 참여 과정

1
모둠이 할당받은 토의 주제를 확인하고 발표할 순서를 정한다.

▶

2
모둠별 토의 주제에 대해 토의하고 토의 내용을 화이트보드나 큰 종이 등에 정리한다.

▶

3
정해진 시간 동안 첫 번째 발표자가 발표한다. 그동안 모둠의 다른 학생들은 옆 모둠으로 이동해 발표를 듣는다. 발표가 끝나면 질의응답 시간을 갖는다.

▶

4
첫 번째 발표가 끝나면 다시 두 번째 발표자가 정해진 시간 동안 토의 내용을 발표한다. 모둠의 다른 학생들은 또 다른 모둠으로 이동해 발표를 듣는다.

▶

5
같은 방법으로 모든 발표자가 돌아가며 발표하는 동안 발표하지 않는 학생들은 정해진 순서에 따라 이동하며 발표를 듣고 질의응답한다.

퍼실리테이션 방안

토의·토론 수업에 적용할 때? 갤러리 워크는 토의 후 내용을 공유할 때 가장 효과적인 토의 수업 촉진 전략이다. 그러므로 모둠 내에서 토의를 진행하고 발표 자료를 만들 때 다른 토의 기법을 활용하여 독창적이고 합리적인 아이디어를 생산하고 적극적으로 토의에 참여하도록 유도할 필요가 있다. 갤러리 워크는 단순히 토의를 통해 아이디어를 모으거나 의사 결정을 하는 데 그치지 않고, 모두가 돌아가며 발표함으로써 발표자에게는 토의의 내용을 더 깊이 있게 이해할 수 있는 기회를, 참관자에게는 소집단 질의응답의 시간을 제공해 준다. 단, 교사는 학생들의 모둠 토의가 원활하게 이루어질 수 있도록 다른 토의 전략을 유연하게 활용하며 적절하게 피드백해야 한다. 또한 모둠별로 주제는 다르더라도 그 주제들이 더 큰 상위 주제(체육대회)의 하위 요소(종목, 의상, 역할 분담 등)로 구성되어 모든 발표를 듣고 난 후 학생들이 전체 내용을 종합하는 과정에서 상위 주제에 대한 이해를 할 수 있도록 해야 한다. 또 모둠의 구성원 수와 동일한 수의 모둠이 형성되어야 반복이나 결손을 피할 수 있다는 점을 유의해야 한다.

적절한 토의 주제는? 갤러리 워크는 토의를 통해 실질적인 해결 방안을 모색할 때보다 문제 상황에 대한 정보를 공유하는 것이 목적일 때 더 유용한 도구가 된다. 해결 방안을 모색할 때에는 많은 사람의 다양한 의견을 듣고 더 나은 해결책을 찾는 것이 더 도움이 된다. 그에 비해 모둠이 토의한 내용을 공유하는 것이 목적일 때에는 소수의 학생이 모여 발표하고 상호작용하는 것이 보다 유용하다.

활용할 수 있는 협업 도구는? 미술관에서 작품을 감상하듯 모둠에게는 큰 사이즈의 붙임쪽지나 캔버스, 모둠별 화이트보드가 제공될 때 효과가 높다. 이러한 도구는 모둠 내 토의에서 의견을 수렴하고 정리하는 데 도움이 될 뿐만 아니라, 도슨트처럼 모둠의 토의 결과를 소개할 때에도 훌륭한 시각 자료가 될 수 있다. 이때 단순한 텍스트보다 그림, 도표, 그래프 등을 활용하여 시각적으로 이해하기 쉬운 자료를 제작한 후 설명하는 것이 결과 공유에 도움을 줄 수 있다.

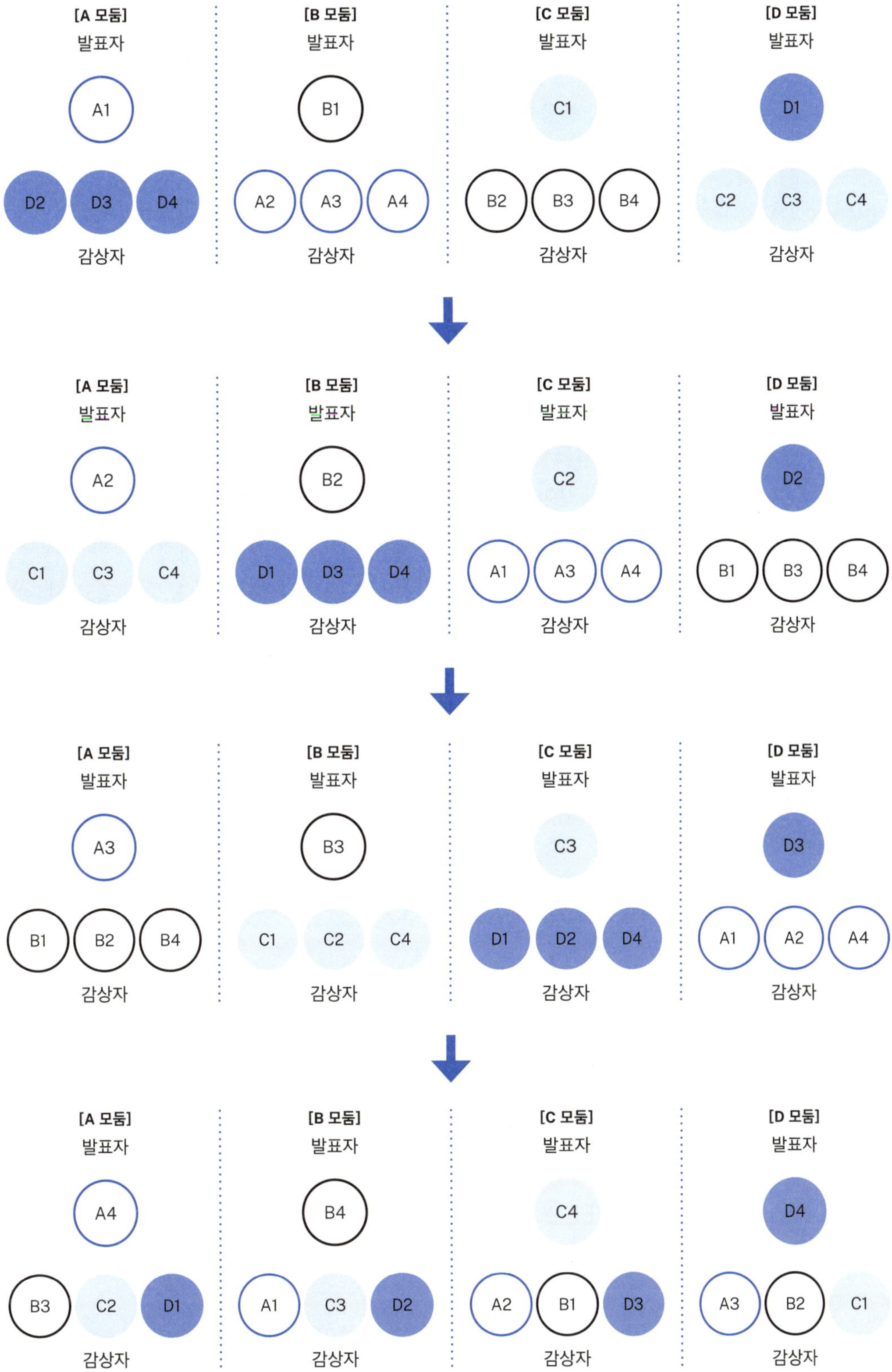

그림 4.4 갤러리 워크 활동의 이동 순서

주: A1~A4는 A모둠의 학생 1~4를 가리키며, 그 외 B~D 모둠 또한 동일함.

적용 가능한 학년의 수준은? 갤러리 워크는 모둠이 토의한 내용을 학생 개별로 모두 발표를 하고, 발표 후 질의응답을 하는 시간을 갖기 때문에 특히 고학년에서 활용하기에 유용한 토의 도구이다. 이때 모둠은 이질 집단으로 구성하여 전체적인 결과물 수준을 끌어올리고 그것을 각자의 언어로 표현하도록 함으로써 모둠의 토의 내용을 발표하는 과정에서 더 깊이 있게 이해하도록 유도할 수 있다.

이동 순서를 이해하기 위한 참고자료는? 갤러리 워크는 미술품을 감상하듯 자리를 이동해야 하기 때문에 처음 하는 학생들이 이해하기 다소 어려울 수 있다. 그림 4.4를 학생들에게 참고로 제시하면 이해를 도울 수 있다.

디지털·미디어 교육 연계 방안은? 갤러리 워크는 온라인 상황에서 진행해도 크게 효과가 떨어지지 않는 토의 방법 중 하나이다. 모둠별로 구글 프레젠테이션을 공동으로 작성한 후 줌(Zoom)이나 구글 미트(Google Meet)에서 '소회의실' 혹은 '소그룹 채팅방' 기능을 사용하여 각 모둠별로 소회의실을 개설하게 한다. 그리고 한 명의 발표자가 발표를 하는 동안 다른 모둠의 학생들이 소회의실에 가서 구글 프레젠테이션에 작성된 내용을 '화면 공유' 기능을 통해 듣고 질의응답을 진행한다. 일정 시간이 지나서 호스트가 이동하라는 메시지를 보내면 다른 모둠으로 이동하거나 발표 준비를 하면 된다.

7 다르니모으니 토의

다르니모으니 토의[2]는 한 가지 주제에 대해서도 모두의 생각이 다를 수 있다는 것을 적극적으로 인정하며 학생들은 협상의 일원이 되어 모든 토의 과정에 적극적으로 참여하여 의사를 결정하는 토의 방법이다. 이 방법은 크게 '다르니 토의'와 '모으니 토의'로 구성된다. 다르니 토의 단계에서 학생들은 자신과 생각이 다른 사람이 공존하는 집단에서 협상을 통해 공동 의견을 도출하고 다른 모둠과 결과 공유 후 각자가 생각하는 최선의

2 다르니모으니 토의는 2019년 제34회 대구광역시 초등교사 수업발표대회에서 입상한 김효석의 연구 수상작이다.

해결 방안을 재선택할 수 있는 기회를 갖는다. 모으니 토의 단계에서는 자신의 생각과 유사한 집단을 새롭게 구성하고 협상을 통해 생각을 발전시켜 최선의 방법을 찾게 된다. 2단계로 구성되어 있지만 학습 상황 및 주제에 따라 다르니 토의만 활용하거나 모으니 토의만 활용할 수도 있다.

수업 진행 과정

step 1 주제에 대한 해결 방법을 각자 찾아보도록 한다. (다르니 토의)

해결이 필요한 문제와 관련된 자료를 살피며 자신이 생각하는 해결 방법을 모둠 토의판 또는 붙임쪽지에 작성한다. 이때 완벽한 해결 방안을 제시하기보다는 다양한 생각을 제시하는 것에 초점을 두어 두 가지 이상의 해결 방안을 제시하는 것도 가능하다.

step 2 모둠의 의견을 정하기 위한 판단 기준을 정하도록 안내한다.

서로 다른 의견을 모아 모둠의 의견을 구성하기 위한 판단 기준을 정한다. 이때 교사는 토의 주제 또는 학급의 수준에 따라 기준들을 제시하여 선택하도록 하거나 학생들 스스로 판단 기준을 정할 수도 있다. 예 지속적으로 실천할 수 있는 방법인가? 안전한 방법인가? 경제적인 방법인가? 등

step 3 모둠 내에서 제시된 의견들을 판단 기준에 따라 순위를 정해 모둠 의견을 결정할 수 있도록 안내한다.

이 단계에서는 모둠에서 정한 판단 기준에 따라 해결 방안의 순위를 정한다. 이때 비슷한 내용의 해결 방안이 있다면 그것들을 포괄할 수 있는 구체적인 방안으로 통합할 수 있다. 1순위의 해결안을 조정하고 종합하는 과정을 거쳐 구성원 모두가 동의할 수 있는 모둠의 해결 방안을 도출한다.

step 4 모둠별로 다르니 토의 결과를 공유하도록 한다.

다르니 토의 결과를 발표하고 궁금한 점에 대해 이야기 나눈다. 이때 다르니 토의 결과를 다른 모둠의 학생들이 이해할 수 있도록 토의 과정을 간단히 밝히도록 한다.

step 5 다르니 토의 결과 모인 의견을 활용해 각자가 최선이라고 생각하는 방법을 선택하는 기회를 제공한다. (모으니 토의)

다르니 토의 결과를 태블릿 PC를 이용해 공유하고 교사는 토의 결과를 텔레비전을 통해 전체 학생에게 공개한다. 이때 학생들은 기존 모둠에 관계없이 각자가 최선이라고 생각하는 토의 결과를 선택한다. 자신이 속한 모둠의 방안을 선택할 수도 있고 다른 모둠의 방안을 선택할 수도 있다.

step 6 같은 방법을 선택한 친구들끼리 모여 해결 방안을 발전시키고 공유하도록 한다.

같은 방법을 선택한 친구들끼리 모여 해결 방안의 장점, 단점, 보충할 점 등에 대해 협상 피라미드 판[3]을 활용하여 의견을 조정하고, 최종 해결 방안을 도출하여 발표한다.

학생 참여 과정

1	▶	2	▶	3
문제를 확인하고 해결하기 위한 방법을 붙임쪽지에 작성한다.		서로 다른 의견을 조정하기 위한 판단 기준을 정한다.		판단 기준에 따라 의견을 조정하며 순위를 정해 모둠의 의견을 정한다.
4	▶	**5**	▶	**6**
모둠별로 정해진 의견을 함께 공유하고, 궁금한 점에 대해 이야기를 나눈다.		다르니 토의 결과 수합된 의견들을 살펴보며 각자 최선의 방법이라고 생각하는 방법을 선택한다.		같은 방법을 선택한 친구들끼리 모여 해결 방법을 발전시키고 전체 친구들에게 공유한다.

퍼실리테이션 방안

토의·토론 수업에 적용할 때? 다르니모으니 토의는 토의 주제 및 상황에

3 자신의 의견에 대해 더하고, 빼고, 보충하고 점들에 대해 간단히 기록한 후 합의점을 찾기 위해 준비하는 단계를 말한다(구체적인 활동지는 QR코드 참고).

따라 다르니 토의만 활용하거나 모으니 토의만 활용할 수 있다. 의견을 조정하고 공유하고 토의가 끝나는 것이 아니라 학생들이 재차 선택하여 수정 및 보완할 수 있는 단계를 거치기 때문에 토의 입문 단계보다는 고학년에 좀 더 적합한 방법이라 할 수 있다.

다르니모으니 토의를 활용하기에 적합한 주제는? 대부분의 토의 주제에 활용할 수 있으며, 특히 학생들의 삶과 관련된 주제가 토의의 참여도와 효율성을 높이는 데 많은 도움이 된다. 예를 들어 학생들의 공부 스트레스 해소 방법, 층간 소음 문제를 해결하는 방법, 급식 먹는 순서를 정하는 방법, 운동장이나 강당 사용 순서 정하는 방법 등을 주제로 제시할 수 있다.

디지털·미디어 교육 연계 방안은? 마이크로소프트 화이트보드나 패들렛, 알로, 구글 프레젠테이션 등의 온라인 플랫폼을 활용하여 다르니모으니 토의를 할 수 있는 온라인 토의 공간을 제공할 수 있다. 플랫폼상에서 모둠별로 의견을 간단히 작성하고 주제에 적합한 판단 기준을 선택하여 의견을 조정하는 과정을 실시간으로 공유할 수 있다. 알로(https://allo.io/ko)의 경우, 활용한 토의판으로 좌측에 각자의 의견을 작성하고 우측 판단 기준은 체크박스 형태로 선택할 수 있다. 그 후 모둠에서 최종 결정된 의견을 하단 네모칸에 정리할 수 있다.

아래 QR 코드를 인식하여 수업 활동지를 내려받아 활용할 수 있습니다.

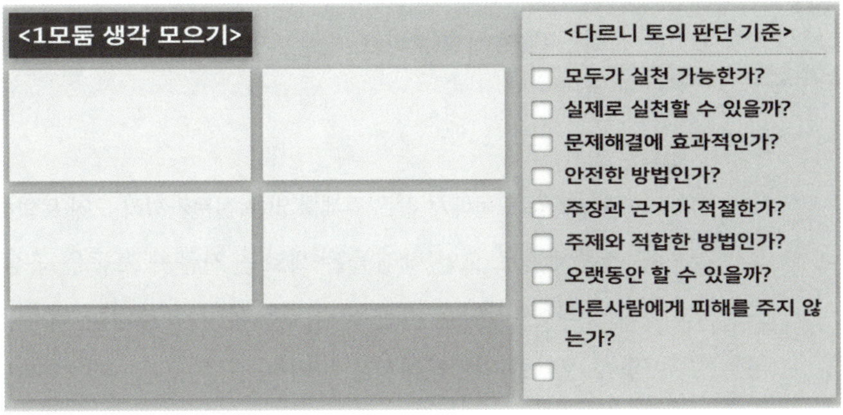

알로를 활용한 다르니모으니 토의 예시

8 직소 토의

직소(Jigsaw) 토의는 직소 퍼즐처럼 부분을 맞추어 전체 그림을 완성하는 모습을 가졌다고 하여 붙여진 이름으로, 모둠 구성원이 목표를 달성하기 위해 과제를 분담하여 토의하는 방법이다. 모둠 내 각 개인은 전체 학습 내용의 일부분을 담당하고 모둠 구성원 전체가 협동함으로써 목표를 달성하게 된다. 이는 애런슨(Aronson, 1978)이 전통적 경쟁 학습 구조의 교실 환경을 협동 학습 구조로 바꾸기 위해 제안한 방법이다. 직소 토의를 활용하면 모든 구성원이 개별적 책무성을 가지게 되어 학습 동기가 강화된다. 또한 타인을 가르치고, 타인에게 배우는 과정을 통해 인지 정교화 및 의사소통 기능을 향상시키는 데 도움이 된다.

수업 진행 과정

step 1 교사는 과제를 제시하고, 모둠 안에서 개인마다 과제를 분담하도록 안내한다.

다수의 소주제로 구성된 토의 주제가 학급의 모둠마다 주어진다. 모둠 구성원들은 각자 소주제를 나누어 맡아 해당 소주제를 담당하는 전문가가 된다. 예를 들어 '우리 마을의 주거 환경'이라는 주제 아래 구성원마다 '교통 시설', '편의 시설', '의료 시설', '안전 시설' 등과 같은 소주제를 나누어 맡게 된다.

step 2 각 모둠에서 같은 주제를 맡은 전문가끼리 모여 토의하게 한다.

소주제별로 모인 학생들은 새로운 전문가 모둠을 구성해 맡은 주제에 대해 토의한다. 이후 기존 모둠으로 돌아가 토의한 내용을 구성원들에게 어떻게 전달할지에 대해서도 논의한다.

step 3 기존 모둠으로 돌아가서 토의한 내용을 구성원들에게 전달하도록 안내한다.

맡은 소주제에 대해 전문가 모둠에서 토의한 내용을 기존 모둠에 가르치고 다른 구성원이 토의한 또 다른 소주제에 대한 토의 내용을 경청한다. 모둠 안에서 각 소주제를 맡은 학생이 모두 돌아가면서 가르치고 경청하면 활동이 끝난다.

step 4 기존 모둠의 이해 정도를 평가한다.

전문가 집단을 통해 토의한 내용을 각 모둠원이 기존의 모둠에서 서로 가르치고 공유하는 경험을 통해 기존 모둠이 소주제에 대해 이해가 얼마나 향상되었는지 평가한다. 토의 단계를 마친 뒤 STAD 평가[4]를 통해서 학생들이 끝까지 수업에 참여하도록 유도할 수 있다. 혹은 토의 단계를 마친 뒤 일정 기간이 지난 후 모둠 구성원들과 함께 연구한 내용을 상기할 수 있는 기회를 주고 STAD 평가를 진행할 수도 있다.

학생 참여 과정

1		2		3		4
모둠 내에서 개인별로 전문가가 될 소주제를 분담한다.	▶	같은 소주제의 전문가끼리 모여 토의한다.	▶	기존 모둠으로 돌아가 토의 내용을 전달한다.	▶	각 전문가에게 전달받은 내용을 얼마나 이해했는지 확인할 수 있는 평가에 참여한다.

퍼실리테이션 방안

토의·토론 수업에 적용할 때? 직소 토의에는 하나의 소주제에 대해 깊이 있게 생각하고 연구하는 과정, 자신이 생각하고 연구한 바를 타인에게 전달하는 과정 등이 포함되어 있기 때문에 저학년이나 토의 입문자보다는 고학년이나 토의에 능숙한 학생들을 대상으로 수업을 진행하는 것이 적절하

4 STAD(Student Team-Achievement Division) 평가: 협동학습모형 중 하나로 모둠의 협동을 유도하기 위한 향상점수제로, 수업 후 퀴즈를 진행하여 모둠 구성원의 향상 점수를 모둠원의 수로 나눈 것이다. 기존의 점수에 대비해 모둠원이 받은 점수가 얼마나 향상되었는지를 확인하는 것으로 모둠원 스스로 노력할 뿐만 아니라 서로가 좋은 점수를 받을 수 있도록 돕게 된다(Slavin, 1988).

다. 또한 특정한 주제에 대한 생각과 의견을 나눌 뿐 아니라, 조사·분석하는 형식으로 전문가 모둠 활동을 진행할 수 있어 모든 교과에 폭넓게 적용 가능하다.

직소 토의에서 주의해야 할 점은? 교사는 전문가 집단에서 다루어야 할 소주제의 내용과 범위를 명확히 안내해야 한다. 필요하다면 이를 안내하는 자료를 제공할 수 있다. 직소는 기존 집단 → 전문가 집단 → 기존 집단의 순서로 모둠이 변화되어 활동이 진행되기 때문에 2차시 정도의 충분한 시간 확보가 필요하다.

직소 토의를 적용할 때 모둠 구성은? 직소는 각 개인이 모여 한 모둠의 토의 과제를 해결하는 형식이므로 개인의 능력에 따라 다양한 변수가 발생한다. 필요한 경우 두 사람이 같은 전문가가 되도록 소주제를 분담하여 책임을 나누어 맡을 수 있다.

아래 QR 코드를 인식하여 수업 활동지를 내려 받아 활용할 수 있습니다.

디지털·미디어 교육 연계 방안은? 줌(Zoom)이나 구글 미트(Google Meet)에서 '소회의실' 혹은 '소그룹 채팅방' 기능을 활용하면 다양한 모둠 형성이 가능하다. 온라인 소회의실을 통해 전문가 활동이 이루어질 경우 오프라인 환경에 비해 다른 모둠의 소음 방해가 적다는 장점이 있다.

9 어항 토의

어항 토의(Fish bowl)는 마치 어항 속에 있는 물고기와 그것을 지켜보는 사람들처럼 토의 집단을 발표자와 청중의 두 집단으로 나누어 진행하는 토의 방법을 말한다. 토의 방법은 참여 형태에 따라 크게 닫힌 어항 토의와 열린 어항 토의로 나눌 수 있다. 닫힌 어항 토의는 발표자 수만큼 의자를 둥글게 배치하여 선택된 발표자가 토의를 진행하고 나머지는 청중이 되어 토의를 관찰하는 방법이다. 열린 어항 토의는 빈 의자를 한두 개 더 두고 토의를 진행하다가 토의에 참여하고 싶은 청중들이 토의에 참여하게 하는 방법이다. 보통 어항 토의를 처음 익힐 때는 닫힌 어항 토의로 방법을 연습하고, 이후 열린 어항 토의의 방법으로 진행한다. 어항 토의는 누구에게나 토의 참여 기회를 제공함으로써 다양한 의견을 반영할 수 있고 청중들이 보는 가운데 진행되므로 개방적이고 공정하게 토의할 수 있다.[5]

수업 진행 과정

step1 토의 주제를 제시한다.

대부분의 토의 주제를 다룰 수 있지만 하나의 답이 정해진 주제보다는 다양한 관점이나 의견 제시가 가능한 것이 적절하다. 갈등이나 딜레마를 경험할 수 있는 상황을 제시하면 보다 활발한 토의를 진행할 수 있다.

step2 대형을 만들고 발표자를 선정한다.

교실 가운데 4~7개 정도의 의자를 둥글게 배치하고 발표자를 선정한다. 열린 어항 토의의 경우 의자의 수보다 한두 사람 적게 참여자를 선정하여 자리를 비워 둔다. 참여자끼리는 최대한 가까이 둘러앉아 상대의 이야기를 잘 들을 수 있도록 한다. 청중 또한 토의의 참여자가 될 수 있으므로 경청하도록 안내한다.

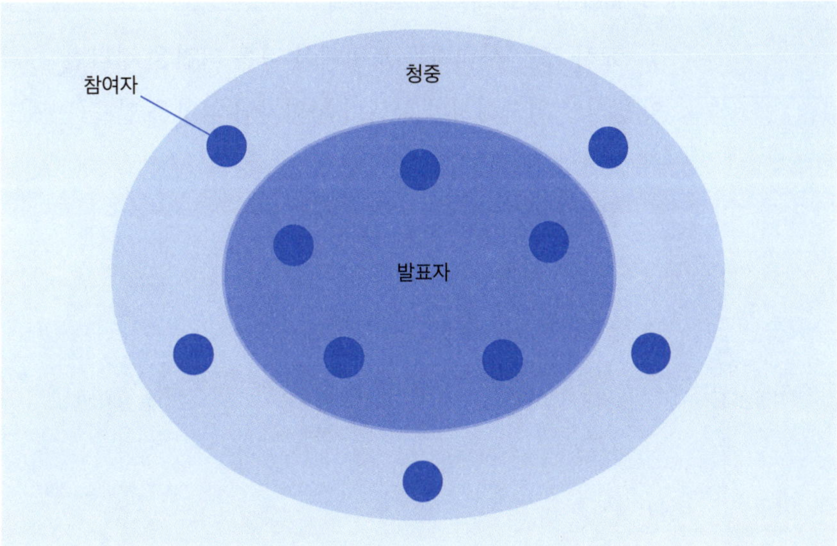

그림 4.5 어항 토의 자리 배치도

5 다음 과정은 Facing History & Ourselves 홈페이지(https://www.facinghistory.org/resource-library/fishbowl)에 제시된 내용을 참고하여 재구성한 것이다.

step 3 토의 준비 시간을 제공한다.

원활한 진행을 위해 토의를 시작하기 전 발표자와 청중에게 의견과 질문을 준비할 수 있는 시간을 제공한다. 학습자의 수준에 따라 발표자와 청중에게 체크리스트 형태의 활동지를 제공할 수도 있고 학생 스스로 정리하게 할 수도 있다.

step 4 규칙을 설명하고 토의를 진행한다.

교사 또는 사회자가 어항 토의의 규칙을 설명한다. 어항 토의에서 가장 중요한 규칙은 발표자와 청중의 역할을 바꾸는 방법이다. 청중이 발표자로 참여하는 방법은 교사가 일정 시간이 지난 다음 알림 신호를 줄 수도 있고 청중 중 참여를 원하는 학생이 의사를 표현하게 할 수도 있다. 새로운 참여자가 나타나면 토의를 일시 중단하고 기존 발표자 중 한 명이 자리를 비운다. 토의 규칙은 반드시 토의 시작 전에 안내하여 원활하게 진행되도록 한다.

step 5 토의 내용을 정리한다.

교사 또는 사회자는 토의에서 나온 의견을 정리한다. 학생들이 어항 토의 방식에 익숙해지면 학생이 사회자의 역할을 맡을 수 있도록 한다.

학생 참여 과정

1		2		3		4		5
토의 주제를 확인한다.	▶	자리에 앉은 다음 발표자를 정한다.	▶	주제에 대한 의견과 질문을 정리한다.	▶	주제에 대한 토의를 실시한다.	▶	토의 내용을 정리한다.

퍼실리테이션 방안

토의·토론 수업에 적용할 때? 어항 토의는 다양한 토의·토론 수업에서 적용할 수 있다. 먼저 패널 토의의 형태를 적용하여 발표자들을 모두 어항에 앉혀 닫힌 어항 토의를 진행할 수 있다. 또는 순서를 정하여 인터뷰 방식으로 한 명의 참여자가 주제에 대해 질문하면 옆자리 참여자가 대답하고, 다시 그 옆의 참여자가 질문하면 다음 참여자가 대답하는 방법으로 진행할 수 있다. 어항 토의 방법을 토론 수업에 적용하면 기존 토론 수업의 한계를 보완할 수 있다. 먼저 찬반 토론자를 모두 어항에 앉혀 토론을 진행하는 경우 배심원 또는 청중에게 토론에 참여할 기회를 제공할 수 있다. 토론 참여자도 청중 입장이 되어 토론 과정을 객관적으로 살펴볼 수 있다. 찬성 측과 반대 측 토론자들이 번갈아 가며 발표할 수도 있다. 찬성 측 토론자들이 입론하는 동안 반대 측 토론자는 청중석에서 발표를 경청하고 양측의 입론이 끝난 다음 반론 기회를 제공할 수 있다. 어항 토의 방법은 발표자의 발언을 경청하는 청중이 있기 때문에 발표자가 청중을 의식하여 활동에 보다 진지하고 신중하게 임할 수 있다는 장점이 있다.

교실 배치는? 어항 토의를 진행할 때는 청중이 참여자를 모든 방향에서 볼 수 있고 참여자들끼리도 모두 마주 볼 수 있도록 참여자의 의자를 원형으로 배치한다. 청중도 참여자를 관찰하고 토의·토론의 내용을 경청할 수 있도록 참여자 원 밖에 큰 원의 형태로 배치하는 것이 좋다. 어항 토의 시 안쪽은 토의하는 사람들이 바깥쪽은 관찰하는 사람들이 앉는다.

청중의 역할은? 어항 토의의 가장 큰 특징 중 하나는 청중이 언제든지 빈자리에 앉아서 토의·토론에 참여할 수 있다는 점이다. 하지만 참여자 자리가 아닌 청중의 자리에서는 말을 하거나 질문을 하지 않고 토의·토론을 보거나 들을 수만 있다. 또한 청중에게 평가지를 배부하여 토의·토론의 과정을 점검할 수 있도록 한다. 다음은 어항 토의 활동에서 청중에게 제공할 수 있는 점검 사항 예시이다. 체크리스트, 서술형 등 다양한 방법으로 제시할 수 있다.

① 발표자가 제시하는 의견이 타당한가?

② 청중이 이해할 수 있도록 말하는가?

③ 의견에 대한 근거가 적절한가?

④ 토의 주제에서 벗어나지 않는가?

⑤ 다른 사람의 의견을 존중하는가?

⑥ 그 밖의 토의 규칙을 잘 지키는가?

디지털·미디어 교육 연계 방안은? 줌(Zoom) 등을 활용하는 온라인 비대면 수업에서 어항 토의를 활용할 때는 '이모티콘' 기능을 활용하여 참여자와 청중을 구분할 수 있다. 토의 참여자를 정한 다음 참여자는 이모티콘을 표시해 두도록 하고, 토의를 진행하는 도중 참여를 원하는 청중이 있는 경우 손들기 기능을 활용하여 의사를 표시하도록 한다.

10 월드카페 토의

월드카페(The World Cafe) 토의는 어떤 질문이나 과제에 대해 여러 사람들이 함께 아이디어를 도출하고 공유하는 대화 방법이다. 한 팀을 4~5명 정도로 구성하여 대화를 시작하며, 팀 구성원들이 서로 자유롭게 교차하여 대화를 이어 나감으로써 많은 사람이 함께 대화하는 방식이다(Schieffer, Issacs, & Gyllenpalm, 2004). 월드카페는 1995년 후아니타 브라운(Juanita Brown)과 데이비드 아이작스(David Issacs)에 의해 시작된 대화 방식이자 조직 변화 분야에서 이루어지는 운동의 하나이다. 월드카페는 소규모의 친밀한 대화를 연결하고 아이디어들을 교차시키고 새로운 연결망을 만들어 내는 독특한 구조 때문에 종종 수백 명의 사람들이 함께 창의적으로 사고할 수 있다는 장점이 있다(장경원 외, 2018).

월드카페 토의를 할 때는 대화가 갖는 잠재력을 이용하기 위해서 다음과 같은 일곱 가지 원칙을 고려해야 한다(Brown & Issacs, 2005).

첫째, 맥락을 명확하게 하라. 토의의 이유와 성취하고자 하는 목표가 분명해야 한다. 예를 들어 누가 대화에 참여해야 하는지, 어떤 주자나 질문이 가장 적절할지 등의 요소를 고려한다.

둘째, 편안한 공간을 만들어라. 사람들은 편안함을 느낄 때 가장 창의적으로 생각하고 듣고 말한다. 월드카페를 진행하는 환경이 마치 카페와 같이 편안함을 느낄 수 있도록 해야 한다.

셋째, 중요한 질문을 탐색하라. 질문에 대한 응답은 지식을 반영하므로 모둠의 실제 관심사와 관련된 질문을 잘 찾아야 한다. 월드카페 참여자들에게 잘 전달되는 핵심적인 질문은 전체 활동에 집중하고 목표에 도달하는 힘을 제공할 수 있다.

넷째, 모두가 기여하도록 격려하라. 월드카페에 참여하는 사람들은 적극적인 참여를 통해 변화를 만드는 데 기여할 수 있다. 월드카페에 참석한 모든 사람이 자신의 아이디어와 관점을 제공하도록 격려하고 경청하는 태도를 가지고 다른 사람들과 대화하도록 도와야 한다.

다섯째, 다양한 관점을 연결하라. 월드카페는 테이블 사이를 이동하며 새로운 사람들을 만나고, 적극적으로 서로의 생각에 기여하고 발견된 새로운 사실을 통해 자신의 생각을 더 넓힐 수 있다.

여섯째, 패턴과 통찰력을 경청하라. 경청은 우리가 서로에게 주는 선물이므로 경청의 수준은 월드카페 대화의 성패를 좌우하는 중요한 요소이다. 경청하며 의견을 공유하는 것을 연습하고 공유한 내용뿐 아니라 말하지 않은 내용에도 귀를 기울이도록 격려해야 한다.

일곱째, 공동의 발견물을 공유하라. 소집단 대화에서 공유한 내용이나 발견한 사실, 주제와 관련된 심오한 질문에 대해 몇 분간 조용히 묵상하고 다시 더 큰 모둠과의 대화에서 공유하도록 끌어낸다면 월드카페 대화의 효과가 더 높아질 것이다.

월드카페 토의는 많은 사람들이 참여할 수 있는 방법으로 참여한 모든 사람들이 자신의 의견을 제시하고, 다른 사람의 의견을 듣고 교류하며, 전체 의견을 만드는 데 기여할 수 있다. 다른 토의 방법과 비교했을 때 다음과 같은 이점이 있다(Brown & Issacs, 2005; 장경원, 2012).

첫째, 토의에 참여하는 학습자들이 편안하게 의견을 이야기할 수 있다.

둘째, 다양한 관점을 교류하고 연결할 수 있다.

셋째, 생각을 시각적으로 표현하기 때문에 그 과정에서 학습 효과가 높게 나타날 수 있다.

넷째, 특별한 훈련을 받지 않아도 대화 참가자가 될 수 있다.

다섯째, 논의한 내용을 행동으로 연결할 수 있다.

여섯째, 집단 지성을 경험할 수 있다.

| 더 알아보기 |

월드카페의 탄생 비화

월드카페는 커뮤니케이션 전문가인 후아니타 브라운이 지적 자본 분야의 모임을 야외 테라스에서 준비하던 중 갑작스럽게 비가 내려 실내로 대화 공간을 이동하게 되었다. 이때 몇 개의 테이블을 거실에 마련하여 종이 테이블보를 깔고 꽃병을 올려두며 자연스럽게 까페와 같은 분위기가 형성되었다고 한다. 갑자기 달라진 분위기에 사람들이 즐거워하며 커피를 들고 자유롭게 대화를 나누기 시작했으며, 어떤 사람은 이야기를 하며 종이 테이블보에 무언가를 열심히 적기도 했다. 시간이 꽤 지나도 대화의 열기는 식지 않았고, 다른 테이블의 이야기가 궁금해지자 테이블마다 한 명의 사람(호스트)를 남기고 나머지 사람들이 다른 테이블로 옮겨 가며 대화를 나누면서 지적 자본에 대해 서로 배우게 되었다. 이것이 성공적인 대화 전략으로 발전한 월드카페의 시작이었다.

수업 진행 과정

step 1 대화 주제를 제시한다.

월드카페 대화에서 다룰 대화 주제를 제시한다. 대화 주제는 무엇이든 관계없다. 지식이나 기능에 대한 문제도 좋고, 가치·태도의 문제도 괜찮다.

step 2 대화할 소주제를 나누어 제시하고 이동 순서를 확인하게 한다.

필요에 따라 모둠별로 대화할 소주제를 다르게 제시한다. 이때 자신의 모둠이 어느 내용으로 대화하는지를 인지하도록 하고, 모둠별 월드카페 대화 후 다른 모둠으로 이동하는 순서를 확인시킨다. 소주제별로 대화할 경우 정해진 시간 이후 다른 주제를 다루는 모둠으로 이동하도록 순서를 정한다. 같은 주제에 대해 월드카페 대화를 하더라도 다른 모둠의 대화 내용을 확인·공유하고 새로 이야기를 나누기 위해 모둠을 이동시킬 수 있다.

step 3 호스트를 정하고 순서 및 규칙을 확인하게 한다.

호스트는 소집단 이동 시 자리를 옮기지 않고 남아 새로운 구성원들에게 이전까지의 소집단 구성원들이 대화하고 간 내용을 스케치북을 보며 요약하고 설명해 주는 역할을 한다. 호스트 역시 대화에 참여하며, 사회자와 같은 강한 책임을 맡지는 않는다. 대화에서 동시에 발화하는 경우 순서를 정해 주는 정도의 역할을 하고 학생 모두가 책임을 나눠 갖는 것을 더욱 중요시한다. 마지막으로 대화 순서와 규칙 등을 확인하고, 기호를 약속한다. 기호는 학급에서 합의하여 정할 수 있다.

표 4.1 월드카페 활용 기호 예시

기호	의미	기호	의미
선	대화의 연결	+	보충
?	질문	A	답변
★	창의적 표현	♥	공감
경	관련 경험	!	흥미로운 의견

step 4 월드카페 스케치북을 제공하여 내용을 간단히 기록하며 대화하게 한다.

모둠별 스케치북 가운데는 대화 주제를, 귀퉁이 부분에 자신의 이름을 쓰게 한다. 말하는 사람은 간단히 자신이 말하는 내용의 핵심 단어나 간결한 문장을 기록하며 발화하도록 안내한다. 듣는 사람은 기록하지 않고 약속된 기호로 반응을 남기며 경청하게 한다. 말하는 사람만 기록을 하는 것임을 인지시킨다.

step 5 기호 남기기, 선 잇기 등을 활용하며 대화하도록 안내한다.

이야기를 듣는 동안 다른 사람들은 경청하며 선과 기호를 활용하여 대화에 참여하게 한다. 발화가 끝나면 질문이나 보충, 공감 등 기호로 남긴 내용에 대해 이야기를 나누고, 다른 차례의 사람이 발화한다.

step 6 정해진 시간이 끝나면 다른 테이블로 이동하여 새로 대화를 시작하도록 안내한다.

종, 음악, 타이머 등으로 정해진 시간이 끝났음을 알리면 학생들은 준비하기 단계에서 정한 모둠으로 이동한다. 호스트는 이동하지 않고 남아 새로운 구성원들에게 이전까지의 대화 내용을 간단히 안내한다. 새로 옮긴 사람들은 스케치북에 남겨진 대화 흔적을 보며 대화 내용을 파악한다. 소주제가 서로 다른 경우 같은 모둠원이 함께 이동시키고, 같은 주제에 대해 이야기를 나눴을 경우 모둠원을 분산시켜 이동시켜도 된다. 호스트는 이동하지 않고 남아 같은 방법으로 새로운 모둠원과 월드카페 대화를 진행한다. 이때 이전까지의 대화 흔적이 남아있는 스케치북에 내용을 더하거나 관련 내용에 대해 이야기를 나누며 새롭게 기록할 수 있다.

step 7 대화를 마치면 내용을 공유한다.

제자리 음악이나 종, 타이머 등으로 월드카페 대화가 종료되었음을 알리면 원래 모둠 자리로 되돌아간다. 모둠원과 함께 전체 공유할 대화 내용을 선정하고 발표자를 정한다. 호스트가 발표자가 될 수도 있다. 발표자의 발표를 듣고 질의응답, 보충 등으로 상호 작용한다.

학생 참여 과정

1	2	3	4	5
대화 주제와 대화 후 이동할 순서를 확인한다.	호스트를 정하고 규칙을 확인한다. 약속된 기호를 다시 한번 떠올린다.	월드카페 스케치북에 기록하며 돌아가며 대화한다. 자신의 순서에만 기록하고, 다른 사람이 발화할 때는 기호를 활용하여 반응한다.	정해진 시간이 지나면 다른 테이블로 이동하여 새로 대화한다. 마찬가지로 스케치북에 낱말 위주로 기록하며 대화한다.	대화가 종료되면 원래 자리로 돌아가 호스트에게 토의 내용을 듣는다. 전체와 공유할 대화 내용을 선정하고 공유한다.

퍼실리테이션 방안

토의·토론 수업에 적용할 때? 월드카페 대화는 소집단 토의에 적합한 기법으로 절차나 규칙을 지키며 토의·토론하거나 적절한 근거를 제시하는 형식적인 부분보다 내용에 집중하며 자연스럽게 의견을 교환하는 '대화'에 초점을 맞추고 있다. 따라서 월드카페는 어떻게 활용하는가에 따라 여러 가지 효과를 거둘 수 있으며, 대부분의 교과에 모두 활용할 수 있다. 또한 학습의 도입 및 전개, 정리에서 목적에 따라 다양하게 활용할 수 있다. 예를 들어 5학년 사회 교과에서 '조선 건국 시기의 시대적 상황, 주요 인물과 사건' 관련 내용을 과제로 조사하고, 모둠별로 발표 자료를 만드는 수업에서 모둠원 간 내용을 공유하는 방법으로 월드카페를 활용할 수 있다. 이러한 활용은 모둠원 중 학업 성취도가 우수한 학생을 중심으로 별다른 소통 없이 발표 자료를 만드는 데 그치기 쉬운 모둠 활동에서 학생 간의 상호 작용을 강화할 수 있다.

원활한 토의를 위해 사전에 지도할 부분은? 학습의 전개 부분에서 활용할 경우 도덕, 국어 등 다양한 교과에서 활용할 수 있는데, 이때 중요한 것은 월드카페 규칙과 절차에 대해 능숙하도록 학습 훈련이 진행되어야 하는 것이다. 소집단 내에서 대화 예절을 지키며 대화하고, 각종 기호를 적절하게 활용하며 소통하고, 다른 사람의 발화에 끼어들지 않거나 적극적으로 대화에 참여할 수 있도록 분위기를 조성하고 모둠 구성을 적절하게 해야 한다. 또 말하는 사람 이외에는 스케치북에 기록하지 않도록 지도하여 다른 사람의 이야기를 경청하도록 한다. 문장 단위가 아니라 낱말이나 주요 키워드 위주로 적도록 강조해서 '기록'이 아닌 '대화'에 초점이 맞춰지게 해야 한다. 절차와 규칙을 연습할 때는 학생들이 흥미가 있고 말할 내용이 많은 주제를 통해 놀이하듯 연습하는 것도 좋다.

모둠별 대화 주제를 모두 같게 한다면? 같은 주제로 토의를 할 경우에도 다양한 아이디어를 얻기에 유용하다. 기록한 내용이 남아 있고, 기호를 사용하여 상호 작용하기 때문에 많은 사람의 공감을 이끌어내거나 창의적인 아이디어에 집중할 수 있다. 또 소집단을 이동하여 기존에 나눈 대화의 흔적에서 새로운 방안이나 아이디어의 힌트를 얻을 수도 있다.

활용할 수 있는 협업 도구는? 모둠 스케치북(A4용지나 공책, 화이트보드로 대체 가능)과 다양한 색깔의 펜이 있으면 대화 내용을 더 효과적으로 기록할 수 있다. 학생별로 색깔이 다른 펜을 사용하면 어느 학생이 기록한 내용인지 쉽게 파악할 수 있고, 전체적인 참여도를 시각적으로 확인할 수도 있다. 모둠 스케치북을 준비해서 월드카페를 지속적으로 운영하면 모둠 스케치북을 포트폴리오로 활용할 수도 있다.

디지털·미디어 교육 연계 방안은? 월드카페는 서로 눈을 맞추는 학습 대화로 활용할 때 그 효과가 크므로 디지털·미디어 교육으로 활용할 경우 큰 효과를 발휘하기 어려울 수 있다. 하지만 상황이 원격으로밖에 진행할 수 없는 상황이라면 마이크로소프트 화이트보드 등의 온라인 협업 기능을 가진 앱을 사용하여 월드카페를 진행할 수 있다. 단, 이 경우 다른 사람이 작성한 내용을 임의로 수정하거나 삭제할 수 있으므로 충분한 연습이 필요하다.

처음 접하는 학생들이 참고할 만한 자료는? 다음 예시는 4명의 학생이 월드카페 토의를 통해 작성한 자료이다. 학생들은 '덕진다리' 이야기를 읽고 이야기의 단계인 발단, 전개, 위기, 절정, 결말을 구분하여 자신의 생각을 다른 친구들과 월드카페를 통해 나누고 있다. 정답을 발표하는 것이 아니라 왜 이 부분이 전개라고 생각하는지, 혹은 위기와 절정의 구분이 모호하다 등의 의견이 서로 교환되었다. 교사는 학생들이 문장으로 기록하기보다 낱말 단위로 기록하고 대화에 집중할 수 있도록 독려한다.

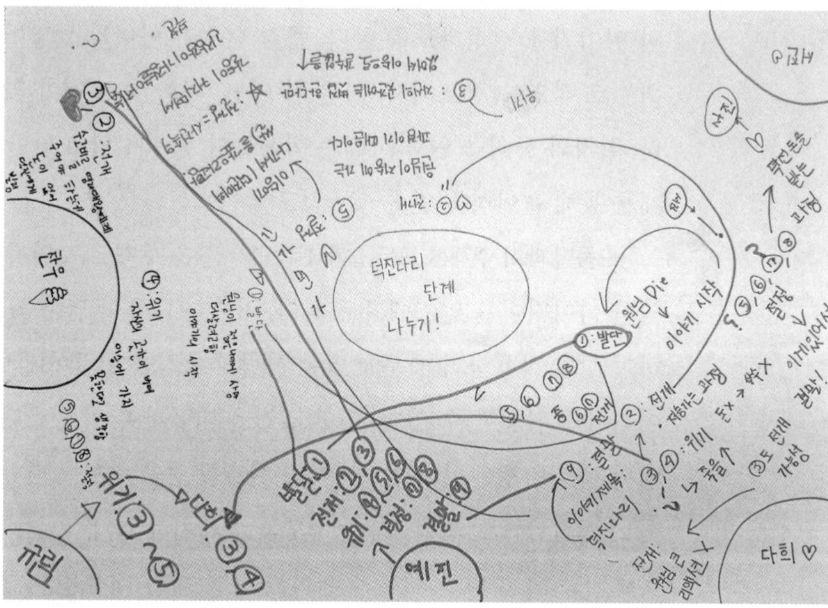

월드카페 수업 활용 사례

월드카페에 관한 더 많은 정보는? 월드카페 홈페이지(https://theworldcafe.com)에서 월드카페에 대한 다양한 정보를 얻을 수 있다.

월드카페 홈페이지

토론 방법

'토론 방법'에서는 논쟁적 주제에 대한 입장 제시를 통한 논리적이고 비판적인 사고력 증진에 초점을 둔 8가지 토론 전략을 살펴본다. 각 전략의 개념과 특징, 진행 절차, 퍼실리테이션 방안을 체계적으로 분석하며, 교사는 이를 바탕으로 자신이 지도하는 학습자의 특성과 수업 맥락에 적합한 토의 방식을 구체적으로 모색해 볼 수 있다.

1 하브루타 토론

하브루타(Havruta) 토론은 유대인의 전통적인 교육방식으로 2명이 짝을 지어 서로 질문하고 대화를 나누며 토론하고 논쟁하는 방법이다(Kent & Cook, 2012). '하브루타'라는 명칭은 '친구, 짝, 파트너'를 의미하는 아랍어 단어 '하베르'에서 유래되었다. 하브루타는 유대인의 독특한 교육 방법에서 시작되어 지금은 세계적인 토론 방법으로 사용되고 있으며, 학생에게 답을 알려주는 것이 아니라 질문을 통해 토론하면서 스스로 답을 찾을 수 있는 기회를 제공한다. 답을 찾는 과정에서 지식을 체득할 수 있고 자신이 생각지 못한 다른 시각과 견해도 알게 된다. 하브루타는 토론의 승패보다 두 사람이 서로 논쟁하고 경청하는 과정 자체를 중요하게 여긴다.

하브루타 토론이 이루어지는 중에 참여자들은 계속적인 상호 작용을 통해 텍스트나 주제에 관한 의미를 구성하고 재구성해 나간다. 켄트(Kent, 2010)는 이를 3단계로 구분하여 6가지 원리로 제시한다.

> ① 경청하기(Listening)·확인하기(Articulating)
>
> 상대방의 주장을 주의 깊게 듣고 그것에 대해 자신이 이해한 바를 명확하게 표현하며 확인하는 단계이다.
>
> ② 반문하기(Wondering)·초점 맞추기(Focusing)
>
> 상대의 주장에 대해 동의하지 않는 부분에 질문을 하거나 대안을 탐색하며 상대방의 이야기를 심층적으로 이해하는 단계이다.
>
> ③ 지지하기(Supporting)·도전하기(Challenging)
>
> 상호 간에 지속적으로 생각할 수 있도록 촉진하고 자신과 상대방의 생각을 강화하거나 확장시킬 수 있도록 돕는 단계이다. 나아가 문제에 대해 지속적으로 생각해 보며 서로 간에 대립되거나 모순되는 의견이 있는지 살핀다.

| 더 알아보기 |

하브루타 토론의 의의

홀저와 켄트(Holzer & Kent, 2014)에 따르면 하브루타 토론은 상대와의 대화를 통해 문제를 이해하고 해결하는 방법으로 정의되며, 먼저 텍스트인 유대인의 토라와 탈무드를 이용하여 하브루타를 한 후 텍스트를 통해 의문을 갖고, 답을 찾고, 해결되지 못하는 내용에 질문을 갖는 것을 시작으로 한다. 이러한 과정은 일방의 개인 내적 과정으로써 이 과정에서 선입견에 대한 오류를 해소하고, 새로운 통찰을 하여 지식을 확장하고, 상대방도 같은 과정을 거친다. 각각 이와 같은 과정을 거친 후 상대방과의 상호 작용을 통한 하브루타 토론을 하며, 상호 작용에서 발생되는 의문을 해결하기 위해 텍스트를 다시 탐색하는 과정과 상대방에게 대응하기 위해 사고하는 개인 내적 과정이 반복되는 것으로 해석적 국면과 대화적 국면이 유기적으로 기능한다고 설명하였다. 그러므로 자칫 상대방과의 대화적 상호 작용만을 의미하는 것으로 오해할 수 있으나 상대방과의 대화 이전에 텍스트에 대한 철저한 연구가 선행되어야 하며 대화 중에도 끊임없이 재해석이 이루어져야 하는 학습 방법이자 토론 방식이다(조은영, 2018: 7).

하브루타 토론은 1:1 짝 토론을 기본으로 하지만 모둠 토론으로 확장할 수 있다. 일반적인 토론과 달리 정해진 규칙과 순서가 없다. 표현 방식과 행동에도 제한을 두지 않으며, 더 나은 대안과 그에 따른 논리를 입증하기 위한 과정으로 토론한다. 따라서 하브루타 토론은 논리적 근거로 상대를 설득하는 것이 아니라 상대와 토론과 논쟁을 통해 탐구하는 것을 주된 목적으로 삼는다.

수업 진행 과정

step 1 하브루타를 함께 할 짝을 정해 준다.

교사는 대화를 함께 진행할 두 사람을 하나의 짝으로 정한다. 보통 앉은 자리에서 옆자리나 앞뒤에 앉은 둘씩 묶어 주는 경우가 많으며, 자리에 상관없이 자유롭게 정할 수도 있다.

step 2 대화 주제에 따른 대화를 준비하게 한다.

대화 주제는 교사가 정하거나 학생들이 함께 정할 수도 있다. 주제에 대한 나의 의견과 근거를 준비하되, 논쟁이 필요한 주제일 경우 서로 다른 입장을 의논하여 선택한 후 각자의 주장과 근거를 마련할 수 있도록 한다. 학생들이 즉흥적인 언변으로 시간을 채우는 것이 아니라 논리적으로 자신의 생각을 체계화하여 표현하기 위해 충분한 조사와 준비의 과정이 필요하다.

step 3 짝과 함께 서로의 생각을 표현하게 한다.

대화 주제에 맞게 준비한 자신의 말할 내용을 눈을 마주보며 상대에게 표현한다. A가 먼저 1-3분 정도의 정해진 시간 동안 B에게 이야기하며, 이때 B는 가만히 A의 말을 경청하고 중요한 내용을 메모하면서 듣는다. 충분히 경청한 후 궁금한 점을 묻거나 동의할 수 없는 부분에 대해 이유와 증거를 들어 논리적으로 반박한다. 반박에 대한 정당성을 논리적으로 다시 증명한다. A와 B의 역할을 바꾸어 다시 대화를 이어간다.

step 4 짝과의 대화를 정리해서 발표하게 한다.

짝과의 대화를 통해 합의한 최상의 해답을 결정한다. 서로 합의되지 않으면 각자의 주장을 정리하고 결론을 반 전체에 공유한다. 이것을 하브루타에서는 '쉬우르(Shiur)'라고 한다. 학생이 짝과의 상호 작용을 교사와 학급에 공유하는 시간으로 두 사람의 대화를 정리하고 또 새로운 아이디어로 확장할 수 있는 역할을 한다.

학생 참여 과정

1		2		3
대화 주제에 대해 조사하고 생각을 정리하여 대화에 참여할 준비를 한다.	▶	정해진 규칙에 따라 짝과 대화한다.	▶	문제 해결을 위한 짝과 나눈 대화를 정리하고 합의한 내용을 학급에 공유한다. 그 내용을 기록한다.

퍼실리테이션 방안

토의·토론 수업에 적용할 때? 수업에서 전체 학생들을 대상으로 묻고 일부만 참여하는 대화가 아니라 하브루타를 통해 모두 경청과 발표의 경험을 가질 수 있다. 자신의 주장과 근거를 준비하고 표현하는 토론인 하브루타는 깊이 있고 의미 있는 일대일 대화를 통해 스스로 통찰과 결론에 도달할 수 있도록 한다. 그러므로 하브루타 토론은 고학년 학생들에게 적합하다. 또한 다양한 일대일 토의·토론 방법과 접목하여 활용할 수 있다. 예를 들어, 두 사람이 하브루타를 통해 하나의 의견을 모으고 또 다른 두 사람과 함께 네 사람의 의견을 모으는 방식으로 모둠의 의견을 결정할 수 있다. 서로의 다른 입장에 대해 설득하는 논쟁이 아니라 해결해야 할 문제에 대한 좋은 아이디어를 모을 때도 하브루타를 활용할 수 있다. 자신의 입장 대신에 자신이 생각하는 최고의 아이디어와 근거를 서로 공유하면서 장단점을 검토하면 아이디어가 결합하여 새로운 아이디어를 생성할 수도 있다. 두 사람이 함께 하는 하브루타 토의를 모둠, 전체 학급으로 확장해 나가면서 어항 토의나 피라미드 토의에 활용하여 토의 내용에 깊이를 더할 수 있다.

하브루타 토론에서 주의해야 할 점은? 하브루타는 두 명이 서로 충분히 말하고 듣는 경험을 가지는 것에서 큰 의미가 있다. 충분히 말하기 위해서는 말하기 전 준비 활동이 중요하다. 글을 읽고 토론하는 것이라면 글을 읽고 이해하는 활동을 통해 토론과 논쟁을 이끌어 갈 논점을 분명하게 해야 한다. 논점을 해결하기 위한 관련 자료를 찾고 자기 의견을 뒷받침하는 증거를 찾는다. 자신이 알고 이해한 것을 논리적으로 정교화시켜 나가면서 자기주도적인 탐구학습을 경험할 수 있다. 상대방이 준비한 내용을 경청할 때는 반응하면서 알맞은 질문을 던지는 것이 중요하다. 서로 말하는 것에만 그친다면 깊이 있는 대화로 나아가기 힘들다. 상대방이 말한 내용을 바탕으로 새로운 질문과 반박을 하면 다시 증명을 통해 대화가 자연스럽게 진행되고 새로운 궁금증이나 결론에 도달할 수 있다. 하브루타의 최대 장점은 서로 간 경청과 질문을 통한 피드백이므로 이를 적극적으로 활용할 필요가 있다.

디지털·미디어 교육 연계 방안은? 같은 공간에 있지 않아도 원격 화상회의 프로그램을 통해서 하브루타의 경험을 나눌 수 있다. 컴퓨터, 태블릿, 스마트폰과 같은 도구를 통해서 줌(Zoom), 구글 미트(Google meet)와 같은 화상회의 프로그램을 이용하면 같은 공간에 있지 않더라도 하브루타를 통해 깊이 있고 의미 있는 대화를 나눌 수 있다. 여러 상대가 함께 모여 있다가 둘씩 짝지어 대화에 집중하고 싶을 때는 소회의실을 만들어 활용할 수 있다. 이러한 디지털 도구를 활용하면 하브루타를 하는 과정을 녹화하여 대화를 다시 한번 분석하고 성찰할 수 있다.

아래 QR 코드를 인식하여 수업 활동지를 내려 받아 활용할 수 있습니다.

2 가치 수직선 토론

가치 수직선(value continuum) 토론은 가치에 대한 개인의 의견을 수직선 위에 표시함으로써 가치 판단을 경험하고 정도를 표현하는 토론 방법이다. 가치 수직선 토론은 가치 판단을 할 때 단순히 옳고 그름의 이분법적인 방법으로 표현하는 것이 아니라 가치 스펙트럼 안에서 자신의 의견을 표현하게 한다는 점이 가장 큰 특징이다. 또 학생들이 유연한 사고를 가지게 하고 가치에 대한 정도에 차이가 있음을 느낄 수 있도록 하여 가치 문제에 대한 인식의 범위를 확장하는 데 목적을 둔다(박창균 외, 2021).

가치 수직선 토론은 학생들이 여러 가지 가치 문제에 대한 가치 판단의 경험을 하게 하고 이를 통해 자신의 가치관을 형성하는 데 도움을 준다. 가치 수직선 토론에서는 찬반으로 이분된 전통적인 토론과는 달리 문제 상황에 대한 판단 기준점이 여러 개이다. 따라서 '옳다/옳지 않다' 사이의 다양한 기준점에서 나의 입장을 선택하는 과정을 통해 판단 기준에 대한 숙고의 과정을 유도한다.

수업 진행 과정

step 1 가치 문제를 제시한다.

판단이 필요한 가치 문제의 상황을 제시한 다음 대립하는 가치에 대해 의논한다. 이때 판단을 복잡하게 하기 위해 필요에 따라 문제 상황에 대한 추가 설명을 제시할 수 있다. 예를 들어 토끼와 거북이의 경주 이야기에서 자고 있는 토끼를 깨우지 않은 거북이의 행동이 옳은지에 대한 문제를 제시할 때 인물이 처한 상황에 대한 추가 정보를 제공할 수 있다.

step 2 판단의 기준을 제시한다.

가치 판단의 기준점을 수직선에 제시한다. 이때 기준점은 '0~5'의 수치로 제시할 수도 있고 '매우 옳다-옳다-보통-옳지 않다-매우 옳지 않다' 등의 척도로 제시할 수도 있다.

step 3 개인별 의사를 결정하고 처음 의견을 수직선에 표시하게 한다.

가치에 대한 학생 개개인의 의사를 결정한다. 이때 반드시 가치 판단의 근거와 함께 제시할 수 있도록 안내한다. 그리고 개인별 처음 의견을 수직선 위에 나타낸다.

step 4 선택한 가치에 대한 의견을 공유하도록 한다.

가치 수직선에 나타난 처음 의견의 분포 정도를 확인하고 선택한 가치에 대한 학생들의 입장과 그렇게 생각한 이유를 들어본다. 수직선에 나타난 가치 판단의 결과는 승패의 결과가 아님을 설명한다.

step 5 최종 의견을 정하게 한다.

토론 후 입장에 변화가 있는 학생은 가치 수직선에 자신의 의견을 옮겨 변경된 위치를 표시한다. 이때 의견이 달라진 학생들이 있다면 최종 선택에 대한 이유를 공유한다.

학생 참여 과정

1	2	3	4	5
가치 문제를 확인한다.	수직선에 나타난 가치 판단의 기준을 확인한다.	자신의 처음 의견을 정하고, 수직선에 표시한다.	선택한 가치에 대한 친구들과 의견을 공유한다.	최종 의견을 선택한다.

퍼실리테이션 방안

토의·토론 수업에 적용할 때? 가치 수직선 토론은 두 가지 이상의 가치가 충돌하는 주제의 수업에 적합하다. 토론 주제는 인류의 보편 가치에 위배되거나 찬반이 극명하게 갈리는 주제보다 선택하기 어려운 가치가 내재되어 있는 것이 적합하다. 예를 들어 '선의의 거짓말은 언제나 옳은가?', '초등학생이 sns를 하는 것은 바람직한가?' 등의 주제를 제시할 수 있다. 가치 수직선 토론은 인물의 행동에 대한 가치 판단을 내리는 활동을 통해 독서 토론 활동으로도 활용할 수 있다.

토론 전 유의할 점은? 가치 수직선의 목적은 가치에 대한 판단이 사람마다 다를 수 있음을 수용하고, 다양한 의견을 존중하는 경험을 통해 유연한 사고를 기르는 데 있다. 따라서 소수의 의견에 대해 비난하지 않도록 허용적인 분위기를 조성하고 처음 선택과 최종 선택이 달라질 수 있음을 토론 활동 전 학생들에게 안내한다.

사회자의 역할은? 학생의 의견이 한쪽으로 치우치는 경우 사회자(교사)가 다른 측면에서 생각할 수 있도록 반대 의견을 의도적으로 제시할 수 있다. 또는 가치 문제의 상황을 복잡하게 하여 학생들로 하여금 다양한 의견을 제시할 수 있도록 유도한다.

가치 수직선 토론을 수업에 활용한 예시는? 다음은 가치 수직선 활동 결과를 나타낸 그림이다. 자석 이름표나 붙임쪽지를 활용하여 의견을 제시할 수 있다.

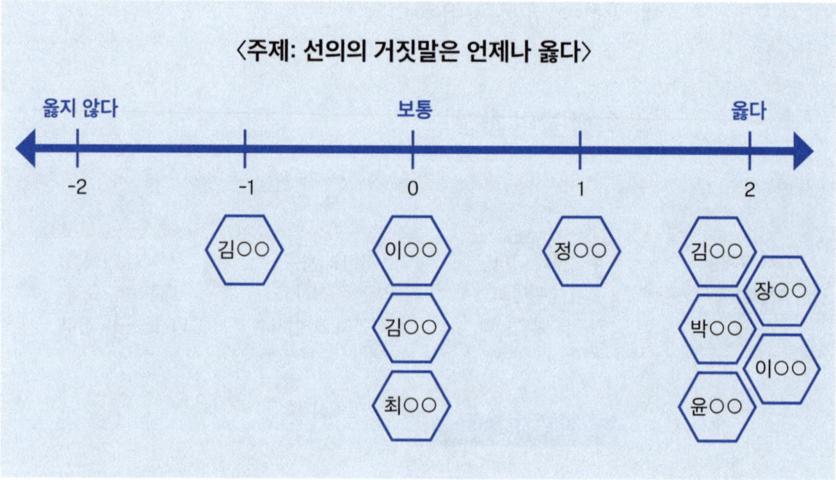

그림 4.6 토론 전 입장 정하기

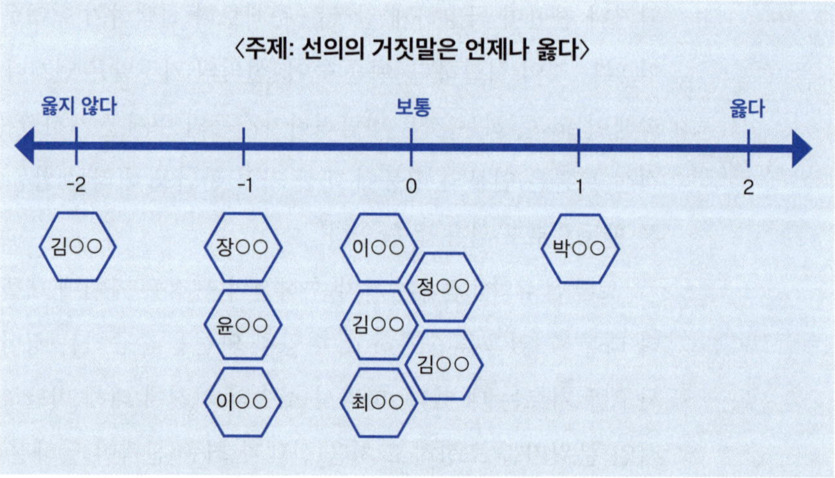

그림 4.7 토론 후 입장 정하기

아래 QR 코드를 인식하여 수업 활동지를 내려 받아 활용할 수 있습니다.

디지털·미디어 교육 연계 방안은? 가치 수직선 토론은 인물의 갈등 상황을 중심으로 토론하는 데 적합한 토론 활동이다. 따라서 드라마, 영화 등 다각적인 갈등 상황이 드러나는 자료를 감상한 다음 인물이 처한 갈등 상황과 행동에 대해 가치 수직선 활동을 적용하여 토론할 수 있다. 또 온라인 협업 플랫폼 중 하나인 패들렛의 담벼락 기능을 이용하면 디지털 연계 가치 수직선 토론 수업을 진행할 수 있다.

3 신호등 토론

신호등 토론이란 참여자들이 신호등 색깔(빨강, 노랑, 초록)의 카드를 가지고 토론을 전개하는 가벼운 게임식 토론 방법이다. 토론 참여자들이 토론 주제에 대하여 찬성 의견일 경우 초록색 카드를, 반대일 경우 빨간색 카드를 들어 보이고, 판단이 서지 않거나 중립인 경우 노란색의 카드를 들어 자신의 의견을 표시한다. 신호등 토론에서는 중립의 노란색 카드를 들고 있는 참가자의 의견도 주의 깊게 들어볼 필요가 있고, 모든 참가자들에게 골고루 의견을 발표할 기회를 충분히 제공해야 한다(송창석, 2003). 신호등 토론은 반론 및 심문을 통한 의견 꺾기보다는 주제에 대한 참가자들의 생각을 공유하거나 발표력을 키워주기에 적합한 토론 방법이다. 또 여러 사람의 의견을 듣고 최종 의견을 변경할 수 있기 때문에 인식의 지평을 확장하는 데 도움을 줄 수 있다.

수업 진행 과정

step 1 모든 참가자에게 빨강, 노랑, 초록의 신호등 카드를 나누어 준다.

학생들에게 3장의 신호등 카드를 나누어 주고 각각의 카드가 의미하는 바를 알려준다(빨강: 반대, 노랑: 중립, 초록: 찬성). 노란색 카드의 중립 의견도 반드시 토론에 참여해야 함을 사전에 안내한다.

step 2 주제를 제시하고 처음 의견을 신호등 카드로 표시하게 한다.

주제에 대해 찬성 의견일 경우 초록, 반대는 빨강, 판단이 잘 서지 않는 경우 노란색의 카드를 들어 보인다. 이때 모든 학생이 참여할 수 있도록 한다.

step 3 사회자가 참가자들을 지목하여 의견과 근거를 공유하도록 한다.

사회자는 참여자들의 처음 의견 결과를 공유하고 찬성, 반대 의견을 표시한 사람을 균형 있게 지목하며 질문을 던진다. 또 중립 의견을 제시한 참여자에게도 반드시 이유와 함께 의견을 제시할 기회를 부여한다.

step 4 상대편 의견에 대해 반론 제기의 시간을 제공한다.

서로 상대편의 의견에 대해 반론을 제기하거나 궁금한 점을 질문하도록 한다. 반박하기 과정은 학생의 수준과 토론 주제에 따라 생략할 수 있다.

step 5 참여자들의 최종 의견을 선택하여 신호등 카드로 표시하게 하고, 결과를 정리한다.

주제에 대한 최종 의견을 카드로 나타내고 결과를 정리한다. 최종 의견이 처음과 바뀐 학생이 있다면 바뀐 이유를 다른 참여자들과 공유한다.

학생 참여 과정

1		2		3		4		5
신호등 카드의 의미를 확인한다.	▶	주제를 확인하고 처음 의견을 표시한다.	▶	의견과 근거를 발표한다.	▶	상대편 의견에 반론을 제시한다.	▶	최종 의견을 선택하고 결과를 확인한다.

퍼실리테이션 방안

토의·토론 수업에 적용할 때? 신호등 토론을 수업에 적용할 때 주의해야 할 점은 중립, 즉 판단의 유보를 인정해야 한다는 점이다. 중립은 양측의 의견을 모두 제시해 주는 한편 최종 선택에서 의견을 수정할 가능성이 가장 많기 때문에 토론 중 중립의 의견을 존중하고 그 이유도 함께 들어 봄으로써 토론을 더욱 흥미롭게 진행할 수 있다.

학생 자리 배치는? 신호등 토론은 토론 주제에 대해 카드를 통해 간편하게 의견을 제시하고, 다른 사람들의 의견을 즉각적으로 확인할 수 있다는 장점이 있다. 따라서 책상의 배열 형태는 가능하면 학생들이 신호등 카드를 들었을 때 서로의 의견을 즉각적으로 확인할 수 있도록 원형 또는 'ㄷ'자의 형태로 배열하는 것이 좋다.

사회자의 역할은? 신호등 토론은 정답을 찾거나 승패를 가르는 데 목적이 있는 것이 아니기 때문에 사회자(교사)가 토론 주제에 대해 결론을 내리거나 토론 결과에 대해 승패를 나누어 평가하는 것은 적절하지 않다. 따라서 사회자(교사)는 어느 쪽의 의견이 많다고 결론 짓기보다 참가자들의 다양한 의견을 들어보는 것이 중요하다.

디지털·미디어 교육 연계 방안은? 줌(Zoom)이나 구글 미트(Google meet) 등을 활용한 온라인 비대면 수업에서 신호등 토론을 적용하기 위해서는 의견을 제시하는 방법을 미리 정해야 한다. 학생들에게 미리 빨강, 노랑, 초록의 색종이를 준비하도록 안내하거나 색종이가 없다면 해당 색깔의 물건을 준비하는 것도 방법이 된다. 토론의 결과는 채팅 기능을 활용하여 제시할 수 있다. 또 패들렛과 같은 온라인 플랫폼을 활용하는 경우 제시하는 의견의 글자 색이나 붙임쪽지 색깔을 빨강, 노랑, 초록 등으로 수정하여 수업에 적용할 수 있다.

아래 QR 코드를 인식하여 수업 활동지를 내려받아 활용할 수 있습니다.

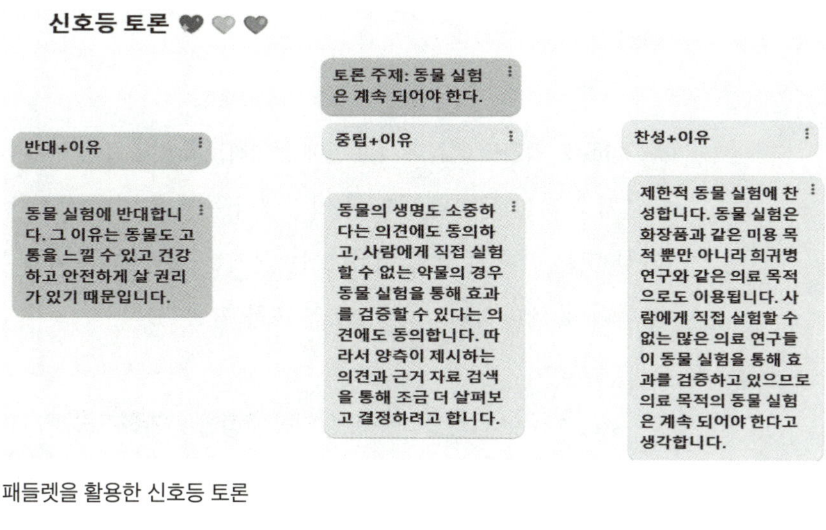

패들렛을 활용한 신호등 토론

4 협력적 찬반 토론

협력적 찬반(pro-con) 토론은 교육 심리학자인 존슨 형제(Johnson & Johnson, 1994)가 개발한 협력 학습 모형에 토대를 둔 것으로 프로콘 토론이라고 한다. 프로(Pro)는 찬성, 콘(Con)은 반대를 의미하며 모둠 내에서 학생들이 찬성과 반대, 두 입장을 모두 경험해 보는 토론 방법이다(정문성, 2021). 협력적 찬반 토론은 찬반 대립 토론을 하는 과정이 최종 의사 결정을 하기 위한 과정이 되며 두 입장에서 서로 다른 주장에 대한 근거를 충분히 경험할 수 있기 때문에 주제에 대해 보다 객관적이고 정확한 판단을 내릴 수 있다는 장점이 있다.

수업 진행 과정

step 1 모둠 내에서 찬성, 반대 입장을 정하도록 한다.

주어진 주제를 확인하고 모둠 내에서 찬성과 반대의 역할을 각각 정한다. 역할은 서로 바뀌므로 역할을 정하는데 너무 많은 시간을 할애하지 않도록 한다.

step 2 토론에 참여할 준비를 하도록 안내한다.

찬성과 반대의 입장에서 주장에 필요한 자료를 수집한다. 주장과의 관련성, 신뢰성, 타당성 등 다양한 측면을 고려하여 근거를 정리할 수 있도록 한다.

step 3 각자의 입장에서 토론에 참여하도록 한다.

처음 정한 찬성과 반대의 입장에서 주제에 대한 토론에 참여한다. 이때 찬성 또는 반대 주장의 이유 또는 근거를 발표한다. 예를 들어 "우리는 찬성합니다. 왜냐하면 …"식으로 발표를 할 수 있다.

step 4 서로 입장을 바꾸어 상대방 주장을 평가하도록 한다.

찬성은 반대로, 반대는 찬성으로 입장을 바꾸어 바꾼 입장에 따른 주장과 근거를 제시하고, 상대 주장에 대한 보완할 점 및 조언을 함께 이야기하며 서로가 서로의 주장에 대해 평가를 한다. 특히 "만약 내가 이 주제에 대해 찬성(또는 반대)을 주장한다면 이런 방법으로 했을 것이야."라는 식으로 상대 주장에 대해 보완해 주는 조언을 한다.

step 5 모둠 내 입장을 정하고 결과를 발표하도록 한다.

찬성과 반대의 입장을 모두 경험한 것을 바탕으로 찬성 주장의 장단점, 반대 주장의 장단점을 정리한다. 그 후 모둠 전체의 입장을 최종 정리하여 발표한다.

학생 참여 과정

1	2	3	4	5
주제를 확인하고 모둠 내에서 찬성과 반대의 역할을 정한다.	찬성과 반대의 입장에서 토론에 필요한 자료를 수집한다.	각자의 입장에서 토론에 참여한다.	서로 입장을 바꾸어 바꾼 입장에 따른 주장과 근거를 제시하고, 상대방의 주장에 대해 보완할 점 및 조언을 함께 나눈다.	찬성과 반대의 입장을 모두 경험한 것을 바탕으로 각입장의 장단점을 정리한다. 그 후 모둠의 전체 입장을 정리하여 발표한다.

퍼실리테이션 방안

토의·토론 수업에 적용할 때? 협력적 찬반 토론은 다양한 토론 수업에 적용할 수 있다. 예를 들어 신호등 토론을 할 때에도 찬성과 반대의 입장을 정해 토론을 한 후 처음 정한 입장을 바꾸어 주제에 대해 생각해 볼 기회를 제공함으로써 사고의 폭을 넓힐 수 있다. 모둠 내에서 진행할 수 있지만 학교 및 학급 단위의 문제를 해결하기 위해 학교 및 학급 단위 전체를 반으로 나누어 찬성과 반대의 입장을 모두 경험해봄으로써 학생들이 문제(주제)에 대해 좀 더 객관적이고 논리적인 시각으로 바라볼 수 있는 기회를 제공할 수 있다.

협력적 찬반 토론이 가진 장점은? 협력적 찬반 토론은 일반적인 토론처럼 상대의 논리적 모순이나 오류를 찾아내서 비판하고 자신의 주장을 강화하는 것이 아니라, 상대의 주장에 대한 비판, 수정, 조언, 평가를 해야 한다. 즉 모둠 안에서 상대가 주장을 발표할 때 긍정적이고 협동적인 마음가짐으로 경청하여 토론에 참여하게 되는 점이 가장 큰 장점이다. 또한, 일반적인 토론 대회에서는 제비뽑기 등으로 찬성과 반대의 입장을 정하게 되는데, 협력적 찬반 토론을 적용하여 양쪽 입장에서 다양한 주장과 근거를 펼치는 방식으로 활용할 수도 있다.

협력적 찬반 토론 진행 시 유의할 점은? 협력적 찬반 토론에서는 찬성과 반대가 분명한 토론 주제를 선정해야 하며, 토론 시합이 아니라 찬성과 반대 양쪽을 모두 경험하고 협동적 의사 결정으로 양측 입장에서 새로운 결론을 이끌어 내는 과정임을 인지할 수 있도록 한다.

아래 QR 코드를 인식하여 수업 활동지를 내려 받아 활용할 수 있습니다.

디지털·미디어 교육 연계 방안은? 패들렛이나 구글 프리젠테이션 등을 활용하여 각 입장(찬성, 반대)에서 준비한 다양한 자료를 온라인상에 보관하여 학생들이 입장이 바뀌었을 때(찬성 → 반대, 반대 → 찬성) 반대의 입장에서 자료를 쉽고 빠르게 확인하면서 각자의 의견을 보충 및 발전시키는데 활용할 수 있다.

5 회전목마 토론

회전목마(carrousel) 토론은 놀이기구인 회전목마처럼 학생들이 계속 한 방향으로 자리를 이동해 가며 의견을 말하거나 듣는 방법이다(Ginnis, 2002). 이 토론은 구성원 모두의 참여도를 높일 수 있고, 짧은 시간 안에 의견을 교환하며 다양한 의견을 들을 수 있는 장점이 있다. 또 토론이 진행될수록 자신의 의견을 정교화하고 요약할 수 있으며, 경청의 태도와 듣고 요약하기의 능력도 길러줄 수 있다. 그리고 많은 사람들과 하는 토론에 비해 부담감이 적고, 발언의 기회가 많으므로 토론의 기본인 말하기와 듣기에 익숙해질 수 있다.

수업 진행 과정

step1 똑같은 인원수로 바깥쪽과 안쪽을 나누어 앉게 한다.

1:1로 토론을 해야 하기 때문에 가급적 인원수가 똑같은 것이 좋다. 인원이 홀수인 경우 특정 자리에서만 3명이 함께 토론을 하도록 규칙을 정할 수도 있다. 원으로 만들어 앉을 경우 책상을 모두 옮기거나 배치를 바꾸어야 하는데, 교실 여건상 원형 배치가 어려울 경우 다음 그림 4.8과 같이 모둠 좌석에서 안쪽에 앉은 학생과 바깥쪽에 앉은 학생으로 구분할 수도 있다.

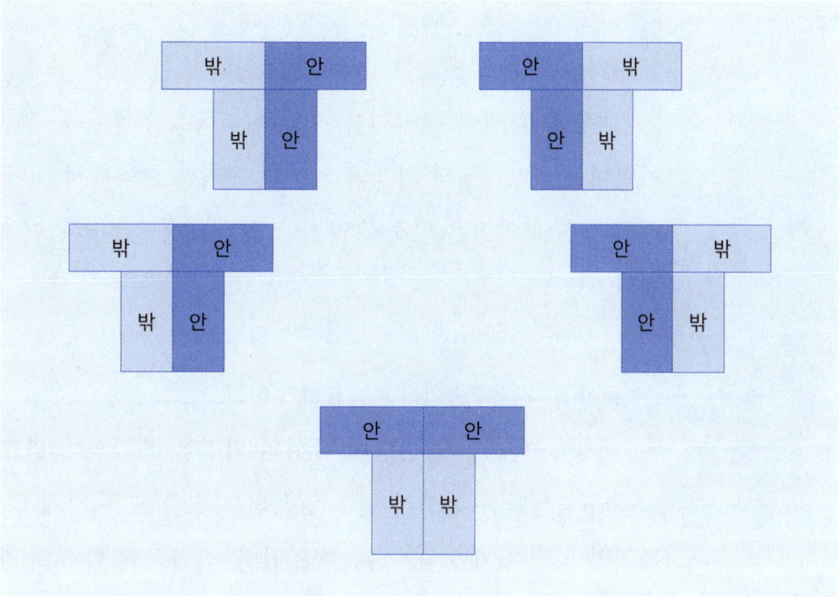

그림 4.8 회전목마 토론 자리 배치도

step2 안쪽에 있는 학생이 주제에 대한 의견을 말하게 한다.

교사가 주제를 제시하면 안쪽의 학생이 먼저 자신의 의견을 말하는데 학년의 수준에 따라 주장-이유, 주장-이유-예시 등의 형태로 이야기하게 한다. 예를 들어 '인터넷 실명제'에 대해 이야기 한다면 '나는 인터넷 실명제에 대해 찬성한다. 왜냐하면 무분별한 악성 댓글로 인한 피해 사례가 점점 커지고 있기 때문이다.'라는 예시를 보여 주는 것도 좋다. 이때 바깥 학생은 메모를 하는 등 경청할 수 있는 방법을 마련하는 것도 좋다. 시간을 사전에 공지하는 데 2~3분 정도의 시간이 적당하다.

step 3 바깥 학생은 자리를 옮겨 자신이 들은 의견을 안쪽 학생에게 말하게 한다.

정해진 시간이 끝나면 바깥에 앉은 학생들만 이동을 한다. 이동을 하는 방법은 여러 가지가 있을 수 있는데 1칸 이동하기, 2칸 이동하기 등으로 칸을 정할 수도 있고, 걸어가게 하다가 '그만'이라고 외치고 그때 앞에 있는 짝과 다시 대화를 나눌 수도 있다. 바깥쪽 학생은 새로 만난 안쪽 학생에게 이전에 들은 내용을 요약해서 말해 준 후 추가로 그 주장을 보완하도록 요구하게 한다. 보완은 근거를 보충할 수도 있고, 다른 근거를 제시할 수도 있다. 하지만 토론에 적용할 경우에 반대 의견은 말하지 않게 한다.

step 4 같은 토론을 한 차례 더 반복한다.

바깥쪽 학생이 이야기를 전달하는 똑같은 활동을 한 번 더 진행하되, 이번에는 앞서 2명의 학생의 의견과 근거를 요약해서 전달한다. 바깥쪽 학생은 자신의 의견은 말하지 않지만 들은 내용을 정리하며 자료를 수집하게 된다.

step 5 내용을 종합하여 발표하게 한다.

바깥쪽 학생은 총 3명의 학생의 의견을 종합하여 발표한다. 정리하면 안쪽의 학생들은 찬성과 반대 양쪽의 주장을 모두 하게 될 수도 있고 한쪽 측면만 의견을 제시하게 될 수도 있다. 바깥쪽의 학생은 찬성 혹은 반대의 의견만 듣고 종합하게 된다. 찬성 쪽 의견을 들은 학생과 반대쪽 의견을 들은 학생을 1명씩 발표시키면 최대 6명의 의견을 들을 수 있다.

학생 참여 과정

1		2		3		4		5
자신의 자리가 안쪽인지, 바깥쪽인지 확인한다.	▶	안쪽의 학생은 주제에 대한 의견을 말한다. 바깥쪽 학생은 메모를 하며 경청한다.	▶	정해진 시간이 끝나면 바깥쪽 학생들은 다른 자리로 이동하여 자신이 들은 내용을 안쪽 학생에게 말한다.	▶	새로 만난 안쪽 학생이 주제에 대한 의견을 다시 말한다. 바깥쪽 학생은 2명의 의견과 근거를 요약하여 기억한다.	▶	한 번 더 반복하여 총 3명과 의견을 교환하면 바깥쪽 학생이 의견을 종합하여 발표한다.

토의·토론 수업에 적용할 때? 자신의 의견과 근거를 제시할 때 학년 수준에 따라 간단히 주장만 말하게 하는 것부터 PREP 기법으로 말하기를 연습하는 수준까지 다양하게 활용할 수 있다. 전체 토론의 단점은 말하기 기회를 나누어 갖기 때문에 자신의 의견을 펼칠 기회가 충분하지 않다는 점이다. 그러므로 전체 토론 이전에 회전목마 토론을 진행해서 말하기 연습을 하게 하는 것도 좋은 방법이다.

바깥 학생은 계속 듣기만 해야 하는가? 회전목마의 장점은 짧은 시간에 많은 학생을 1:1로 만난다는 것이다. 첫 번째 만남에서 서로 자신의 주장을 말하고 듣게 할 수 있다. 두 번째 만남은 첫 번째 만남에서 나눈 이야기를 토대로 자신의 주장과 근거를 더 정교화하여 다시 펼쳐 보게 할 수 있다. 말하기와 듣기를 구분하여 지도하는 것이 효과적일 때는 위의 방법이, 통합적으로 지도할 때에는 서로 듣고 말하게 하는 방법이 더 유용할 것이다.

이동 순서를 이해하기 위한 도움자료는? 회전목마 토론은 갤러리 워크와 마찬가지로 이동 순서나 토론 방법을 이해하기 다소 어려울 수 있다. 아래 그림을 학생들에게 참고로 제시하면 이해를 도울 수 있다.

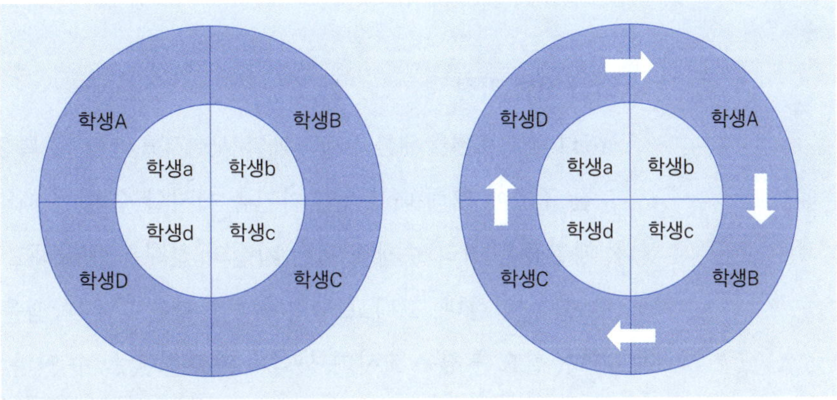

그림 4.8 회전목마 토론 이동 순서

토의 수업에 적용한다면? 회전목마는 토론이 아닌 토의에서도 활용할 수 있으며, 이 경우 이동 횟수도 3회로 제한할 필요가 없다. 정해진 시간 동안 의견을 나누고, 다른 장소로 이동하여 다른 사람과 다시 의견을 나누는 회전목마 이동 방법은 학생들이 움직임과 반응을 통해 새로운 정보를 배우거나 기존 정보를 검토하는 데 효과적이다.

6 패널 토론

패널 토론(panel discussion)은 특정한 주제에 대해 상반된 견해나 입장을 가진 토론 참가자(패널)들이 논쟁하는 방식을 취하는 토론 방법이다(장경원 외, 2018). 토론 주제에 대하여 대립되는 입장을 지니면서, 풍부한 지식과 경험을 가진 일정한 수의 대표자들이 사회자의 진행에 따라 토론을 진행한다. 패널은 개별적인 견해와 뒷받침할 만한 정보를 수집하여 토론에 참여하고 주제에 관한 여러 가지 사실과 새로운 관점을 청중들에게 제시한다. 이를 통해 비교적 복잡하고 전문적인 문제를 여러 국면에서 고찰하고 다양한 전문가로부터 세밀한 정보와 경험을 수집하여 주제에 대한 좋은 관점을 가질 수 있게 된다. 패널 토론에서 청중은 기본적으로 패널들의 토론을 경청하는 입장이지만 경우에 따라서 발언권을 얻어 질문을 하거나 의견을 말하기도 한다.

수업 진행 과정

step 1 패널 토론을 위한 주제와 패널, 사회자를 결정하도록 안내한다.

토론 주제에 대해 대표적인 의견을 제시할 수 있는 패널을 4~8명 선정한다. 패널들은 미리 주제에 대한 자신의 견해를 준비하고 뒷받침할 수 있는 정보를 수집한다. 그리고 사회자의 역할을 맡은 학생을 정하고 충분히 훈련한다. 필요한 경우 교사가 사회자 역할을 맡을 수 있다.

step 2 패널 토론을 위해 자리를 배치한다.

패널들은 청중들과 비슷한 높이로 나란히 좌석을 마련하고 모든 참석자는 서로 마주 볼 수 있도록 원형으로 자리하여 사회자와 패널, 청중이 서로 잘 보이도록 한다. 특히 균형 있는 토론이 가능하도록 중심을 잡는 사회자는 중앙에 위치하는 것이 좋다.

step 3 사회자의 진행에 따라 1차 토론을 진행하게 한다.

사회자는 패널마다 2분 동안 1차 발언 기회를 제공한다. 말하기를 희망하는 패널에게 먼저 발언권을 주고 반대 측 입장을 가진 패널 중 한 사람에게 다음 발언의 기회를 준다. 다음 발언을 위한 지원자가 없을 시 앞 발언자가 지명한다. 찬성과 반대 측 모두가 번갈아 가면서 공평하게 주어진 시간 동안 발언하도록 한다.

step 4 청중의 질의 시간을 갖게 한다.

사회자는 논의된 내용을 간단히 정리해서 토론이 어떻게 진행되고 있는지를 청중에게 전달한다. 그리고 청중들에게 발언할 기회를 제공하여 질문을 하거나 의견을 말할 수 있도록 한다. 청중의 질문을 받은 패널은 청중의 질문에 답한다.

step 5 사회자의 진행에 따라 2차 토론을 진행하게 한다.

사회자는 패널들에게 2차 발언의 기회를 준다. 2차 발언은 희망자만 발언하며 1차 발언에서 빠진 말이나 새롭게 나타난 논쟁거리, 1차 발언을 종합하여 더 나은 대안을 찾아서 말한다.

step 6 청중의 투표로 토론의 승패를 결정하고 정리하도록 안내한다.

근거 자료의 적절성, 표현의 유창성과 설득력, 참여의 적극성 등을 기준으로 삼아 청중들은 패널 중 한 팀에 투표한다. 투표에 따라 토론의 승패가 결정된다. 교육적 관점에서 토론 과정과 결과에서 의미를 찾고 정리하는 시간을 갖는다.

학생 참여 과정

1. 사회자와 패널을 맡은 학생들은 토론에 참여할 준비를 한다. ▶
2. 사회자, 패널, 청중은 배치된 자리에 앉는다. ▶
3. 찬성과 반대측 패널은 2분 간 1차 발언을 한다.
4. 청중은 패널에게 질문을 하거나 자신의 의견을 밝힌다. ▶
5. 희망하는 패널은 2차 발언의 기회를 갖는다. ▶
6. 청중은 패널 중 한 팀에게 투표하여 승패를 결정하고 토론을 정리한다.

퍼실리테이션 방안

토의·토론 수업에 적용할 때? 교실에서 패널 토론을 진행하면 다른 학생들과 차별화된 전문성을 가진 패널을 찾기가 쉽지 않다. 따라서 패널이 되는 학생들은 부담감이 가중되고 청중이 되는 학생들은 주제에 대해 무관심해질 수 있다. 이를 해결하고자 패널 토론에 앞서서 주제에 대해 모둠 토론을 먼저 진행하고 전체 학생들이 토론에 참여할 수 있도록 할 수 있다. 모둠에서 설득력 있는 주장과 근거를 정리한 뒤 모둠 대표자를 한 명씩 뽑아 패널로 선정하고 모둠의 공통된 결론과 중요한 의미를 소개하는 방식의 패널 토론을 진행할 수 있다. 또는 패널 토의의 형식으로도 접근하여 이 문제를 해결할 수 있다. 입장에 따라 학급을 두 개의 큰 팀으로 나누어 패널을 포함한 팀의 구성원 전체가 주제에 대해 충분히 토의하며 토론을 준비한다. 이 과정들이 의미 있게 이루어져야만 청중의 역할을 맡은 학생들 역시 토론의 참여자로서 적극적인 역할 수행이 가능하다.

패널 토론에서 사회자의 역할은? 패널 토론에서는 사회자의 역할이 매우 중요하다. 사회자는 객관적 입장에서 토론을 형식에 따라 진행해야 할 뿐만 아니라, 발언의 쟁점을 요약하고 정리하여 토론의 진행 상황을 청중에게 잘 전달해야 한다. 토론이 주제에서 벗어날 경우, 다시 토론을 맥락으로 끌고 오는 역할도 해야 한다. 따라서 패널 토론 전, 사회자의 역할을 할 학생은 양 입장의 주장과 근거를 개략적으로 파악하도록 한다. 패널과 청중들에게 발언권을 제공하거나, 발언을 제한하는 기본적인 문장들을 연습하는 것도 좋다. 또한 발언의 시간을 확인하는 역할을 하는 학생을 따로 두는 것 역시 사회자의 부담을 나눌 수 있는 방법이 될 수 있다.

디지털·미디어 교육 연계 방안은? 같은 공간에 있지 않아도 줌(Zoom)이나 구글 미트(Google Meet) 등 원격 화상회의 프로그램을 통해서 패널 토론을 진행할 수 있다. 물리적 공간의 크기나 장소의 제약이 사라지면 더 다양한 패널을 섭외하여 온라인으로 토론을 진행할 수 있으며 참여할 수 있는 청중의 수도 늘어난다. 최근에는 패널 토론을 진행하면서 실시간으로 송출하여 채팅을 통해 패널의 참가를 유도하는 경우도 있다. 디지털 도구를 활용하면 좀 더 폭넓은 토론 자리를 형성할 수 있다는 장점이 있으나 이를 위해 디지털 기기와 소프트웨어의 활용을 위한 기능 숙달이 필요하다.

| 더 알아보기 |

심포지엄, 세미나, 포럼

심포지엄과 포럼은 비교적 대규모로 다수의 청중을 두고 이루어진다는 공통점이 있으나 심포지엄은 전문가인 발표자 중심의 공개 강연회 성격을 띠며, 포럼은 다수의 청중들이 보다 적극적으로 참여하는 공개 토론회의 성격을 띤다는 차이점이 있다. 이들과 다르게 세미나는 소규모의 전문가들 위주로 이루어진 연구 목적의 학술 활동이다.

표 4.2 심포지엄, 세미나, 포럼의 의미

심포지엄	어떤 논제에 대하여 다양한 의견을 가진 전문가나 권위자들이 각각 강연식으로 의견을 발표한 후 청중에게 질문이나 의견을 말할 기회를 준다. 대체로 청중은 주제에 대해 전문 지식을 갖춘 사람들이지만 해당 분야를 전공하지 않은 사람도 포함될 수 있다. 대규모의 학술 행사로, 일반적으로 특정 주제에 대한 최신 연구 결과와 의견을 발표하고 논의하기 위한 목적으로 개최되며 그 기간이 며칠에서 몇 주간에 걸쳐 여러 세션으로 구성되어 이루어진다.
세미나	특정한 주제에 대하여 전문인들이 모여 독창적인 연구 결과를 발표하고, 상호 간의 토의를 통해 의문점을 깊이 있게 추구한다. 일반적으로 소규모의 학술 행사로, 주제에 대한 전문적인 지식과 정보를 공유하고 참가자들 간의 토의·토론을 통해 지식을 교류하는 것이 목적인 일종의 연구 활동이다. 소수의 주제 발표자가 발표하며, 청중과의 질문과 답변 시간이 있다. 따라서 세미나는 보통 하루 이내의 짧은 시간 동안 개최된다.

포럼	특정한 주제에 대해 관련이 있는 소수의 전문가들이 발표를 통해 의견을 말하고, 발표자의 의견에 대해 다수의 청중이 질의응답에 참여하여 의견을 종합하는 형식으로 진행된다. 발표자들은 간략한 주제 발표를 하되 강연이나 연설이 되지 않도록 하며 청중과의 적극적인 논의를 진행한다. 보통 공공의 문제를 두고 다수의 청중과 공개적으로 토론하게 된다.

7 찬반 대립 토론

찬반 대립 토론은 흔히 디베이트(debate)라고 말하는 가장 대표적인 토론 방법으로 주제에 대해 정반대의 주장을 가진 양측이 자신들의 주장이 옳음을 겨루는 일종의 토론 시합이다(정문성, 2021). 재판이 가장 대표적인 형태이다. 토론 수업에 적용할 경우 찬성과 반대의 장단점을 확인함으로써 주제에 대한 쟁점을 밝힐 수 있고, 드러난 사실과 가치를 판단하여 더 정확하게 의견을 결정할 수 있게 한다. 찬반 대립 토론은 토론의 내용보다 형식을 익히는데 더 초점이 맞춰졌으므로 '어느 쪽 입장이 옳은가'보다 '얼마나 더 주장과 근거를 잘 펼쳤는가'에 따라 판결을 하게 된다. 이 토론의 장점은 논제[6]에 대해 철저하게 연구하는 과정을 경험할 수 있으며, 토론을 준비하는 동안 계속해서 자극이 주어진다는 점이다(전병석, 2007).

찬반 대립 토론은 크게 입론, (교차)신문, 반론으로 나눌 수 있다. 입론은 상대팀의 공격에 대비해 주장과 근거를 제시하는 것으로 논리와 실제 증거를 제시하면서 핵심적인 주장을 하는 단계이다. 신문은 상대의 입론에 대해 모순이나 문제점이 있음을 부각시키는 단계이다. 반론은 여태까지 나온 입론과 신문 결과를 토대로 반박하고 최종적으로 자신의 의견을 재차 주장하는 단계이다. 전통형 디베이트, 신문형 디베이트, 토의형 디베이트

6 논제는 크게 정책 논제(~해야 한다), 사실 논제(~이다, ~인가), 가치 논제(~은 필요한 것인가?)로 나뉜다. 논제는 논지의 대립이 있는 것으로, '초등학생 아이돌 연습생 생활 금지 법안'이나 '발해는 고구려 문화를 이어받았다.', '심청이는 과연 효녀인가?' 등이 논제가 될 수 있다.

등 형태가 다양하며 각각에 따라 찬성 측과 반대 측의 심문 및 반박 순서가 조금씩 다르다.

표 4.3 토론 관련 용어 정리

용어	정의
논거	논리적인 이유와 구체적인 근거를 통해 주장이나 의견을 증명하는 것들의 총합
입론(입안)	토론 주제에 찬성 또는 반대하는 팀의 주요 논거들을 제시하는 발언, 논거의 총합
쟁점	토론에서 양측이 주장하고 반박하며 중심이 되는 이슈
논제(의제)	토론하는 주제
논박	쟁점을 두고 상대편의 주장을 논리적으로 반박하는 것
반론	상대의 주제에서 근거 불충분 등의 약점을 찾아내어 그 주장이 타당하지 않음을 증명하는 것

수업 진행 과정

step 1 토론 주제, 규칙을 제시하고 팀을 구성한다.

토론 규칙과 주제를 확인한다. 주제에 대한 자료를 검색할 때 사전에 토론 주제를 제시하여 준비할 시간을 제공할 수도 있다. 토론의 규칙은 ① 양측 참가자 수가 같을 것, ② 소요 시간이 균등하게 배분될 것, ③ 맨 처음과 마지막은 긍정 측이 변론할 것, ④ 상대방을 존중하고 예의를 지킬 것 등을 제시할 수 있다. 사회자, 토론자, 배심원(판정인)으로 나누어 역할을 정하는데 토론자의 수와 배심원의 수는 전체 인원수를 고려하여 1명, 2명, 3명 등으로 다양하게 정할 수 있다.

step 2 찬성 측이 입론을 하게 한다.

주제를 해석하고 논점(쟁점)을 분석하여 찬성 측 주장을 먼저 밝힌다. 논점을 뒷받침할 자료도 함께 제시한다. 예를 들어 '인공지능이 담임 선생님을 대신할 수 있는가'라는 주제에 대해 학습 지도, 생활 지도, 안전 문제, 비용 및 효율성 등의 논점에 대해 찬성의 이유를 근거를 들어 제시한다.

step 3 반대 측이 입론을 하게 한다.

찬성 측에 뒤지지 않게 자료와 데이터를 준비하여 반대 주장이 정당하다는 사실을 논증한다. 이미 찬성 측 주장을 들었기 때문에 임기응변적으로 변론할 수도 있다. 임기응변적 변론은 크게 2가지 방법이 있는데, 첫 번째는 찬성 측의 논리를 분석하여 오류를 지적하는 방법이고, 두 번째는 찬성 측이 미처 발견하지 못하거나 다루지 못한 논점을 제시하는 방법이다.

step 4 첫 번째 작전 타임을 제공한다.

각 팀의 발제가 끝났으므로 각 주장의 단점을 찾아 논박할 내용과 방법을 마련한다. 팀별로 다시 토의하며 질문에 대한 내용을 준비하거나 질문을 재점검한다. 예를 들어 '인공지능 담임 선생님 운영은 비용이 많이 든다.'라는 반대 측의 주장에 대해 '인간인 담임 교사 운영비와 비교하여 오히려 비용 절감의 효과가 있다.' 등의 논박 자료를 준비할 수 있다.

step 5 찬성 측이 1차 논박을 하게 한다.

처음에 주장한 발제에 대해 보충하고, 반대 발제를 비판하며 논박한다. 이때에는 반대 측의 반론을 예상하여 방어하는 주장 또한 필요하다. 정리하면 찬성 측의 주장을 강화하고 반대 측의 주장을 약화시킴과 동시에 반론을 사전에 차단하는 것이 핵심이다. 2차 논박의 기회가 있으므로 시간을 효율적으로 사용해야 한다.

step 6 반대 측이 1차 논박을 하게 한다.

찬성 측의 1차 논박과 같은 방식으로 진행된다. 단, 찬성 측의 1차 논박에 대한 내용도 함께 다룰 수 있다.

step 7 두 번째 작전 타임을 제공한다.

우리 팀과 상대 팀의 1차 논박의 내용을 되돌아보고 2차 논박을 준비하는 시간이다. 1차 논박에서 다루어지지 않은 내용 중 상대측의 오류를 지적할 만한 내용이나 우리 측의 새로운 논점을 준비한다.

step 8 찬성 측 및 반대 측의 2차 논박을 진행한다.

1차 논박과 같은 형식으로 논박을 한 번 더 진행한다. 1차 논박에서 다루어지지 않았던 내용으로 논박한다.

step 9 반대 측이 먼저 입장을 정리하게 한다. (반대 측 최종 변론)

정리는 반대 측이 먼저 하는데 이것은 찬성 측이 먼저 발제를 했기 때문이다. 이때는 여태까지의 토론 내용을 정리하여 우리의 주장이 정당하고 옳다는 것을 강조해야 한다.

step 10 찬성 측이 입장을 정리하게 한다. (찬성 측 최종 변론)

찬성 측이 먼저 발제를 하였을 때 반대 측은 찬성 측의 주장을 듣고 전략을 짜기가 용이할 수 있다. 그러므로 마지막 정리는 찬성 측이 하게 된다. 이때 찬성 측은 반대 측에서 반박한 내용이 잘못되었고 논리적 허점이 있음을 강조하며 입장을 정리한다.

학생 참여 과정

1. 토론 주제와 규칙을 확인한다. 찬성 측과 반대 측을 정한다. ▶
2. 찬성 측이 먼저 입론을 한다. 주장과 근거, 이유 등을 제시한다. ▶
3. 반대 측도 입론을 한다. 반대하는 주장과 근거, 이유 등을 제시한다. ▶
4. 첫 번째 작전 타임 동안 상대측 주장의 단점을 찾아 논박할 내용과 방법을 마련한다. ▶
5. 찬성 측이 1차 논박을 한다. 자신들이 발제한 내용을 보충하고, 상대측 발제를 비판한다.
6. 반대 측이 1차 논박을 한다. 찬성 측의 1차 논박에 대한 내용도 함께 다룬다. ▶
7. 두 번째 작전 타임 동안 2차 논박을 준비한다. 상대측의 오류를 지적할 내용을 떠올린다. ▶
8. 1차 논박과 같은 순서와 방법으로 2차 논박을 진행한다. ▶
9. 반대 측이 먼저 입장을 정리한다. 최종적으로 자신들의 주장이 옳다는 것을 강조한다. ▶
10. 찬성 측도 같은 방법으로 입장을 정리한다. 토론이 끝나면 심사위원은 평가하고 결과를 발표한다.

토의·토론 수업에 적용할 때? 대회가 아닌 수업에 적용하려면 학생들이 충분히 절차를 연습하고 토론에서 논리적으로 논박할 수 있도록 토론에 충분히 익숙해진 후에 적용하는 것이 좋다. 그러므로 저학년보다는 고학년 학생들에게 더 유용하다. 또한 학급 전체 학생이 토론에 참여하기는 어려우므로 두 팀으로 나누어 논거를 정리하고 근거를 마련할 때에는 전체 학생이 참여하되 본격적인 찬반 대립 토론에는 대표 학생을 선정하여 운영하고 나머지 학생들은 그 과정을 지켜보며 양측 논리의 허점을 찾거나 자신의 생각을 정리해 보도록 지도하는 것도 좋다. 학생들이 충분히 숙달된 경우 학급을 4~6개의 모둠으로 나누어 찬반 대립 토론을 동시에 진행시키며, 교사는 중간중간 피드백을 제공하는 형태로도 활용할 수 있다.

집단 구성의 규모와 방법은? 소집단으로 진행할 수도 있고 보다 큰 모둠으로 진행할 수도 있다. 3명이 각각 찬성, 반대, 배심원의 역할을 맡을 수도 있고, 찬성 측과 반대 측, 배심원의 수를 동등하게 늘릴 수도 있다. 팀당 3~4명을 배정하여 운영하는 것이 발언 기회를 충분하게 보장하면서 서로 내용을 보완하기 적정한 수라고 볼 수 있다.

토론으로 인해 발생할 수 있는 감정 다툼의 해결 방안은? 규칙을 정할 때 감점 요소 중 말투나 예의 등을 포함시킬 수 있고, 게임처럼 운영할 수도 있다. 찬성과 반대를 제비를 뽑아 팀을 구성할 수도 있고, 찬성을 희망하는 학생을 반대 측으로 배정하는 방법 등도 고려할 수 있다. 또 배심원에게 내용보다 형식에 집중하도록 해서, 얼마나 설득력 있는 자료를 준비하여 주장하는가를 평가하도록 하고 토론이 끝난 후에는 서로 악수하고 격려하는 등의 절차를 포함하는 것도 하나의 방법이 될 수 있다.

독서 토론으로 활용할 경우에는? 중요한 것은 매력적인 토론 주제를 마련하는 것이다. 토론 주제는 다양한 쟁점을 포함하고 있어야 한다. 독서 토론에서 토론보다도 독서에 중점을 둘 경우, 토론이 아닌 토의의 형식으로 진행되어도 좋다. 학급에서 독서 토론을 운영할 경우 책 한 권에서 몇 가지의 토론 주제를 마련하여 학생 역할을 바꾸어 가며 진행하는 것도 방법이 될 수 있다.

찬반 대립 토론의 절차를 도식화해서 나타낸다면? 찬반 대립 토론은 그 절차가 다소 복합하고 형식을 갖춘 토론 방법이다. 학생들에게 다음 표 4.4를 활용하여 절차를 설명하고 연습을 한다면 이해를 도울 수 있다.

표 4.4 찬반 대립 토론 진행 순서

순서	찬성	반대
1	찬성 측 입론	
2		반대 측 입론
3	작전 타임	
4	찬성 측 1차 반론	
5		반대 측 1차 반론
6	작전 타임	
7	찬성 측 2차 반론	
8		반대 측 2차 반론
9		반대 측 최종 변론
10	찬성 측 최종 변론	

찬반 대립 토론의 주제로 적절한 것은? 다음은 찬반 대립 토론 주제로 활용할 수 있는 예이다.

1. 돈으로 행복을 살 수 있는가?
2. 반려동물 보유세 도입, 필요한가?
3. 인터넷 실명제를 실시해야 한다.
4. 모든 범죄자의 신상은 공개해야 한다.
5. 인공지능 판사 제도를 도입해야 한다.
6. 초등학생들의 이성교제, 막아야 하는가?

8 교차 조사 토론

교차 조사 토론(반대 신문식 토론)은 현재 상태의 정책 변화를 주장하는 찬성 측과 이를 반대하는 반대 측이 2:2로 입론, 교차 조사, 반론의 발언을 개인별로 1회씩 하는 토론 방식이다(한국화법학회 화법용어해설위원회, 2014). 미국 교차조사토론협회(Cross Examination Debate Association; CEDA)에서 고안하여 'CEDA 토론'이라고도 불린다. 교차 조사 토론은 기본 토론 방법에 교차 조사를 넣어서 만든 토론 형식으로, 토론자가 상대편의 입론에 대해서 논리의 취약성이나 모순점에 대해 질문의 형식으로 공박하는 것을 의미한다. 토론자가 질문하기 위해서는 상대의 주장을 경청하면서 주요 내용을 메모하고, 그 정확한 내용을 근거로 질문해야 오류에 빠지지 않을 수 있다. 교차 질의 과정이 포함된 퍼블릭 포럼 디베이트(Public Forum Debate)와 많이 비교된다. 퍼블릭 포럼 디베이트가 찬성과 반대 양측 모두 입증에 대한 책임을 가지고 있는 토론 모형이라면 교차 조사 토론은 찬성 측은 입증에, 반대 측은 반증에 중점을 두는 차이가 있다.

토론은 2:2 혹은 4:4 토론으로 주로 진행되며, 교차 조사가 있기 때문에 처음에는 어렵게 느껴질 수 있으므로 기본적인 찬반 대립 토론을 익힌 후 도입하는 것이 좋다. 단계는 크게 찬성 측 입론-교차 조사-반론으로 나뉘며 2:2 토론으로 진행할 경우의 단계를 나타내면 다음 표 4.5와 같다.

표 4.5 2:2로 진행되는 교차 조사 토론 진행 단계

긍정 측		부정 측	
제1 찬성자	제2 찬성자	제1 반대자	제2 반대자
① 입론			② 교차 조사
④ 교차 조사		③ 입론	
	⑤ 입론	⑥ 교차 조사	
⑧ 교차 조사			⑦ 입론
⑩ 반론		⑨ 반론	
	⑫ 반론		⑪ 반론

수업 진행 과정

step 1 토론 구성원의 역할에 대해 설명하고, 토론 환경을 조성한다.

찬성 측과 반대 측을 각각 동일한 수로 배치하고, 사회자를 정한다. 경우에 따라 교사가 사회자를 담당할 수 있다. 계측자를 정하여 각 토론 단계마다 정해진 시간을 안내하게 하고, 토론 내용을 요약하여 작성하도록 한다. 토론에 직접 참여하지 않는 인원은 판정자로 참여하게 한다. 원활한 토론 진행을 위해 아래 그림 4.9를 참고하여 책상을 배치한다.

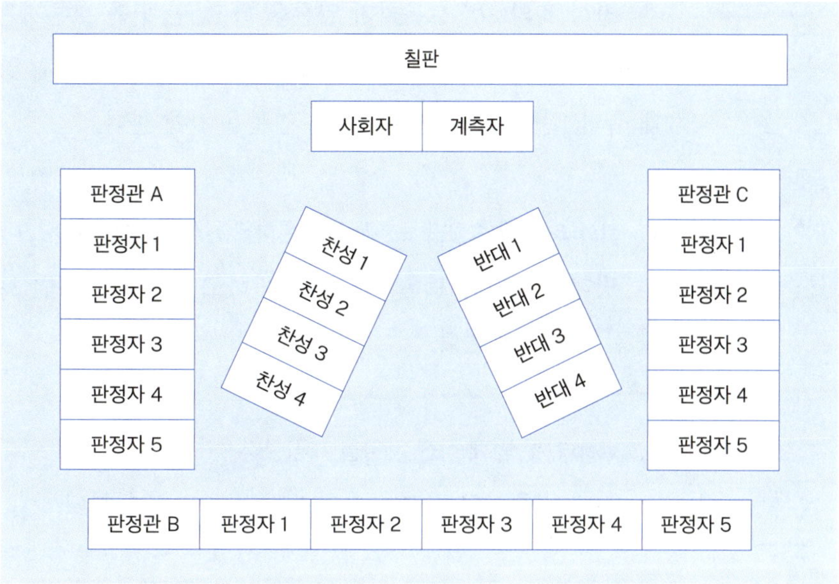

그림 4.9 교차 조사 토론 자리 배치

step 2 찬성 측 1번 토론자가 입론하고 반대 측 2번 토론자가 교차 조사한다.

찬성 측 1번 토론자가 입론을 하면 그 내용에 대해 반대 측 2번 토론자가 교차 조사 질문을 한다. 이 때 입론 시간은 교차 조사 시간보다 길게 제공하는 것이 대부분이며 교차 조사 시간은 3분 정도가 일반적이지만 수준과 주제에 따라 다를 수 있다.

step 3 반대 측 1번 토론자가 입론하고 찬성 측 2번 토론자가 교차 조사한다.

이번에는 반대 측 1번 토론자가 반대 입장에 대해 입론을 한다. 찬성 측은 경청한 후 찬성 측 2번 토론자가 반대 측 입론의 논리적 취약성을 드러내는 질문을 하게 한다.

step 4 첫 번째 작전 타임을 제공한다.

작전 타임은 5분, 3분, 1분 순으로 뒤로 갈수록 적은 시간을 주거나 각 2분씩을 줄 수 있다. 시간은 대회의 성격과 방침에 따라 달라질 수 있다.

step 5 찬성 측 2번 토론자가 입론하고 반대 측 1번 토론자가 교차 조사를 한다.

찬성 측의 2번 토론자가 입론을 하고, 반대 측 토론자는 상대방의 입론 내용을 간단히 기록하며 교차 조사할 내용을 마련한다. 입론이 끝나면 반대 측의 1번 토론자가 교차 조사 질문을 하게 한다.

step 6 반대 측 2번 토론자가 입론하고 찬성 측 1번 토론자가 교차 조사를 한다.

반대 측의 2번 토론자가 입론을 하고 찬성 측의 1번 토론자가 교차 조사 질문을 하게 한다.

step 7 두 번째 작전 타임을 제공한다.

서로의 주장의 허점을 찾아 반론을 준비하게 한다.

step 8 반대 측 1번 토론자가 반론을 펼친 후 찬성 측 1번 토론자가 반박한다.

반론은 반대측이 먼저 펼치게 한다. 자신들의 주장을 보충하거나 상대측의 발제를 비판하는 단계이다.

step 9 반대 측 2번 토론자가 반론을 펼친 후 찬성 측 2번 토론자가 반박한다.

위의 단계를 2번 토론자가 다시 한번 반복한다.

step 10 토론 결과를 판정한다.

판정자는 채점기준표 등을 활용하여 판정한다.

학생 참여 과정

1	2	3	4	5
토론 주제와 규칙을 확인한다. 찬성 측과 반대 측을 정한다. ▶	찬성 측 1번 토론자가 입론을 하고, 반대 측 2번 토론자가 교차 조사를 한다. ▶	반대 측 1번 토론자가 입론을 하면 찬성 측 2번 토론자가 교차 조사를 한다. ▶	첫 번째 작전 타임동안 논박할 내용을 준비한다. ▶	찬성 측 2번 토론자가 입론을 하면 반대 측 1번 토론자가 교차 조사를 한다.

6	7	8	9	10
반대 측 2번 토론자가 입론을 하면 찬성 측 1번 토론자가 교차 조사를 한다. ▶	첫 번째 작전 타임동안 서로의 주장의 허점을 찾아 반론을 준비한다. ▶	반대 측 1번 토론자가 반론을 펼치면 찬성 측 1번 토론자가 반박한다. ▶	반대 측 2번 토론자가 반론을 펼치면 찬성 측 2번 토론자가 반박한다. ▶	판정자가 채점 기준표를 활용하여 판정하고 심사 결과를 발표한다.

퍼실리테이션 방안

토의·토론 수업에 적용할 때? 교차 조사 토론은 앞서 기술한 찬반 대립 토론처럼 토론 시합의 한 형태이므로 일반 수업보다 대회에 더 유용하다. '토론에서 이기고 친구는 잃는다'는 말이 있듯이, 교차 조사 과정에서 학생들이 감정적 상처를 입을 수 있으므로 일반 수업에서는 활용하지 않는 편이 좋다. 만약 수업에 적용하려면 이 자체를 하나의 프로젝트처럼 운영하는 방안도 고려해 볼 수 있다. 짧은 차시가 아니라 국어과의 1개 단원을 재구성하여 교차 조사 토론 방법을 배우고, 여러 가지 주제를 통해 교차 조사의 논리적 방법을 충분히 연습한 후 토론 대회를 개최하는 것이다. 그만큼 다른 토의·토론 기법들에 비해 준비나 연습이 많이 필요한 방법이라고 할 수 있다.

규칙을 변형할 경우에는? 2:2와는 다르게 4:4 토론으로 운영할 경우 입론은 1번 토론자만 하고 반론과 교차 조사를 2, 3번 토론자가, 최종 발언을 4번 토론자가 하는 방식으로 운영할 수 있다. 단, 앞서 기술한 것처럼 교차 조사 토론 모형은 교차 조사 때문에 학생들이 다소 어려워할 수 있으므로 교차 조사가 포함되어 있지 않은 모형을 먼저 연습한 후 적용하는 것이 좋다.

판정에서 활용할 수 있는 도구는? 토론 판정자를 활용하여 판정단도 토론에 적극적으로 참여할 수 있다. 토론 판정지는 토론의 단계를 한눈에 파악하며 찬성팀과 반대팀이 어떤 입론과 발론, 교차 조사를 하였는지를 기록하는 도구이다. 예시는 다음 표 4.6과 같다.

표 4.6 교차 조사 토론 판정지

<table>
<tr><th colspan="2">찬성팀</th><th colspan="2">반대팀</th><th>판정관</th></tr>
<tr><td></td><td></td><td></td><td></td><td></td></tr>
<tr><td colspan="5">논제 :</td></tr>
<tr><td></td><td colspan="2">찬성</td><td colspan="2">반대</td></tr>
<tr><td>입론</td><td colspan="2"></td><td colspan="2"></td></tr>
<tr><td rowspan="2">반론1</td><td colspan="2"></td><td colspan="2">[교차 조사]</td></tr>
<tr><td colspan="2">[교차 조사]</td><td colspan="2"></td></tr>
<tr><td rowspan="2">반론2</td><td colspan="2"></td><td colspan="2">[교차 조사]</td></tr>
<tr><td colspan="2">[교차 조사]</td><td colspan="2"></td></tr>
<tr><td>최종발언</td><td colspan="2"></td><td colspan="2"></td></tr>
</table>

3부 토의·토론의 적용 및 실천

5장

주제 중심 국어과 토의·토론 수업

국어과 영역 통합형 토의·토론 수업 실천하기

2022 개정 국어과 교육과정에서는 개정의 핵심 키워드로 '깊이 있는 학습'과 '삶과 연계한 학습'을 강조하고 있다. '깊이 있는 학습'이란 높은 수준의 사고와 교과 학습을 통해 형성한 지식을 적용, 확장, 실천하는 것을 가능하게 하는 것을 말한다. '삶과 연계한 학습'이란 학습자에게 실생활 맥락 속에서 교과 내용을 활용할 수 있는 기회를 제공해야 한다는 것을 의미한다(교육부, 2022). 토의·토론 기반의 수업은 일상생활에서 마주할 수 있는 여러 문제에 대해 학습자가 주도적으로 참여하고, 학습한 내용을 적용, 확장, 실천할 수 있게 한다는 점에서 국어과의 교과 학습에서도 다양하게 활용할 수 있다.

이 장에서는 국어과의 여러 영역을 통합하여 토의·토론 수업을 실천하는 사례 및 방안을 세 가지 주제로 나누어 살펴보고자 한다. 2부에서 살펴본 토의·토론의 다양한 기법(3장)이나 방법(4장)을 활용하여 국어과의 다양한 영역 성취기준을 달성할 수 있도록 주제를 선별하였다. 제시된 예시는 학급 상황 및 학생들의 수준에 따라 주제의 범위나 학습 활동 내용 등을 유동적으로 변경하여 활용할 수 있다.

먼저, 이야기 속 인물에 대한 토의·토론 수업에서는 저학년 수업에서 적용 가능한 국어과 성취기준을 살펴보고 그림책 『슈퍼 거북』을 예시로 수업에서 활용할 수 있는 다양한 토의·토론 기법과 방법들을 담고 있다. 1~2학년군 수업에서는 토의·토론에 대한 절차와 규칙보다는 문학 작품을 바탕으로 상대방의 이야기를 경청하고 말차례를 지켜 대화하는 활동에 중점을 두었다. 다음으로 일상생활의 문제 상황에 대한 토의·토론 수업에서는 3~4학년군을 대상으로 인터넷 기사나 뉴스 매체 등을 활용하여 우리 생활 주변에서 일어나는 여러 가지 문제를 다양한 토의·토론 기법이나 방법을 통해 해결하는 방법을 담고 있다. 마지막으로 사회 문제에 대한 토의·토론 수업에서는 5~6학년군을 중심으로 토의·토론 기법이나 방법을 활용한 수업의 예시를 제시하였다. 고학년 수업에서는 일상생활의 문제에서 범위를 확장하여 논쟁거리를 가지고 있는 사회 문제에 대하여 영화 매체를 활용한 토의·토론 수업의 예시를 담고 있다.

이야기 속 인물에 대한 토의·토론 수업

이야기 속에 등장하는 인물들은 각 인물의 성격과 이야기의 사건의 전개에 따라 다양한 갈등 구조를 가지고 있다. 이야기 글은 가족, 환경, 경제, 다문화 등 폭넓은 주제를 다루고 있어 여러 가지 맥락에 놓여있는 갈등 상황에 대한 토의·토론 활동을 전개하기에 적합한 수업 자료이다. 이야기 속 인물의 처지와 상황을 고려하여 인물의 말과 행동에 대해 의견을 교환하는 활동은 토의·토론 수업의 기초가 될 수 있다. 이 절에서는 저학년 학생을 대상으로 이야기 속 인물에 대해 토의·토론 수업을 전개하는 방법을 살펴보고자 한다.

1 수업 주제 선정

이야기 속 인물에 대한 토의·토론 수업은 인물이 처한 처지와 상황에 대해 생각해 보게 함으로써 토의·토론 수업에 익숙하지 않은 저학년 학생에게 토의·토론 기법이나 방법을 보다 쉽게 적용할 수 있다. 여기에서는 『슈퍼 거북』이라는 그림책을 활용한 토의·토론 수업의 예시를 살펴보고자 한다. 『슈퍼 거북』은 많은 사람들이 알고 있는 토끼와 거북이의 달리기 경주 이야기의 뒷이야기를 그린 그림책이다. 우연히 경주에서 이겨 슈퍼스타가 된 거북의 이야기를 풀어낸 책으로, 줄거리 파악하기와 같은 기본 그림책 활동에서부터 행복한 삶에 대한 토의 활동까지 여러 가지 토의·토론 기법을 적용한 수업의 예시를 살펴보고자 한다. 수업의 주제는 이야기책의 주제와 이야기 속 인물이 처한 갈등 상황에 따라 다르게 적용하여 전개할 수 있다.

2 교육과정 분석

1~2학년군 국어 교과의 '읽기' 영역을 중심으로 '듣기·말하기', '문학' 영역의 성취기준을 융합하여 구성하였다. 이야기를 읽고 이야기 속 인물의 입장에 대한 토의·토론 수업을 통해 인물이 처한 상황에 대한 다각적인 이해를 도모하고 인식의 지평을 확장할 수 있다. 또 이야기 속 인물의 행동에 대해 친구들과 이야기를 나누는 과정에서 상대의 말을 경청하고 말차례를 지키며 대화하는 소집단 의사소통의 기본 예절을 익히고자 한다. 이야기의 주제에 따라 수학이나 통합 교과의 성취기준을 융합하여 수업을 구성할 수 있다.

표 5.1 이야기 속 인물에 대한 토의·토론 수업에 적용 가능한 1~2학년군 국어과 성취기준

영역	성취기준
듣기·말하기	[2국01-03] 상대의 말을 집중하여 듣고 말차례를 지키며 대화한다.
	[2국01-05] 듣기와 말하기에 관심과 흥미를 가진다.
읽기	[2국02-04] 인물의 마음이나 생각을 짐작하고 이를 자신과 비교하며 글을 읽는다.
문학	[2국05-02] 작품을 듣거나 읽으면서 느끼거나 생각한 점을 말한다.

3 토의·토론 기법 및 방법 선택

이 토의·토론 수업 예시에서는 브레인스토밍, 브레인라이팅, 스토리보딩 등의 기법과 가치 수직선 토론, 교차 토의, 갤러리 워크 등의 방법을 활용하였다. 제시된 것 이외에도 학급의 분위기, 학생 수준 및 흥미도에 따라 다양한 토의·토론 기법과 방법을 채택할 수 있다.

토의·토론 기법

이야기 속 인물에 대한 토의·토론 수업에서 활용할 수 있는 활용 가능한 토의·토론 기법으로는 브레인스토밍, 브레인라이팅, 스토리보딩 기법 등이 있다.

브레인스토밍은 읽기 전 활동으로 『슈퍼 거북』 이야기의 원전인 '토끼와 거북이의 경주' 이야기에 대해 떠오르는 생각이나 느낌을 자유롭게 이야기함으로써 본 그림책에 대한 흥미와 상상력을 높이기 위해 활용할 수 있다.

브레인라이팅은 책을 읽고 사람들의 기대에 부흥하기 위해 빨리 달리기 위해 노력하는 달리기 슈퍼스타 거북이 '꾸물이'의 삶에 대해 살펴보며 '행복한 삶'에 대한 의견을 모으고 비슷한 아이디어끼리 분류하는 활동에서 활용할 수 있다. 1~2학년 학생들에게는 '행복한 삶'이라는 내용이 어려울 수 있으므로 '나는 어떠한 것을 할 때/언제 행복한가요?'라는 질문을 바탕으로 활동을 진행할 수 있다.

스토리보딩 기법은 이야기의 줄거리를 파악하기 위해 활용할 수 있다. 의미 있는 토의·토론 활동이 전개되려면 그림책 줄거리에 대한 파악이 우선되어야 한다. 그림책의 주요 장면을 나타낸 그림을 5~6장 정도 준비한 다음 모둠별로 이야기의 순서에 맞게 그림을 나열하고 줄거리를 간단하게 정리할 수 있다.

토의·토론 방법

이야기 속 인물에 대한 토의·토론 수업에서 활용할 수 있는 토의·토론 방법에는 가치 수직선 토론, 교차 토의, 갤러리 워크 등이 있다.

가치 수직선 토론은 주인공 '꾸물이'의 행동에 대한 가치 판단을 위한 활동에 활용할 수 있다. 우연히 토끼와의 경주에서 승리하여 벼락스타가 된 거북이 '꾸물이'가 슈퍼스타 자리를 계속 유지하기 위해 힘든 지옥 훈련을 하는 행동에 대해 매우 잘한 일, 잘한 일, 보통, 잘못한 일, 매우 잘못한 일 등으로 단계를 나누어 자신의 생각을 정하고 이를 친구들과 공유하는 활동을 전개할 수 있다. 저학년 학생의 경우 행복, 명예와 같은 가치 용어들이 어려울 수 있으므로 그림책을 장면을 활용하여 '꾸물이'가 슈퍼스타 자리를 유지하기 위해 노력할 때의 표정이나 슈퍼스타가 되었을 때 좋은 점 등에 대해 생각해 본 다음 판단을 내리도록 수업을 전개하는 것이 좋다.

교차 토의는 1:1 인터뷰 방식으로 인물의 행동에 대한 이유, 생각이나 느낌을 파악하는 데 활용할 수 있다. 짝 대화로 한 명은 기자, 한 명은 '꾸물이(거북)'가 되어 질문과 답변을 주고받은 다음 역할을 바꾸어 교대로 활동을 전개한다.

갤러리 워크는 독후 활동으로 이야기를 읽은 다음 모둠별로 『슈퍼 거북』의 뒷 이야기를 상상하여 꾸며 쓰고 장면에 어울리는 그림을 그린 다음 산출물을 전시하여 서로 소개하고 피드백하는 데 적용 가능하다. 또 이후 2편인 『슈퍼 토끼』 그림책과 내용을 비교할 수도 있다.

4 수업 설계 및 실행 방안

1~2학년 국어과의 성취기준을 중심으로 그림책 『슈퍼 거북』을 활용한 수업의 핵심 활동과 활용할 수 있는 토의·토론 기법 및 방법은 아래와 같다.

수업 흐름도 **이야기 속 인물에 대한 토의·토론 수업**

도입
- 이야기 책에 대한 경험 나누기
  - 떠오르는 생각이나 알고 있는 내용 말하기 `브레인스토밍`
- 『슈퍼 거북』 이야기의 내용 추측하기
  - 책 표지를 보고 그림책 내용 추측하기

전개
- 『슈퍼 거북』 이야기 읽기
- 이야기의 줄거리 파악하기 `스토리보딩`
  - 스토리보딩으로 이야기의 줄거리 정리하기
- 행복한 삶의 종류 분류하기 `브레인라이팅`
- 인물의 처지와 마음을 짐작하여 인터뷰하기 `교차 토의`
- 이야기 속 인물의 말과 행동에 대한 생각 나누기 `가치 수직선 토론`
  - 가치 수직선 토론으로 인물의 말과 행동에 대한 서로 다른 생각 나누기

정리
- 뒷 이야기 꾸며 쓰고 공유하기
  - 모둠별로 꾸며 쓴 내용 공유하기 `갤러리 워크`
- 이야기를 읽고 난 자신의 생각이나 느낌 발표하기

토의·토론을 적용한 교수·학습 활동

이야기 속 인물에 대한 국어과 토의·토론 수업에서는 다양한 토의·토론 기법 및 방법을 활용하여 이야기 속 인물의 입장과 상황에 대해 여러 가지 관점에서 사고할 수 있도록 하는 것이 가장 큰 특징이다. 이 과정에서 이야기 내용에 대해 깊이 있게 이해하고 이야기 속 인물의 행동에 대한 자신의 의견을 동료들과 공유하는 경험을 하도록 하는 데 수업의 목적이 있다. 예시에서 제시된 토의·토론 기법 및 방법 외에도 월드카페 토의, 어항 토의, 육색 사고 모자 등을 활용할 수 있다.

표 5.2 이야기 속 인물에 대한 토의·토론 수업 교수·학습안

단계	토의·토론 중심 교수·학습 활동
도입	▶ **토끼와 거북이의 경주 이야기에 대한 경험 나누기** • 브레인스토밍으로 이야기에 대해 떠오르는 생각이나 내용 말하기 **브레인스토밍** - 토끼와 거북이의 경주 이야기에 대해 떠오르는 생각이나 알고 있는 내용 말하기 ▶ **『슈퍼 거북』 내용 추측하기** • 책 표지를 보고 그림책 내용 추측하기
전개	▶ **그림책 『슈퍼 거북』 읽기** ▶ **이야기의 줄거리 파악하기** • 스토리보딩으로 이야기의 줄거리 정리하기 **주요 장면 스토리보딩** - 그림책의 주요 장면 5-6개를 순서대로 모둠 토의로 나열하기 - 등장인물의 말과 행동을 중심으로 장면별 이야기의 줄거리를 정리하고 발표하기 • 나는 무엇을 할 때 행복한지에 대해 이야기 나누기 • 브레인라이팅으로 내가 행복한 때에 대해 떠올리고, 행복한 삶의 종류 분류하기 **브레인라이팅을 활용한 행복한 삶에 대한 의견 나누기** - 나는 무엇을 할 때 행복한지 각자 붙임쪽지에 적기 *학생별로 붙임쪽지를 4-5개 정도 제공하고 하나의 붙임쪽지에는 하나의 아이디어만 작성하도록 안내한다. - 모둠별로 각자가 적은 행복한 순간을 공유하기 - 비슷한 내용끼리 묶어 분류하고 발표하기 ▶ **인물의 처지와 마음을 짐작하며 인터뷰하기** • 교차 토의로 인물의 처지와 마음 짐작하기

전개	**교차 토의** - 기자와 꾸물이가 되어 질문과 답변 주고 받기 - 답변 내용 친구들과 공유하기 **교차 토의 활동 방법** ① 토의 주제를 확인하고 질문을 준비한다. 예 슈퍼 거북이 되었을 때 꾸물이의 기분은 어땠나요?, 꾸물이가 사람들에게 사실을 말하지 못했던 이유는 무엇인가요? ② 토의 주제에 대해 질문과 대답하는 사람의 역할을 확인한다. ③ 인터뷰 대상을 찾아가 인터뷰를 신청한다. ④ 인터뷰 활동을 실시한다. ⑤ 기자와 인터뷰 대상자의 역할을 바꾸어 인터뷰한다. ⑥ 인터뷰 내용을 정리하고 발표한다. ▶ **『슈퍼 거북』 속 인물의 말과 행동에 대한 생각 나누기** • 가치 수직선 토론으로 인물의 말과 행동에 대한 생각 나누기 **가치 수직선 토론** - 인물이 처한 상황과 마음을 짐작하고, 인물의 행동에 대한 가치 수직선 토론하기 예 가치 수직선 토론 주제: 계속 슈퍼스타가 되기 위해 달리기 훈련을 하는 꾸물이의 행동은 잘한 일일까? 사람들에게 경주에서 이기게 된 이유를 이야기하지 않은 꾸물이의 행동은 잘한 일일까?
정리	▶ **뒷이야기 꾸며쓰기** • 꾸물이(거북)와 재빨라(토끼)의 뒷이야기를 상상하여 꾸며쓰기 • 갤러리 워크로 모둠별로 꾸며 쓴 내용 공유하기 **갤러리 워크를 활용하여 뒷이야기 공유하기** - 모둠별로 뒷이야기 상상하여 꾸며 쓰기 - 갤러리 워크 진행 및 피드백 ▶ **이야기를 읽고 난 자신의 생각이나 느낌 발표하기**

일상생활 속 문제 상황에 대한 토의·토론 수업

학생들은 학교생활뿐만 아니라 가정, 이웃과 같은 일상의 상황 맥락에서도 다양한 문제 상황을 접하게 된다. 따라서 이 절에서는 3~4학년군을 대상으로 학생들이 일상생활에서 접할 수 있는 여러 가지 문제 상황을 인식하고, 다양한 관점에서 문제를 해결할 수 있는 해결 방법에 대해 논의하는 과정을 수업 흐름으로 나타내었다. 또 상황 맥락을 파악하고 최선의 방법을 선택하는 안목을 기르기 에 적합한 토의·토론 기법 및 방법을 살펴보고자 한다.

1 수업 주제 선정

일상생활의 문제 상황에 대한 토의·토론 수업에서는 인터넷 기사, 뉴스 등의 매체를 활용하여 학생들의 생활 주변에서 일어나는 여러 가지 문제를 파악하고 토의·토론을 통해 해결 방안을 모색하는 경험을 하는 데 목적이 있다. 이 수업에서는 모둠별로 학교, 아파트와 같은 생활 주변에서 일어날 수 있는 여러 가지 문제 상황들을 신문과 뉴스 자료를 활용하여 조사하고 다양한 토의·토론 기법과 방법을 활용하여 해결 방안을 마련하고 공유한다.

2 교육과정 분석

일상생활의 문제 상황에 대한 토의·토론 수업에서 활용할 수 있는 3~4학년군 국어과 성취기준은 다음과 같다.

표 5.3 일상생활 문제에 대한 토의·토론 수업에 적용 가능한 3~4학년 국어과 성취기준

영역	성취기준
듣기·말하기	[4국01-04] 상황과 상대의 입장을 이해하고 예의를 지키며 대화한다.
	[4국01-06] 주제에 적절한 의견과 이유를 제시하고 서로의 생각을 교환하여 토의한다.
읽기	[4국02-02] 문단과 글에서 중심 생각을 파악하고 내용을 간추린다.
	[4국02-04] 글에 나타난 사실과 의견을 구분하고 필자와 자신의 의견을 비교한다.
쓰기	[4국03-03] 대상에 대한 자신의 의견과 그렇게 생각한 이유가 드러나게 글을 쓴다.

3~4학년군은 교육과정에서 처음으로 토의에 대한 성취기준이 제시되는 학년군이다. 2022 개정 국어과 교육과정에 제시된 듣기·말하기 영역의 '[4국01-06] 주제에 적절한 의견과 이유를 제시하고 서로의 생각을 교환하여 토의한다.' 성취기준 해설을 살펴보면 '주제에 적절한 의견을 이유와 함께 제시하기, 상대의 의견을 구체적으로 파악하거나 의견과 이유의 적절성을 점검하기 위해 서로 묻고 답하기, 다른 사람의 생각 존중하기 등을 학습

한다(교육부, 2022).'라고 제시되어 있다. 또한 위의 성취기준 적용 시 고려 사항으로 일상생활의 문제를 해결하기 위해 토의하는 상황을 중심으로 듣기·말하기 활동이 이루어지도록 수업을 전개하고자 한다.

3 토의·토론 기법 및 방법 선택

일상생활 속 문제 상황에 대한 토의·토론 수업 예시에서는 머리-몸통-다리 놀이, 마인드 맵, 명목집단법, 의사 결정 그리드 등의 기법과 카드 토의 및 둘 가고 둘 남기 방법을 적용하였다. 제시된 것 이외에도 학급의 분위기, 학생 수준 및 흥미도에 따라 다양한 토의·토론 기법과 방법을 채택할 수 있다.

토의·토론 기법

수업에서 활용 가능한 토의·토론 기법으로는 머리-몸통-다리 놀이, 마인드 맵, 명목집단법, 의사 결정 그리드 등이 있다.

머리-몸통-다리 놀이는 본 토의를 하기 전 학생들이 일상생활과 관련된 토의주제에 대해 다양한 의견과 근거를 떠올리는 연습을 하기에 적합하다. 이때 교실, 아파트, 주차 등 수업에서 다루게 될 일상생활과 관련된 주제어를 준비하는 것이 좋다.

마인드 맵 기법은 모둠별 토의 주제를 정하기 전에 아이디어를 떠올리기에 적합한 활동으로 일상생활에서 발생하는 문제 상황을 떠올리는 데 활용할 수 있다. 이때 학교, 아파트, 도로 등과 같이 문제 상황을 떠올릴 수 있는 장소 등을 키워드로 제공하면 학생들이 쉽게 아이디어를 생성할 수 있다.

명목집단법을 활용하여 학생들이 조사한 자료를 바탕으로 해결 방안을 각자 1~2가지씩 작성하도록 한다. 명목집단법을 활용하면 토의를 하기 전 각자의 의견을 한 가지 이상 작성하여 토의에 대한 참여도를 높일 수 있다.

의사 결정 그리드는 토의를 통해 공유한 문제 해결 방안의 장단점을 고려하여 최종 의견을 선택하는 과정에서 활용할 수 있는 기법이다. 이때 앞의 명목집단법에서 각자 붙임쪽지에 적은 해결 방안을 비슷한 내용끼리 분류한 다음 붙임쪽지를 그리드에 놓는 방식으로 활용할 수 있다. 또 학생의 수준에 따라 중요성, 실행 가능성 등과 같은 의사 결정 기준을 제시할 수 있다.

토의·토론 방법

이 수업에서 활용 가능한 토의·토론 방법으로는 카드 토의와 둘 가고 둘 남기가 있다.

카드 토의는 토의 학습이 익숙하지 않은 3~4학년군 학생들에게 적용하기에 유용한 토의 방법으로 조사 활동을 통해 각자 작성한 해결 방안에 대해 장·단점을 비교하고 최종 선택을 하기 위해 활용할 수 있다. 이때 카드를 활용하여 모든 학생들이 발언권과 예절을 지켜 토의 활동에 참여할 수 있도록 한다.

둘 가고 둘 남기는 모둠별 활동에서 조사한 내용과 토의 결과를 전체와 공유하기 위한 활동이다. 이때 앞서 모둠 의사 결정 그리드 활동지를 가지고 모둠에서 두 명은 모둠 토의의 결과를 설명하고 두 명은 다른 모둠의 토의 결과를 경청, 기록한 다음 원래 모둠으로 돌아와 동료들과 공유한다.

4 수업 설계 및 실행 방안

3~4학년군 국어과의 성취기준을 중심으로 '일상생활의 문제 상황 해결하기'를 주제로 한 수업 활동과 적용 가능한 토의·토론 기법 및 방법은 아래와 같다.

수업 흐름도 **일상생활의 문제 상황에 대한 토의·토론 수업**

도입

- 생활 주변의 문제 상황 떠올리기
  - 주변의 문제 상황에 대한 의견 나누기 `머리-몸통-다리`
- 우리 생활 주변에서 문제 상황에 대한 경험 나누기

전개

- 토의 주제 정하기 `마인드 맵`
  - 주변에서 발생할 수 있는 문제 상황 떠올리고 토의 주제 정하기
- 생활 주변의 문제 및 해결 방안 조사하기
  - 신문, 뉴스 등을 활용하여 원인 및 해결 방안 조사하기 `명목집단법`
- 문제 상황에 대한 여러 가지 해결 방안 작성하기
- 해결 방안에 대해 모둠 토의하기
  - 해결 방안에 대한 장단점 토의하기 `카드 토의`
  - 최선의 해결 방안 선택하기 `의사 결정 그리드`

정리

- 모둠별 토의 내용 공유하기 `둘 가고 둘 남기`
- 토의 내용을 바탕으로 자신의 의견이 드러나는 글 쓰기

토의·토론을 적용한 교수·학습 활동

일상생활의 문제 상황에 대한 토의·토론 수업에서는 학생들의 생활 주변에서 일어날 수 있는 여러 가지 문제 상황에 대한 문제점을 인식하고, 신문이나 뉴스 등의 매체를 활용하여 근거 자료를 수집하여 해결 방안을 제시하는데 주안점을 두었다. 수업의 소주제는 층간 소음, 주차 문제와 같은 학교 밖 상황뿐만 아니라 1인 1역 정하는 방법과 같이 학급에서 필요한 주제를 설정할 수 있다. 또 학생들이 결정한 해결 방법을 바탕으로 실제 생활에 적용해 봄으로써 토의·토론의 가치를 경험하고 삶과 연계한 학습이 일어나게 하는 것도 좋은 방법이다. 예시에서 제시된 토의·토론 기법 및 방법 외에도 의사 결정 나무, 다르니모으니 토의, 교차 토의 등을 활용할 수 있다.

표 5.4 일상생활의 문제 상황에 대한 토의·토론 수업 교수·학습안

단계	토의·토론 중심 교수·학습 활동
도입	**▶ 우리 생활 주변에서 일어날 수 있는 문제에 대한 의견 떠올리기** • 머리-몸통-다리 놀이로 문제 상황과 의견 떠올리기 **머리-몸통-다리 놀이** - 머리(주제), 몸통(주장), 다리(근거)를 각각 제시하기 예 머리-몸통-다리 놀이 주제: 교실, 학교, 아파트, 놀이터, 쓰레기, 주차 등 **▶ 우리 생활 주변에서 문제 상황이 발생할 수 있는 여러 상황이나 장소 생각해 보기**
전개	**▶ 모둠에서 토의할 우리 생활 주변의 문제 상황 정하기** • 마인드 맵으로 발생할 수 있는 주변의 문제 상황 떠올리기 **마인드 맵으로 문제 상황 떠올리기** - 학교, 아파트, 도로와 같은 장소를 정하고 발생할 수 있는 여러 가지 문제 상황 떠올리기 • 모둠에서 토의할 문제 상황과 주제 정하기 **▶ 생활 주변의 문제 및 해결 방안 조사하기** • 인터넷 기사 및 뉴스 자료를 활용하여 문제 상황에 대한 원인 및 해결 방안 조사하기 • 조사한 인터넷 신문 기사, 뉴스 자료에서 사실과 의견 구분하기 **▶ 문제 상황에 대한 해결 방안 제시하기** • 명목집단법으로 해결 방안 작성하기 **명목집단법으로 해결 방안 작성하기** - 조사한 자료를 바탕으로 각자 해결 방안 작성하기 * 하나의 붙임쪽지에는 한 가지의 해결 방안만 작성하도록 안내한다. **▶ 제시된 해결 방안에 대해 토의하기** • 카드 토의로 해결 방안에 대한 모둠 토의하기 **카드 토의로 해결 방안에 대한 장단점 토의하기** - 각자 붙임쪽지에 작성한 해결 방안에 대한 장단점 토의하기 - 발언 카드를 활용하여 토의 예절을 지켜 참여하기 **카드 토의 활동 예시** ① 주제 및 카드 토의 규칙을 확인한다. 예 카드 토의 주제: 학교 운동장 쓰레기 문제 해결 방안, 아파트 주차 문제 해결 방안, 우리 반 자리 정하기 문제 해결 방안 등 ② 사회자의 진행에 따라 카드 토의에 참여한다. ③ 토의 내용을 정리하여 발표한다. • 의사 결정 그리드로 최선의 해결 방안 선택하기

전개

의사 결정 그리드로 최선의 해결 방안 선택하기

- 카드 토의를 통해 토의한 내용을 바탕으로 의사 결정 그리드에 제시된 기준에 해결 방안들을 작성하여 최선의 안 결정하기

의사 결정 그리드 활용 방법

① 의사 결정의 기준을 선정하고 그리드에 표시한다.
② 판단 기준에 따라 해결 방안을 분석하고 해당 칸에 의견을 작성한다.
③ 최선의 해결 방안을 선택한다.

의사 결정 그리드를 적용한 토의 활동 예시

<토의 주제: 학교 앞 담배꽁초를 줄일 수 있는 방법은?>

효과성 \ 실천 가능성	낮음	중간	높음
높음		cctv를 설치한다.	
중간	경고음을 울린다.		금연 포스터를 제작해서 붙인다.
낮음			

정리

▶ **모둠별 토의 내용 공유하기**

- 둘 가고 둘 남기로 모둠별 토의 내용 공유하기

둘 가고 둘 남기로 토의 내용 공유하기

- 의사 결정 그리드 활동 결과지를 활용하여 모둠별로 토의 주제와 토의 내용 공유하기

▶ **생활 주변에서 일어나는 문제 상황에 대한 주장하는 글쓰기**

- 토의 내용을 바탕으로 문제 상황에 대한 자신의 의견이 드러나는 글쓰기

사회 문제에 대한 토의·토론 수업

사회 문제에 대한 토의·토론 수업에서는 환경오염 문제, 인구 문제, 도시와 농촌 문제, 청소년 문제 등 우리 사회에서 일어날 수 있는 여러 사회 문제에 관심을 가지고 쟁점에 대해 다양한 시각에서 토의·토론 활동을 전개하는 것을 목표로 한다. 이 절에서는 5~6학년군을 대상으로 민주 시민으로서 지구촌의 여러 가지 사회 문제에 대해 다양한 시각에서 살펴보는 경험을 가지고, 논리적인 사고를 확장하기 위한 토의·토론 기법 및 방법을 살펴보고자 한다.

1 수업 주제 선정

고학년을 대상으로 한 국어과 토의·토론 수업에서는 정치·경제·환경과 같은 여러 가지 사회 문제를 주제로 하여 수업을 전개하고자 한다. 여기에서는 영화 「P짱은 내 친구」를 활용한 토의·토론 과정을 살펴본다. 「P짱은 내 친구」는 졸업 때 먹을 목적으로 교실에서 돼지를 기르게 된 6학년 학생들에 대한 내용으로, 영화에 학생들이 직접 토론을 하는 장면이 제시되어 수업의 근거 자료를 마련하는데 용이하다. 이 수업 주제는 경제 동물과 반려 동물에 대한 학생들의 인식의 지평을 확장하고 다양한 관점에서 사회 문제를 바라보도록 하는 데 목적이 있다. 또 영화를 활용한 토의·토론 수업을 통해 영화 매체가 가지는 특성을 바르게 이해하고 내용 파악을 바탕으로 토의·토론 수업에 적극적으로 참여할 수 있도록 한다. 수업의 주제는 선정한 영화의 주제에 따라 다르게 적용할 수 있다.

2 교육과정 분석

사회 문제에 대한 토의·토론 수업은 영화 속 인물들의 갈등 탐구부터 다문화, 장애, 환경, 동물복지 문제 등의 폭넓은 범위에서 국어 교과뿐만 아니라 타 교과, 범교과 등의 수업에서 다양하게 활용할 수 있다. 토의·토론 수업에서 활용할 수 있는 5~6학년군 국어과 성취기준은 다음과 같다.

표 5.5 사회 문제에 대한 토의·토론 수업에 적용 가능한 5~6학년 국어과 성취기준

영역	성취기준
듣기·말하기	[6국01-02] 주장을 파악하고 이유나 근거가 타당한지 평가하며 듣는다.
	[6국01-06] 토의에 협력적으로 참여하며 서로의 의견을 비교하고 조정한다.
	[6국01-07] 절차와 규칙을 지키고 타당한 이유와 근거를 제시하며 토론한다.
읽기	[6국02-04] 문제 상황과 관련된 다양한 관점의 글을 읽고 이를 문제 해결에 활용한다.
쓰기	[6국03-02] 적절한 근거를 사용하고 인용의 출처를 밝히며 주장하는 글을 쓴다.

5~6학년군은 절차와 규칙을 지켜 본격적으로 토의·토론 활동을 전개

하는 학년으로 토의·토론 활동에서 타당한 근거를 들어 논리적으로 주장을 펼치는 다양한 토의·토론 기법 및 방법을 적용할 수 있다.

3 토의·토론 기법 및 방법 선택

사회 문제에 대한 토의·토론 수업 예시에서는 마인드 맵, 진진가 놀이, T-차트 등의 기법과 회전목마 토론, 신호동 토론, 피라미드 토의 방법을 적용하였다. 제시된 것 이외에도 학급의 분위기, 학생 수준 및 흥미도에 따라 다양한 토의·토론 기법과 방법을 채택할 수 있다.

토의·토론 기법

이 수업에서 활용할 수 있는 토의·토론 기법은 마인드 맵, 진진가 놀이, T-차트 등이 있다.

마인드 맵 기법을 활용하여 영화의 주인공이자 소재인 돼지에 대해 떠오르는 생각을 자유롭게 작성하여 주제에 대해 흥미를 높일 수 있다.

진진가 놀이는 영화를 본 다음 영화 내용을 파악하는 데 적용 가능하다. 영화의 내용과 관련된 진실과 거짓 문장을 섞어 제출한 다음 거짓을 찾는 활동을 통해 학생들이 영화의 내용을 제대로 파악하고 있는지 확인할 수 있다.

T-차트는 토론 활동을 전개하기 전에 토론 주제에 대한 찬성과 반대의 근거를 작성하는 활동으로 유용하다. 찬성과 반대 측 모두의 근거를 생각해봄으로써 자신의 의견에 대한 신뢰도를 확보하고 제기될 수 있는 반론을 예상하는 데 도움이 된다.

토의·토론 방법

이 수업에서 활용 가능한 토의·토론 방법으로는 회전목마 토론, 신호등 토론, 피라미드 토의 등이 있다.

회전목마 토론은 '6-2반 친구들은 P짱을 먹어야 한다'라는 토론 주제에 대해 짧은 시간 동안에 많은 친구들과 의견을 교환하며 주제에 대한 다양한 의견을 들을 때 활용할 수 있다. 회전목마 토론을 통해 다양한 의견을 듣고 이를 통해 자신의 의견을 정교화한 다음 이를 신호등 토론에 활용할 수 있다.

신호등 토론은 근거 자료를 바탕으로 토론 주제에 대하여 찬성(초록), 반대(빨강), 중립(노랑)으로 의견을 나누어 토론 활동을 전개하고 반 전체의 생각을 공유할 때 적용할 수 있다.

피라미드 토의는 토론 활동을 전개한 뒤 영화 속 6학년 2반 친구들이 P짱을 어떻게 하면 좋을지에 대한 해결 방안을 제시하는 활동을 전개하는데 적합한 활동이다. 영화의 결말은 피라미드 토의를 진행한 다음 보여 주는 것이 좋다.

4 수업 설계 및 실행 방안

5~6학년군 국어과의 성취기준을 중심으로 영화를 활용한 수업의 핵심 활동과 수업에서 활용할 수 있는 토의·토론 기법 및 방법의 예시는 아래와 같다.

수업 흐름도 **사회 문제에 대한 토의·토론 수업**

도입

- **'돼지' 하면 떠오르는 단어 연상하기** 마인드 맵
- **영화 예고편을 보고 내용 예상하기**

전개

- **영화 내용 파악하기** 진진가
  - 영화 내용에 관한 퀴즈 맞추기
- **토론과 관련된 용어 정리하기**
  - 경제 동물, 반려동물에 대한 용어 정리하기
- **토론 주제를 제시하고 근거 자료 조사하기**
  - 찬성, 반대 측의 근거 자료 정리하기 T-차트
- **조사한 근거 자료를 바탕으로 토론하기**
  - 다양한 의견과 근거 자료에 대해 의견 교환하기 회전목마 토론
  - 신호등 토론으로 근거를 들어 토론하기 신호등 토론

정리

- **토의를 통해 해결 방안 제시하기** 피라미드 토의
- **토의·토론 활동 소감 공유하기**

토의·토론을 적용한 교수·학습 활동

사회 문제에 대한 토의·토론 수업에서는 영화를 활용하여 영화에서 제기된 사회적 문제 상황에 대해 학생들의 심화된 이해를 도모하고 인식의 지평을 확장하는 데 목적이 있다. 우리 생활 주변의 문제뿐만 아니라 지구촌 사회가 직면한 문제 상황에 대한 토의·토론 활동을 통해 세계시민으로서 바람직한 자세를 인식하는 것 또한 중요하다. 예시에서 제시된 토의·토론 기법 및 방법 외에도 하브루타, 가치 수직선 토론 등을 활용할 수 있다.

표 5.6 이야기 속 인물에 대한 토의·토론 수업 교수·학습안

<table>
<tr><th>단계</th><th>토의·토론 중심 교수·학습 활동</th></tr>
<tr><td>도입</td><td>
▶ 영화의 소재와 관련하여 떠오르는 것들 연상하기
• 마인드 맵으로 '돼지'하면 생각나는 것들 연상하기

마인드 맵
- '돼지' 하면 떠오르는 단어들을 자유롭게 연상하기

▶ 영화 예고편을 보고 어떤 내용일지 예상하기
</td></tr>
<tr><td>전개</td><td>
▶ 영화를 보고 내용 파악하기
• 진진가 놀이로 영화 내용 파악하기

진진가 놀이
- 영화 내용과 관련 있는 진진가 퀴즈 내기
* 원활한 토의·토론 활동을 위해 퀴즈를 통해 내용 파악 여부를 확인한다.

▶ 토론과 관련된 용어 정리하기
• 경제 동물과 반려동물에 대한 용어 정리하기
▶ 토론 주제 제시하고 근거 자료 조사하기
• 토론 주제: 6-2반 친구들은 P짱을 먹어야 한다.
• 다양한 방법을 활용하여 근거 자료 조사하기
• T-차트로 근거 자료 정리하기

T-차트 제시하기
<table><tr><th>찬성</th><th>반대</th></tr><tr><td></td><td></td></tr></table>
* 비슷한 근거끼리는 묶어서 제시하여 시각화한다.

▶ 조사한 근거 자료를 바탕으로 토론하기
• 근거 자료를 바탕으로 주장하는 글쓰기
• 회전목마 토론으로 다양한 의견 교환하기
</td></tr>
</table>

전개	**회전목마 토론 참여하기** - 주장-이유의 형태로 안팎을 나누어 회전목마 토론하기 - 자리를 옮겨가며 다양한 의견과 근거 자료 공유하기 **회전목마 토론 활동 및 자리 배치 예시** ① 회전목마 활동을 하기에 편리하도록 교실 자리를 배치한다. ② 모둠에서 안쪽 방향에 앉은 학생이 주제에 대한 의견을 말한다. ③ 바깥쪽 방향에 앉은 학생들이 자리를 옮기고, 자신이 들은 의견을 새롭게 만난 안쪽 학생에게 말한다. 이때 안쪽 학생들은 주장에 대한 근거를 보충하거나 새로운 근거를 제시한다. ④ 한 번 더 자리를 이동하여 토론 활동을 반복한 다음, 활동 결과를 정리하여 발표한다. • 신호등 토론으로 근거를 들어 의견 공유하기 **신호등 토론하기** - '6-2친구들은 P짱을 먹어야 한다' 에 대해 신호등 토론하기 **신호등 토론 활동 예시** ① 빨강, 노랑, 초록의 신호등 카드를 준비한다. ② 주제에 대한 처음 의견을 신호등 카드로 표시한다. 이때 찬성은 초록, 반대는 빨강, 중립 또는 판단 유보는 노랑으로 표시한다. ③ 사회자가 참가자를 지목하여 의견과 근거를 공유한다. * 가능한 모든 참가자의 의견을 공유할 수 있도록 한다. ④ 상대방 의견에 대한 반론을 제기한다. * 반론 제기의 과정은 주제 및 학생의 수준에 따라 생략할 수 있다. ⑤ 최종 의견을 선택하여 카드로 표시하고 결과를 정리한다. * 이때 결과는 승패가 아닌 의견의 변화에 중점을 두어 정리한다.
정리	▶ **토의를 통해 해결 방안 제시하기** • 피라미드 토의로 6학년 2반 학생들이 어떻게 하면 좋을지 해결 방안 제시하기 **피라미드 토의로 해결 방안 제시하기** - 각자 작성한 해결 방안을 바탕으로 피라미드 토의를 통해 최종 의견 선정하기 ▶ 토의·토론 활동 소감 공유하기 • 사람마다 주장과 의견이 다양할 수 있음을 이해하고 토의·토론 활동 소감 나누기

6장

프로젝트 학습과 토의·토론

프로젝트 학습에서 토의·토론 실천하기

프로젝트 학습은 주입식, 강의식의 교사 중심의 전통적 수업 방식에서 벗어나 학습자가 학습의 전 과정에서 능동적이고 주체적인 입장에서 학습에 참여하도록 하는 것을 목적으로 하는 교수·학습 방법을 말한다(유승희, 2001). 이 과정에서 학습자는 배움과 자신의 삶을 연관 지어 자기주도적으로 학습에 참여하며, 동료 학습자들과의 적극적인 상호 작용을 통해 다양한 문제를 해결한다. 이러한 학습자들의 삶과 관련된 다양한 문제를 해결하는 프로젝트 수업에서 토의·토론을 다양한 방법으로 활용할 수 있다. 주제와 관련된 다양한 문제를 해결하는 토의·토론 과정에 수업에 주도적으로 참여하고, 의사 결정권을 가짐으로써 학습자 중심의 프로젝트 학습을 실천할 수 있다.

이 장에서는 이러한 프로젝트 학습 속의 토의·토론의 실천 방안을 소개한다. 교육과정에 제시된 학습 내용에 따라 학년군별로 적용 가능한 세 가지 주제를 선별하였고, 그와 관련한 프로젝트 학습을 구성하였다. 학급 상황 및 학생들의 수준에 따라 주제의 범위나 학습 활동 내용 등을 유동적으로 변경하여 활용할 수 있다.

첫째, '나와 우리'는 저학년(1~2학년군)을 대상으로 학생들의 삶과 가장 가까이 있는 나(자신), 가족 등과 관련된 주제이며, 〈행복한 가족〉은 이 주제를 바탕으로 제시되는 프로젝트 학습이다. 나 자신 또는 가족과 관련된 다양한 문제를 토의·토론을 활용하여 해결해 나가는 방법을 담고 있다. 둘째, '함께 사는 세상'은 '나와 우리'에서 한 단계 더 나아간 주제로, 중학년

(3~4학년군)을 대상으로 학생들의 생활 주변(동네 및 학교) 속에서의 문제를 사회 교과를 중심으로 해결해 나가고자 한다. 〈함께 바꿔요! 학교 가는 길〉은 이 주제를 바탕으로 제시되는 프로젝트 학습이며, 마찬가지로 토의·토론을 활용하고 있다. 셋째, '지속 가능한 미래'는 고학년(5~6학년군)을 대상으로 미래사회의 주인공이 될 학생들이 미래사회(지식정보화 사회 등)에 대한 청사진을 직접 그려 보는 과정에서 해결해야 할 다양한 문제(환경 문제 등)를 사회 교과를 중심으로 토의·토론해 가며 해결하는 과정을 담고 있다. 이 주제와 관련해서는 〈우리가 만드는 2030 희망 한국〉 프로젝트 학습을 소개한다.

저학년 프로젝트 학습과 토의·토론

저학년 프로젝트 수업에서는 '나와 우리'라는 주제로 앞서 살펴본 다양한 토의·토론 기법과 방법을 적용하였다. 토의·토론을 활동을 통해 다양한 가족 형태와 문화에 대해 자유롭게 이야기하고 아이디어를 공유할 수 있도록 하였다.

1 수업 주제 선정

'나와 우리' 주제와 관련하여 학생들의 삶과 밀접한 관련이 있는 '가족'을 소재로 하여 2학년 학생을 대상으로 토의·토론 수업을 실천할 수 있다. 사회가 다원화됨에 따라 전통적인 '가족'의 개념과 형태에도 많은 변화가 있다. 이혼이나 사별, 재혼 등으로 이루어진 한 부모 가정, 입양이나 위탁으로 이루어진 가정, 조부모와 손자로만 이루어진 가족 등 현대에 새롭게 대두되는 가족의 다양한 형태에 대해 바르게 이해하고 존중하는 시각이 중요하다. 더불어, 건강하고 행복한 가족이 되기 위해서는 당연하게 생각했던 가족 내 다양한 역할에 대해 생각해 볼 필요가 있다.

이러한 주제 및 사회적 배경을 바탕으로, 여기에서는 〈행복한 가족〉이라는 프로젝트를 제시하고자 한다. 이 프로젝트는 우리 사회 속 다양한 가족의 형태와 문화를 이해하고, 더불어 행복한 가족으로 살아가기 위해 우리가 할 수 있는 일을 스스로 찾아 친구들과 함께 실천해 보는 것에 중점을 둔다.

2 교육과정 분석

이 프로젝트는 통합교과를 중심으로 [2바01-03], [2슬01-03], [2슬03-04], [2즐01-03]의 성취기준과 국어과의 [2국01-02], [2국03-04], [2국05-03] 성취기준을 융합하여 구성하였다. 프로젝트 학습을 통해 가족의 생활과 관련된 다양한 작품(그림책, 시)을 함께 읽고, 가족의 생활과 문제에 대한 다양한 생각을 말과 글로 표현할 수 있도록 하였다. 프로젝트 속 교과별 성취기준은 표 6.1과 같다.

표 6.1 〈행복한 가족〉 프로젝트 속 교과별 성취기준

교과		영역	2022 개정 교육과정 성취기준
국어		듣기·말하기	[2국01-02] 바르고 고운 말로 서로의 감정을 나누며 듣고 말한다.
		쓰기	[2국03-04] 겪은 일을 표현하는 글을 자유롭게 쓰고, 쓴 글을 함께 읽고 생각이나 느낌을 나눈다.
		문학	[2국05-03] 작품 속 인물의 모습, 행동, 마음을 상상하여 시, 노래, 이야기, 그림 등으로 표현한다.
통합교과	바른 생활	우리는 누구로 살아갈까	[2바01-03] 가족이나 주변 사람을 배려하며 관계를 맺는다.
	슬기로운 생활	우리는 누구로 살아갈까	[2슬01-03] 가족이나 주변 사람에게 관심을 갖고 함께 살아가는 모습을 탐구한다. [2슬03-04] 우리의 생활과 관련된 지속 가능성의 다양한 사례를 찾고 탐색한다.
	즐거운 생활	우리는 누구로 살아갈까	[2즐01-03] 가족이나 주변 사람과 소통하며 어울린다.

3 토의·토론 기법 및 방법 선택

이 프로젝트에서는 토의·토론 기법 소목차인 준비하기, 아이디어 생성

및 확산하기, 아이디어 수렴 및 구조화하기, 의견 공유 및 합의 형성하기 중 준비하기, 아이디어 생성 및 확산하기와 관련된 기법을 중점을 두어 수업을 구성했다. 또한, 토의·토론 방법에서는 피라미드 토의, 가치 수직선 토론 등을 활용하여 수업 계획안을 설계했다.

토의·토론 기법

이 프로젝트 속에서 활용 가능한 토의·토론 기법으로는 진진가 놀이, 브레인스토밍, 브레인라이팅, 마인드 맵 등이 있다.

진진가 놀이는 학생들의 가족에 대한 정보를 서로 공유하고 가족에 대한 관심과 흥미를 높이기 위해 활용할 수 있다.

브레인스토밍과 브레인라이팅은 가족과 관련한 문제(집안일, 남녀 차별 등) 해결을 위한 다양한 아이디어 도출을 위해 활용할 수 있다.

마인드 맵은 가족과 관련하여 학생들이 떠오르는 생각을 이미지, 단어, 문장 등을 활용하여 자유롭게 표현함으로써 프로젝트 학습 도입 및 정리 부분에서 처음과 어떠한 변화가 있었는지 등을 확인하는 방법으로 활용할 수 있다.

토의·토론 방법

이 프로젝트 속에서 활용 가능한 토의·토론 방법으로는 월드카페, 피라미드 토의·토론, 가치 수직선 토론 등이 있다.

월드카페는 '행복한 가족'을 주제어로 하여 학생들이 평소 가족에 대해 갖고 있는 다양한 생각들을 글, 그림, 기호 등을 활용하여 '행복한 가족'에 대한 생각을 공유하는 데 활용할 수 있다. 이 때 대화 순서와 규칙을 확인하고 약속된 기호를 활용하여 생각을 나눌 수 있다.

피라미드 토의는 행복하고 건강한 가족이 되기 위한 방법을 주제로 하여 가족 내에서 지켜야 할 규칙이나 가치 등을 선별하는데 활용할 수 있다. 많은 아이디어들이 산출될 수 있는데 피라미드 토의를 통해 행복한 가족이 되기 위한 필요 요소 등을 선별하는데 활용할 수 있다. 또한, 가족 구성원들의 집안일 및 역할을 정하는 방법에도 피라미드 토의를 활용하여 다양한 생각을 나눌 수 있다.

가치 수직선 토론은 가족의 집안일 분담에 대한 의견 및 가족 관련 작품 속 인물의 행동에 대한 가치 판단에 활용할 수 있다. 여기에서는 가족의 집안일과 관련된 내용을 다루고 있는 『돼지책』 작품 속 주인공 엄마(피곳 부인), 아빠(피곳 씨)의 행동에 대해 학생들이 가치 수직선 토론으로 가치 판단을 하는 것으로 수업을 구성하였다. 예를 들어 집안일에 지친 엄마(피곳 부인)가 가족을 내버려두고 집을 나가버린 행동에 대해 매우 잘한 일, 잘한 일, 보통, 잘못한 일, 매우 잘못한 일 등으로 단계를 나누어 자신의 의견을 공유하고 가치 판단을 내릴 수 있다.

4 수업 설계 및 실행 방안

〈행복한 가족〉 프로젝트는 40차시 내외로 약 3주 정도의 기간 동안 실시할 수 있다. 학생들이 가족에 대한 생각을 자유롭게 표현하는 활동을 시작으로, 생활 주변의 다양한 가족을 만나고, 소중하고 행복한 가족에 대한 생각을 나누는 활동으로 구성하였다. 평소 가족에 대해 갖고 있던 다양한 생각을 나누는 과정에서 서로 다른 가족을 존중하는 마음과 함께 가족의 소중함을 느낄 수 있도록 하였다. 이에, 가족의 생활과 관련된 다양한 그림책을 함께 읽고 그림책 속 인물의 마음과 연계하여 가족과 관련된 자신의 생각을 솔직하게 표현하고 생활 속 여러 가지 문제를 함께 해결할 수 있도록 하였다.

토의·토론을 적용한 교수·학습 활동

〈행복한 가족〉 프로젝트는 다양한 토의·토론 기법 및 방법을 활용하여 가족에 대한 각자의 생각을 나눔과 동시에 가족 간에 발생할 수 있는 다양한 문제를 함께 해결해 보는 것이 가장 큰 특징이라 할 수 있다. 가족과 관련된 그림책 속 인물의 말과 행동을 소재로 행복한 가족이 되기 위해 갖추어야 할 필수 요소를 함께 찾아보며 다양한 아이디어들을 공유하며 함께 의사 결정을 해 보는 경험을 할 수 있다. 이 외에도 신호등 토론, 월드카페

프로젝트 흐름도 **행복한 가족**

프로젝트 만나기

- 가족에 대한 생각 나누기
  - 서로의 가족 알아보기 [진진가 놀이]
  - 가족에 대해 갖고 있던 생각 표현하기 [마인드 맵]
- 행복한 가족 프로젝트 계획하기

다양한 가족을 담아요

- 가족 사진, 일기 등을 활용해 우리 가족 소개하기
- 『가족백과사전』과 함께 다양한 가족의 형태 조사하기
- 가족 사진을 활용해 다양한 가족 신문 만들기

소중한 가족을 담아요

- 『돼지책』 작품 속 주인공 만나기
- 우리 가족 구성원이 하는 일 조사하기
- 우리 반 가족과 『돼지책』 작품 속 가족 비교하기
- 가족 구성원의 역할 이야기 나누기 [가치 수직선 토론]
- 행복한 가족을 위한 가족의 역할 발표하기 [신호등 토론]

행복한 가족을 담아요 [피라미드 토의]

- 행복한 가족에 필요한 필수 요소 찾아보기 [월드카페]
- 우리가 꿈꾸는 '행복한 가족' 그림책 만들기
- 시, 노래 등을 활용해 '행복한 가족' 표현하기

프로젝트 마무리하기

- 성찰 일지 쓰기 및 소감 나누기

표 6.2 〈행복한 가족〉 프로젝트 수업 교수·학습안

활동 주제	토의·토론 중심 교수·학습 활동
프로젝트 만나기	▶ **가족에 대한 생각 나누기** • 진진가 놀이로 서로의 가족에 대해 알아보기 **진진가 놀이** - 우리 가족의 이름, 수, 사는 곳 등에 대한 퀴즈 내기 - 진짜 정보와 가짜 정보를 활용한 퀴즈로 서로의 가족에 대한 흥미 높이기 • 마인드 맵을 활용하여 평소 가족에 대해 갖고 있던 생각을 자유롭게 표현하기 **마인드 맵** - 가족을 주제로 떠오르는 내용 자유롭게 표현하기 - 각자 표현한 내용을 공유하며 가족에 대한 생각 나누기

<table>
<tr><td>다양한
가족을
담아요</td><td>▶ 다양한 가족의 형태 조사하기
• 『가족백과사전』 그림책과 함께 우리 주변 또는 이웃 등 다양한 가족의 형태 조사하기 및 공유하기
• 우리 주변 또는 이웃 등에서 다양한 가족의 형태 조사하기
▶ 다양한 가족의 형태를 가족 신문으로 표현하기
▶ 다양한 가족의 형태와 문화를 알아보며 존중하는 태도 기르기</td></tr>
<tr><td>소중한
가족을
담아요</td><td>▶ 인물의 모습, 행동, 마음을 상상하며 『돼지책』 그림책 읽기
▶ 『돼지책』 속 인물의 말과 행동에 대한 생각 나누기
• 가치 수직선 토론으로 인물의 말과 행동에 대한 생각 나누기

가치 수직선 토론 주제 예시 및 활동 방법
① 토론 주제를 확인한다.
* 주제 예시 : 엄마가 집안일이 힘들다고 집을 나간 것은 잘한 일일까?
② 주제에 대한 판단 기준을 정한다.
0-5점 척도 또는 매우 옳다~매우 옳지 않다 척도 등
③ 개인마다 의사 결정을 한 뒤 수직선에 표시한다.
④ 선택한 가치에 대한 의견을 나눈다.
* (예) '매우 옳지 않다. 왜냐하면 아무리 집안일이 힘들어도 가족을 남겨두고 집을 나가 버린 건 옳지 않다고 생각한다.' 등
⑤ 최종 의견 정하고 소감을 나눈다.
- 입장 변화가 있는 학생은 가치 수직선에 의견을 옮겨 달라진 생각 공유하기

• 신호등 토론을 활용하여 인물의 행동에 대해 생각 나누기

신호등 토론 주제 예시
① 토론 주제를 확인한다.
㉳ 주제: 『돼지책』 속 엄마에게 하루 또는 이틀의 자유를 줘야 한다.
② 찬성, 중립, 반대의 입장을 정한다.
③ 입장에 따라 주제에 대한 생각을 나눈다.
④ 변화된 입장(생각)을 공유한다.
* 입장의 변화(찬성→반대 또는 반대→찬성 등)에 대한 이유 공유하기
⑤ 토론에 참여해본 소감을 나눈다.</td></tr>
<tr><td>행복한
가족을
담아요</td><td>▶ 『돼지책』 작품과 우리 반 가족들이 하는 역할 비교해 보기
• 브레인스토밍 및 브레인라이팅을 활용하여 집안일의 문제를 해결하기 위한 방법 떠올리기

브레인라이팅 및 브레인스토밍을 활용한 집안일 나누기
- 각 가족의 집안일 조사 및 정리하기
- 가족의 집안일을 어떻게 나누면 좋을지 최대한 많은 아이디어를 말 또는 글로 표현하기

▶ 내가 잘할 수 있는 집안일 소개 및 실천하기
▶ 『불곰에게 잡혀간 우리아빠』 그림책과 함께 행복한 가족에 대한 생각 나누기
• 월드카페로 행복한 가족이 되기 위한 조건과 방법 등에 대해 자유롭게 생각 나누기

행복한 가족이 되기 위한 방법을 찾는 월드카페
- 행복한 가족이 되기 위한 방법 떠올리기
- 친구들과 월드카페로 서로의 생각 공유하기</td></tr>
</table>

행복한 가족을 담아요	• 피라미드 토의를 활용하여 행복한 가족에 필요한 필수 요소 찾아보기 **행복한 가족이 되기 위한 조건 피라미드 토의** ① 행복한 가족이 되기 위해서 반드시 갖춰야 할 조건을 각자 떠올리기 ② 2:2, 4:4 등의 순서로 행복한 가족이 되기 위한 필수 요소 찾아보기 ③ 사랑, 존중, 행복, 배려 등 필수 요소 선정하기 ▶ **행복한 가족에 대한 생각을 담은 그림책 만들기**
프로젝트 마무리하기	▶ **성찰 일지 쓰기 및 소감 나누기**

등 다양한 토의·토론 기법 및 방법 등을 가족에 대한 다양한 생각을 나누는 데 활용할 수 있다.

중학년 프로젝트 학습과 토의·토론

중학년 프로젝트 수업에서는 '함께 사는 세상'을 주제로 우리 동네와 학교를 중심으로 민주주의에 대해 탐색하는 프로젝트 수업을 고안하였다. 여러 토의·토론 기법과 방법을 활용하여 학생들이 스스로 지역사회의 문제를 해결하는 경험을 하는 데 수업의 주안점이 있다.

1 수업 주제 선정

'함께 사는 세상' 주제와 관련하여 학생들의 삶과 밀접한 관련이 있는 '우리 동네 및 학교'를 소재로 하여 4학년 학생을 대상으로 사회과를 중심으로 한 토의·토론 수업을 실천할 수 있다. 2022 개정 교육과정에서는 민주시민교육 관련 내용이 강화되었으며, 민주주의의 의미와 의의를 파악하고 민주주의 측면에서 학교 자치의 사례와 실천 방안 탐색하는 내용을 추가하여 학생들이 '민주 시민'의 역량을 기를 수 있도록 구성되었다. 즉, 학생들은 주변의 다양한 지역 문제들을 조사하고 해결 방안을 탐구해봄으로써 주변의 사회 현상에 관심을 가지고 실천하는 경험을 강조하고 있다.

이러한 주제 및 사회적 배경을 바탕으로, 〈함께 바꿔요! 학교 가는 길〉이라는 프로젝트를 제시하고자 한다. 이 프로젝트에서는 공공 기관의 역할과 기능을 바탕으로 지역 문제 조사, 원인 분석, 해결 방안 탐색, 실천(수행과제)의 전 과정을 통하여 학생들이 지역 문제 해결에 주체적으로 참여해 보는 것에 중점을 둔다.

2 교육과정 분석

이 프로젝트는 사회 교과의 '정치'영역을 중심으로 [4사08-01], [4사08-02], [4사09-01] 성취기준과 국어과의 [4국02-04], [4국03-03], 수학과의 [4수04-03] 성취기준을 융합하여 구성하였다. 프로젝트 학습을 통해 학생들의 삶 속에서 발생하고 있는 다양한 지역 문제들을 조사하고 해결해 볼 수 있도록 하였다. 프로젝트 속 교과별 성취기준은 아래와 같다.

표 6.3 〈함께 바꿔요! 학교 가는 길〉 프로젝트 속 교과별 성취기준

교과	영역	2022 개정 교육과정 성취기준
사회	정치	[4사08-01] 학교 자치 사례를 통하여 민주주의의 의미를 이해하고, 학교생활에서 민주주의를 실천하는 능력을 기른다. [4사08-02] 지역에서 이루어지는 민주주의 사례를 통해 주민 자치와 주민 참여의 중요성을 파악하고, 지역사회의 문제 해결에 참여하는 태도를 기른다. [4사09-01] 생활 주변에서 찾을 수 있는 여러 가지 문제를 파악하고, 그 문제를 합리적으로 해결하는 능력을 기른다.
국어	읽기	[4국02-04] 글에 나타난 사실과 의견을 구분하고 필자와 자신의 의견을 비교한다.
	쓰기	[4국03-03] 대상에 대한 자신의 의견과 그렇게 생각한 이유가 드러나게 글을 쓴다.
수학	자료와 가능성	[4수04-03] 탐구 문제를 해결하기 위해 자료를 수집, 정리하여 막대그래프나 꺾은선그래프로 나타내고 해석할 수 있다.

3 토의·토론 기법 및 방법 선택

이 프로젝트에서는 토의·토론 기법 토론 기법 중 진진가 놀이, 육색 사고 모자법, 랜덤워드 적용하여 수업을 구성했다. 또한, 토의·토론 방법에서는 갤러리 워크, 다르니모으니 토의, 피라미드 토의 등을 활용하여 수업안을 설계했다.

토의·토론 기법

이 프로젝트 속에서 활용 가능한 토의·토론 기법으로는 진진가 놀이, 육색 사고 모자법, 무작위 단어법 등이 있다.

진진가 놀이의 경우 학생들이 우리 동네 및 학교에 대한 정보를 공유하고 우리 동네와 학교에 대한 관심과 흥미를 높이는 데 활용할 수 있다.

육색 사고 모자법은 학교 및 지역의 문제를 해결하기 위해 다양한 아이디어를 도출하는 과정에서 객관적, 감성적, 긍정적, 비판적, 창의적, 지휘자 등의 사고를 활용하여 아이디어를 발전 및 점검하는 데 활용할 수 있다.

무작위 단어법은 지역의 문제를 해결하기 위해 다양한 아이디어를 도출하는 과정에서 새로운 아이디를 내도록 자극하거나 주제에 대한 아이디어가 더 이상 떠오르지 않을 때 또는 틀에 박힌 생각에서 깨어나고자 할 때 활용할 수 있다.

토의·토론 방법

이 프로젝트에서 활용 가능한 토의·토론 방법으로는 갤러리 워크, 다르니모으니 토의, 피라미드 토의 등이 있다.

갤러리 워크는 학교 및 지역의 문제를 해결하기 위해 모둠(팀)별로 찾은 다양한 해결 방안을 담은 산출물을 전시해두고, 도슨트 역할을 맞은 학생들이 관람자들에게 각 모둠의 해결 방안을 소개하고 서로 피드백 하는 데 활용할 수 있다.

다르니모으니 토의는 학교 및 지역에서 발견되는 문제를 해결하기 위한 방법을 찾을 때 활용할 수 있다. 모둠 단위에서 시작하여 추후 의견이 비슷하거나 같은 친구들끼리 모여서 해결 방안을 심화·발전시키는 단계로, 최대한 많은 학생들의 의견을 반영한 해결 방안을 찾는 데 활용할 수 있다.

피라미드 토의는 안전하고 행복한 학교 가는 길을 만들기 위해 반드시 필요한 요소 및 방법들을 선별하는 데 활용하거나 주차장 문제를 해결하기 위해 가장 먼저 해야 할 일 등을 선별하는 데 활용할 수 있다.

4 수업 설계 및 실행 방안

〈함께 바꿔요! 학교 가는 길〉 프로젝트는 우리 지역에서 생활하면서 불편했던 경험을 나누는 것을 시작으로 주민 참여의 의미와 방법을 알아보고

프로젝트 흐름도 **함께 바꿔요! 학교 가는 길**

프로젝트 열기

- 우리 지역 들여다보기 진진가
- 지역 문제와 관련된 경험 나누기
- 수행 과제 선택 및 프로젝트 계획 세우기

알아봐요! 주민 참여!

- 공공기관의 의미 알아보기
- 공공기관의 역할 조사하고 발표하기
- 주민 참여의 중요성 알아보기

탐구해요! 우리 지역의 문제 갤러리 워크 다르니모으니 토의

- 우리 지역의 문제 조사하기 브레인스토밍
- 우리가 해결하고 싶은 문제 선정하기
- 우리 지역 문제의 해결 방안 토의하기 무작위 단어법 육색 사고 모자

참여해요! 우리가 바꾸는 작은 변화

- 지역 문제를 알릴 뉴스의 형태 선정하기
- 문제 해결을 위해 제안하는 글 쓰기 생선뼈 다이어그램
- 우리 지역의 문제와 해결 방안을 담은 뉴스 제작하기

프로젝트 마무리하기

- 성찰 일지 쓰기 및 소감 나누기

우리 지역의 문제를 탐구해 본 후 우리 동네를 바꾸기 위한 다양한 방법을 제안해 보는 활동으로 구성하였다. 우리 지역의 다양한 문제를 함께 알아보고, 학생의 입장에서 지역의 문제를 해결하기 위해 다양한 탐구 및 실천을 해봄으로써 삶과 연계한 프로젝트 학습에 참여할 수 있도록 했다.

토의·토론을 적용한 교수·학습 활동

〈함께 바꿔요! 학교 가는 길〉 프로젝트는 다양한 토의·토론 기법 및 방법을 활용하여 우리 지역(동네)에서 발생하고 있는 다양한 문제와 해결 방법을 찾아보고 학생 입장에서 찾은 방법들을 직접 실천해 보는 것이 가장 큰 특징이라 할 수 있다. 무작위 단어법, 육색 사고 모자법 등의 기법을 활용하여 지역 문제를 해결하기 위한 창의적인 아이디어를 도출해 보고, 다르니모으니 토의, 갤러리 워크, 피라미드 토의 등을 활용하여 최선의 해결 방법을 찾아보는 과정을 경험할 수 있다.

표 6.4 〈함께 바꿔요! 학교 가는 길〉 프로젝트 수업 교수·학습안

활동 주제	토의·토론 중심 교수·학습 활동
프로젝트 만나기	▶ **지역문제와 관련된 경험 떠올려보기** • 우리 지역에서 생활하면서 불편했던 경험 나누기 • 진진가 놀이로 우리 동네 및 학교에 대한 생각 나누기 **진진가 놀이** - 우리 지역의 문제 및 경험에 대한 퀴즈 내기 - 진짜 정보와 가짜 정보를 활용한 퀴즈로 우리 지역에 대한 흥미 높이기 ▶ **지역 문제하면 떠오르거나 궁금한 점에 대해 이야기 나누기 및 탐구 질문 만들기**
알아봐요! 주민 참여	▶ **공공 기관의 의미 알아보기** • 공공 기관의 의미와 하는 일 등을 조사하기 및 공유하기 ▶ **우리 지역의 공공기관 조사하기** ▶ **주민 참여의 의미와 중요성 알아보기** • 주민 참여의 의미 및 참여 방법 알아보기
탐구해요! 우리 지역의 문제	▶ **지역 문제가 무엇인지 알아보기** • 우리 지역에서 생활하면서 불편했던 경험 및 사례 나누기 ▶ **우리 지역 문제 조사하기** • 지역 문제를 조사할 수 있는 다양한 방법 떠올려보기

탐구해요! 우리 지역의 문제

> **브레인스토밍을 활용하여 지역 문제 조사 방법 찾기**
> - 문제를 조사할 수 있는 방법을 최대한 떠올려 공유하기
>   * 지역 문제를 조사할 수 있는 다양한 방법을 최대한 떠올려 볼 수 있도록 한다.

• 모둠별로 조사 방법을 선정하여 우리 지역 문제 조사하기

▶ **수집한 지역 문제 자료 중 시각적으로 정리가 필요한 자료를 막대그래프로 나타내기**

▶ **사실과 의견을 구별하는 방법 알기**

• 뉴스 기사 등 수집한 자료로부터 사실과 의견을 구별하기

▶ **지역 문제의 원인 탐구하기**

• 해결이 필요한 지역 문제 확인 및 자료 수집하기

• 자료를 바탕으로 문제의 원인을 분석·공유하기

▶ **지역 문제의 해결 방안 토의하기**

• 랜덤워드를 활용하여 지역 문제 해결 방안 떠올리기

> **무작위 단어법을 활용하여 해결 방법 떠올리기**
> ① 주제를 확인한다.
> 예 주제: 안전한 통학로를 만들기 위한 방법은? 주차 문제를 해결하는 방법은?
> ② 주제와 관련 없는 단어를 10개 내외로 선택한다.
> 예 커피, 가방, 빨간색, 자동차, 자전거 등
> ③ 선택한 단어와 연관되는 단어를 무작위로 말하고 붙임쪽지에 적는다.
> 예 자전거: 가방, 친환경, 안전, 자전거도로, 보호장비, 자전거 보관대 등
> ④ 무작위로 추출된 단어와 주제를 연관지어 아이디어를 도출한다.
> 예 안전한 통학로 조성을 위해 자전거 보관대를 학교 주변에 설치한다.

• 육색 사고 모자법을 활용하여 해결 방법 발전 및 점검하기

> **육색 사고 모자법을 활용하여 해결 방법 발전 및 점검하기**
> - 객관적, 감성적, 긍정적, 비판적, 창의적, 지휘자 등의 사고를 활용하여 다양한 해결 방법 발전 및 점검하기

• 다르니모으니 토의로 우리 지역 문제의 해결 방안 토의하기

> **다르니모으니 토의를 활용하여 해결 방법 토의하기**
> ① 우리 지역 문제를 해결하기 위한 방법을 각자 찾아본다.
> ② 모둠의 의견을 정하기 위한 판단 기준을 정한다.
> ③ 모둠 내 의견을 판단 기준에 의거하여 순위를 정한다.
> ④ 순위에 따라 모둠의 해결 방법을 조정하고 다른 모둠에게 토의 결과를 공유한다.
> ⑤ 다르니 토의 결과 모아진 의견을 활용해 각자 최선이라고 생각하는 방법을 선택한다.
>   * 전체 모둠의 결과를 살펴보며 각자가 최선이라고 생각되는 방법을 최종 선택한다.
> ⑥ 같은 방법을 선택한 친구들끼리 모여 해결 방법을 발전시키고 최종 공유한다.
>   * 해결 방법의 장점, 단점 등을 보완하여 해당 방법의 최종안을 결정한다.

• 갤러리 워크로 모둠별로 찾은 해결 방안 공유 및 점검하기

> **갤러리 워크를 활용하여 토의를 통해 찾은 방법 공유하기**
> - 각 모둠의 해결 방법 발표 준비 및 관람 역할 분담하기
> - 글, 그림 등 다양한 방법을 활용하여 해결 방법 전시하기
> - 갤러리 워크 진행 및 반성하기

탐구해요! 우리 지역의 문제	▶ **토의를 통해 찾은 해결 방법 중 가장 먼저 실천해야 할 방법 및 요소 선별하기** **피라미드 토의를 활용하여 우선순위 정하기** - 다양한 해결 방법 중 주민 참여를 통해 가장 먼저 해결해야 할 요소 추출하기 - 우선순위에 따라 실천 내용 정리하기
참여해요! 우리가 바꾸는 작은 변화	▶ **지역 문제 해결 방안을 주제로 제안하는 글쓰기** • 생선뼈 다이어그램으로 지역 문제 해결을 위해 제안할 내용 모아보기 **생선뼈 다이어그램을 활용하여 제안할 내용 수렴 및 구조화하기** - 토의를 통해 찾은 해결 방법 중 제안할 내용 선별하기 - 선별한 내용을 정리하여 구조화하기 • 제안하는 글을 쓰고 기사문 구성하기 ▶ **우리 지역의 문제와 해결 방안을 담은 뉴스 제작하기**
프로젝트 마무리하기	▶ **성찰 일지 쓰기 및 소감 나누기**

고학년 프로젝트 학습과 토의·토론

고학년 프로젝트 수업에서는 '지속 가능한 미래'를 주제로 하여 더 나은 우리나라를 위해 갖추어야 할 모습들을 탐색하는 활동을 제시하였다. 프로젝트 수업의 주제에 적합한 토의·토론 기법과 방법을 적용하여 다양한 근거를 들어 생각을 공유하고 깊이 있는 사고를 유도하도록 하였다.

1 수업 주제 선정

'지속 가능한 미래' 주제와 관련하여 학생들의 미래와 관련이 있는 '미래의 대한민국'을 소재로 하여 6학년 학생을 대상으로 사회과를 중심으로 한 토의·토론 수업을 실천할 수 있다. 미래를 만들어가는 학생들은 교육을 통해 주도적으로 활동하고 세상에 참여하고 더 나은 쪽으로 영향을 미칠 수 있도록 준비하는 자세가 필요하다. 6학년의 경우 자의식이 높아지고 자신을 둘러싼 사회에 대한 관심이 증가하는 시기로 자신의 삶에 주인의식을 갖고 사회 현상에 대해 깊이 있는 탐구를 해 보는 경험이 중요하다.

이러한 주제 및 사회적 배경을 바탕으로, 〈우리가 만드는 2030 희망 한국〉이라는 프로젝트를 제시하고자 한다. 이 프로젝트에서는 6학년 교육과정 사회과 경제영역을 중심으로 '더 나은 대한민국 만들기'라는 주제를 설정하여 학생들이 살아갈 미래사회에 대한 청사진을 그려보고자 한다. 또한 미래사회의 주인공이 될 학생들이 사회 변화 속에서 자신의 진로를 탐색해 보고, 진로를 설계해봄으로써 사회 속의 개인으로서 주인의식을 갖고 보다 나은 한국사회를 만들기 위한 해결과제를 학생 생활과 연계하여 탐구하고 자신의 삶에 적용하는데 중점을 둔다.

2 교육과정 분석

본 프로젝트는 사회 교과의 '경제' 영역을 중심으로 [6사11-02], [6사11-03]의 성취기준과 국어과의 [6국02-03], [6국03-02], 미술과의 [6미01-05], [6미02-03]을 성취기준을 융합하여 구성하였다. 프로젝트 학습을 통해 사회 현상 및 미래 사회에 대한 관심을 키워 자신의 미래를 설계해 볼 수 있도록 하였다. 프로젝트 속 교과별 성취기준은 아래와 같다.

표 6.5 〈우리가 만드는 2030 희망 한국〉 프로젝트 속 교과별 성취기준

교과	영역	2022 개정 교육과정 성취기준
사회	경제	[6사11-02] 경제성장이 우리 생활에 미치는 영향을 파악하고, 빠른 경제성장으로 발생한 문제의 해결 방안을 탐색한다. [6사11-03] 사례를 통해 무역의 의미를 이해하고, 국가 간 무역이 발생하는 이유를 탐구한다.
국어	읽기	[6국02-03] 글이나 자료를 읽고 내용의 타당성과 표현의 적절성을 평가한다.
	쓰기	[6국03-02] 적절한 근거를 사용하고 인용의 출처를 밝히며 주장하는 글을 쓴다.
미술	표현	[6미02-05] 미술과 타 교과의 내용과 방법을 융합하는 활동을 자유롭게 시도할 수 있다.

3 토의·토론 기법 및 방법 선택

본 프로젝트에서는 토의·토론 중 밸런스 게임, 브레인라이팅, 만다라트등을 활용하여 수업을 구성했다. 또한, 토의·토론 방법에서는 교차 토의, 신호등 토론, pro-con(협력적 찬반) 토론 등을 활용하여 수업안을 설계했다.

토의·토론 기법

본 프로젝트 속에서 활용 가능한 토의·토론 기법으로는 밸런스 게임, 브레인라이팅, 만다라트 등이 있다.

밸런스 게임은 프로젝트 도입 부분에 '미래의 희망 한국을 위해 해결해야 할 과제 또는 살고 싶은 나라는? 라는 질문과 관련하여 미래의 한국에 대한 학생들의 생각을 공유하는데 활용할 수 있다.

브레인라이팅은 미래의 희망 한국으로 나아가기 위해 해야 할 과제 및 해결 방법 등에 대한 다양한 아이디어를 도출할 때 활용할 수 있다.

만다라트는 우리나라와 다른 나라와의 경제교류 활동을 분석해 보는 과정에서 문제를 발견하고 이를 해결하기 위한 방법을 다양한 측면에서 생각해 보는 데 활용할 수 있다.

토의·토론 방법

본 프로젝트 속에서 활용 가능한 토의·토론 방법으로는 교차 토의, 신호등 토론, 협력적 찬반 토론 등이 있다.

교차 토의는 미래의 한국 경제 및 경제성장과 관련하여 인터뷰를 하는 사람과 인터뷰를 받는 사람이 역할을 바꿔 서로 교차로 질문을 하고 대답하는 방식으로 서로의 생각을 공유하는데 활용할 수 있다

신호등 토론은 우리나라의 경제교류(무역 및) 우리나라와 다른나라와 경제교류 사례 분석 과정에서 주제를 선정하여'더 나은 대한민국'을 위해 어떤 선택을 해야 하는지에 대해 다양한 근거를 들어가며 생각을 공유할 때 활용할 수 있다.

협력적 찬반 토론은 경제교류 활동 및 미래의 '더 나은 대한민국'을 위한 해결 과제에 대한 찬성과 반대의 입장을 정해 토론을 한 후 역할을 바꾸어 주제에 대해 다시 생각해 볼 기회를 제공함으로써 사고의 폭을 넓힐 수 있다. 이를 통해 학생들이 문제(주제)에 대해 좀 더 객관적이고 논리적인 시각으로 바라볼 수 있는 기회를 제공할 수 있다.

4 수업 설계 및 실행 방안

〈우리가 만드는 2030 희망 한국〉 프로젝트는 '2030년 희망 한국을 위해 해결되어야 할 과제는 무엇인가?' 라는 질문을 시작으로 세계 속의 한국의 모습과 함께 한국 사회의 빛과 그림자를 탐색한 후 2030 희망 한국을 위해 다양한 방법을 찾아 제시하는 활동으로 구성하였다. 우리나라의 다양한 경제교류 사례를 분석하는 과정을 통해 우리 사회의 문제를 찾고, 이를 해결하기 위한 다양한 방법을 학생들 스스로 찾아볼 수 있도록 하였다.

토의·토론을 적용한 교수·학습 활동

〈우리가 만드는 2030 희망 한국〉 프로젝트는 다양한 토의·토론 기법 및 방법을 활용하여 우리나라의 다양한 경제교류 모습과 문제들을 분석해 보고, 미래의 우리나라가 갖추어야 할 다양한 준비들을 학생들과 함께 찾아보는 것이 가장 큰 특징이라 할 수 있다. 만다라트, 마인드 맵 등의 기법을 활용하여 무역 문제를 해결하기 위한 다양한 아이디어를 찾거나 경제 계획을 세워보고, 교차 토의, 신호등 토론, 협력적 찬반 토론 등을 활용하여 미래의 우리나라가 준비해야 할 다양한 요소들에 대해 함께 생각을 나누는 과정을 경험할 수 있다.

프로젝트 흐름도 **우리가 만드는 2030 희망 한국**

프로젝트 열기 밸런스 게임

- 탐구 질문 만들기
- 2030 희망 한국 학부모·학생 설문 조사 진행하기
- 프로젝트 주제 선정 및 계획하기

세계 속의 한국

- 국가 간 경제교류가 우리 생활에 미친 영향 탐구하기 만다라트
- 다른 나라와의 경제교류로 달라진 생활 모습 소개하기
- 우리나라와 다른 나라의 경제 관계 알아보기 교차 토의

한국 사회의 빛과 그림자

- 한국 경제성장 과정 알아보기
- 온라인 '한국 경제성장 사진전' 개최하기 마인드 맵
- 더 나은 한국 사회를 위한 과제 탐색하기

2030 희망 한국, 그리고 우리

- 우리가 성인이 될 2030, 더 나은 한국 사회를 위한 해결 과제 선정하기 브레인라이팅
- 우리가 만드는 2030 미래정책 해커톤 진행하기 신호등 토론
  - 일자리 걱정 없는 나라(청년 실업, 일자리)
  - 모두가 함께 잘 사는 나라(빈부 격차)
  - 행복하고 건강한 나라(환경)
- 미래 사회에서의 '나의 진로 로드맵' 설계하기 협력적 찬반 토론

프로젝트 마무리하기

- 프로젝트 결과물 발표하기
- 프로젝트 활동 평가 및 반성하기
- 성찰 일지 작성하기

표 6.4 〈우리가 만드는 2030 희망 한국〉 프로젝트 수업 교수·학습안

활동 주제	토의·토론 중심 교수·학습 활동
프로젝트 만나기	▶ **2030년 희망 한국을 위해 미래 한국에서 해결해야 할 경제문제는?' 설문 결과를 활용하여 프로젝트 주제 및 활동 구체화하기** • 밸런스 게임을 활용하여 해결해야 할 우선 과제 선정하기 **밸런스 게임** - 물가 문제, 부동산 문제, 취업난 등 다양한 문제 중 우선적으로 해결해야 할 과제 선정하기 - 각자 정한 우선 과제와 그 이유에 대해 공유하기

프로젝트 만나기	▶ **선택한 우선 과제 해결을 위해 탐구해야 할 내용 선정하기** • 다른 나라와의 다양한 경제교류 사례 조사하기 • 우리나라 무역의 특징 조사하기 • 우리나라 경제성장 과정 알아보기
세계 속의 한국	▶ **가정과 학교에서 다른 나라와의 경제교류 사례 조사하기** • 생활 주변에서 다른 나라에서 온 물건을 조사하기 ▶ **나라와 나라 사이에 경제교류가 발생하는 까닭 탐구하기** • 무역의 의미와 무역이 이루어지는 까닭 알아보기 • FTA와 무역의 관계 탐구하기 ▶ **우리나라 경제교류(무역)의 특징 알아보기** • 무역액 비율, 정상회담 자료를 활용해 우리나라 주요 무역상대국 알아보기 ▶ **다른 나라와의 경제교류 사례분석을 통해 경제 관계 파악하기** • 통계자료, 뉴스자료를 통해 경제교류 사례 분석하기 • 경제교류 사례 분석 결과를 통해 경제 관계 추론하기 ▶ **경제교류로 인한 문제와 해결 방안 알아보기** • 다른 나라와 무역을 하면서 겪는 문제점과 그 원인 조사하기 • 만다라트로 무역 관련 문제의 원인에 따른 해결 방안 떠올리기 **만다라트를 활용하여 경제교류 관계 분석하기** - 경제교류를 중심으로 생겨날 수 있는 다양한 문제점 및 해결 방법 찾아보기 - 각자 떠올린 문제점 및 해결 방법 공유하기 ▶ **교차 토의로 무역 관련 문제에 대한 인터뷰 하기** **무역 관련 문제에 대한 인터뷰 하기** ① 질문과 대답하는 사람 역할을 정한다. * 무역 관련 문제에 대해 생성할 수 있는 다양한 질문을 확인하고, 주제에 따라 달라지는 대답하는 사람(소비자, 무역업자 등)의 역할을 함께 확인한다. ② 다른 사람을 찾아가 인터뷰를 신청한다. ③ 기자는 질문지를 바탕으로 인터뷰를 진행한다. * 질문지를 바탕으로 인터뷰를 하고 대답자는 자신의 의견을 말한다. ④ 기자와 인터뷰 대상자의 역할을 바꾸어 다시 인터뷰한다. ⑤ 인터뷰 시간 종료 후 함께 공유한다. * 인터뷰를 통해 찾은 무역 관련 문제에 대한 결과를 전체가 함께 공유한다.
한국 사회의 빛과 그림자	▶ **경제교류 사례를 바탕으로 우리나라의 경제성장 과정 알아보기** • 경제지표(1인당 국민총소득, 실업자 수, 경제성장률) 분석하기 • 경제지표를 통해 우리나라 경제성장 과정 추론 및 설명하기 ▶ **경제성장에 따른 생활 모습의 변화 알아보기** • 세대별 인물 인터뷰를 통해 생활의 변화 조사하기 • 경제성장에 따른 생활 모습의 변화 발표를 위한 매체 자료 탐색하기 ▶ **온라인 '한국 경제 TV' 제작하기** • 6.25 전쟁~1990년대 이후의 경제성장 모습이 담긴 자료 수집하기 • 마인드 맵을 활용하여 한국 경제성장 과정과 생활 모습 변화를 설명하는 한국 경제 TV 제작 계획하기

한국 사회의 빛과 그림자	**마인드 맵을 활용하여 한국 경제 TV 계획 세우기** - 경제성장을 주제로 담고 싶은 내용 적기 - 공감, 칭찬, 질문 등 기호와 글을 활용하여 생각 나누기 • 우리나라 시대별 경제성장 과정을 설명하는 글쓰기 • 한국 경제 TV 제작하기
2030 희망 한국, 그리고 우리	**▶ 더 나은 한국 사회를 위한 해결 과제 탐색하기** • 뉴스, 신문 등의 시사자료를 통해 경제성장 과정에서 나타난 문제 알아보기 • 2030 희망 한국을 위한 해결과제 브레인라이팅하기 **브레인라이팅으로 2030 희망 한국을 위한 해결과제 확인하기** - 청년실업, 일자리, 빈부격차, 환경 등 **▶ 우리가 성인이 될 2030년, 더 나은 한국 사회를 위한 해결과제 선정 및 해결 방법 찾기** • 신호등 토론으로 경제성장 과정에서의 문제점의 원인과 해결 방안 분석하기 **경제성장 과정에서 생긴 문제에 대해 신호등 토론하기** - 환경오염, 빈부격차 등 주제 정하기 - 찬성(초록), 반대(빨강), 중립(노랑) 입장으로 생각 나누기 - 입장 변화 확인 및 토론 소감 공유하기 • 주장하는 글을 읽고 표현 및 내용의 타당성 평가하기 • 협력적 찬반 토론으로 합리적인 해결 방안을 탐구하여 2030 미래 정책 설명회 열기 **2030 미래 정책에 대한 협력적 찬반 토론 참여하기** ① 미래 정책에 대해 찬성과 반대의 입장을 정한다. ② 찬성과 반대의 입장에서 주장에 필요한 근거를 수집하고, 질문 작성 등 주장을 펼치기 위한 준비를 한다. ③ 각자의 입장에서 토론에 참여한다. ④ 서로 입장을 바꾸어 토론 내용에 대해 평가한다. * 바꾼 입장에 따른 주장과 근거를 제시하고, 상대 주장에 대한 보완할 점 및 조언을 함께 나눈다. ⑤ 모둠 내 입장을 정하고 결과를 발표한다. **▶ 2030 미래 정책 설명회에 참여하여 토론 결과 공유하기** **▶ 미래 사회에서 나의 진로 로드맵 설계하기** • 우리나라의 다양한 경제교류 모습과 문제들을 분석해 본 내용을 바탕으로 나의 진로 로드맵을 설계하고 공유하기
프로젝트 마무리하기	**▶ 프로젝트 결과물 발표하기** **▶ 프로젝트 활동을 평가하고 반성하기** **▶ 성찰 일지 작성하기**

7장

온라인 학습과 연계한 토의·토론 수업

온라인 학습과 연계한 토의·토론 수업 실천하기

2022 개정 교육과정에서는 디지털 다매체 시대로 변화한 언어 환경을 고려하여 디지털 소양을 강조하고, 국어과의 경우에는 '디지털·미디어 역량'을 강화하고, '매체' 영역을 신설하였다. 또한 교수·학습 및 평가 방법에서도 미래 의사소통 환경을 고려한 학습자의 실생활 연계와 학습자 주도성 강화를 위해 디지털 기반의 의사소통 도구 및 디지털 학습 플랫폼 활용을 통한 온·오프라인 혼합 수업을 강조했다.

이 장에서는 온라인 학습과 연계한 토의·토론 수업을 실천하는 방안을 살펴보고자 한다. 온라인 토의·토론 수업을 진행하려면 학생들이 여러 가지 온라인 플랫폼에 접속하거나 촬영 및 파일 업로드 등을 할 수 있는 매체 활용 능력이 어느 정도 형성되어야 한다.

온라인 학습과 연계한 토의·토론 수업을 크게 3가지 상황으로 나누어 설정해 보았다. 첫 번째는 비대면 실시간 상황, 즉 실시간 화상 플랫폼을 활용한 토의·토론이다. 모두가 같은 시간에 같은 플랫폼에 접속하여 수업을 진행하는 방법이다. 두 번째는 비실시간 비대면 상황이다. 실시간이 아니기 때문에 모두 같은 시간에 화상회의에 접속할 수 없는 경우에 활용할 수 있는 방법을 소개한다. 마지막 세 번째는 대면 기반 온라인 연계 토의·토론 수업으로, 학교에 등교하는 대면 상황에서 온라인을 활용하여 보다 효과적인 토의·토론을 진행할 수 있는 방법을 탐색해 보았다.

실시간 화상 토의·토론 수업

실시간 화상 토의·토론은 줌(Zoom)이나 구글 미트(Google Meet), 마이크로소프트 팀즈(Microsoft Teams), 웹엑스(Webex), 구루미(Gooroomee), 네이버 웨일온(WhaleON) 등의 실시간 화상회의 툴을 활용하여 토의·토론 수업을 진행하는 것을 의미한다. 이러한 방법은 장소와 도구만 달라질 뿐 기존의 교실 대면 상황에서 하던 토의·토론 수업과 가장 흡사한 형태로 수업을 진행할 수 있다는 장점이 있다. 회사마다 비용이 다르므로 학교나 학급의 상황에 맞는 화상회의 플랫폼을 선정하면 된다. 플랫폼마다 기능이 조금씩 다르고, 계속해서 개선이 될 것이므로 이 절에서는 가장 기본적인 기능을 활용하여 토의·토론하는 방법을 소개하고자 한다.

1 수업 주제 선정

2015 개정 교육과정뿐 아니라 2022 개정 교육과정에서 토의·토론이 중점적으로 다루어지는 것은 5~6학년군이다. 실시간 화상 토의·토론 수업 주제를 선정할 때 토의나 토론을 직접적인 주제로 다루는 단원뿐 아니라 독서토론, 글을 읽고 글쓴이의 생각에 대한 자신의 주장을 표현하는 활동, 주장과 근거를 들어 논설문을 쓰는 단원 등에 걸쳐 다양한 단원에서 활용할 수 있다. 이 절에서는 기본적인 토의 절차를 익혀 협력적으로 참여하여 의견을 나누어 보는 차시를 실시간 화상 플랫폼을 활용하여 진행해 보고자 한다. 이 수업을 통해 학생들이 실시간 화상 토의·토론 절차를 익히게 한 후 독서토론이나 논설문 쓰기 활동에도 적용할 수 있을 것이다.

2 교육과정 분석

다양한 제재에서 토의·토론 수업을 활용할 수 있지만 5~6학년군의 교과에서 토의·토론이 효과적일 수 있는 성취기준을 선정해 보면 다음과 같다.

표 7.1 토의·토론과 관련된 5~6학년군 교과 성취기준

교과	영역	성취기준
국어	듣기·말하기	[6국01-06] 토의에 협력적으로 참여하며 서로의 의견을 비교하고 조정한다. [6국01-07] 절차와 규칙을 지키고 타당한 이유와 근거를 제시하며 토론한다.
	읽기	[6국02-03] 글이나 자료를 읽고 내용의 타당성과 표현의 적절성을 평가한다. [6국02-04] 문제 상황과 관련된 다양한 관점의 글을 읽고 이를 문제 해결에 활용한다.
	쓰기	[6국03-02] 적절한 근거를 사용하고 인용의 출처를 밝히며 주장하는 글을 쓴다.
	문학	[6국05-04] 인상적인 부분을 중심으로 작품에 대한 의견을 나눈다.
	매체	[6국06-01] 정보 검색 도구를 활용하여 자신의 목적에 맞는 매체 자료를 찾는다.
사회	인권	[6사03-02] 일상생활에서 인권이 침해되는 사례를 찾아 그 해결 방안을 탐색하고, 인권을 보호하는 활동에 참여한다.
	법	[6사11-02] 경제성장이 우리 생활에 미치는 영향을 파악하고, 빠른 경제성장으로 발생한 문제의 해결 방안을 탐색한다.
	지속 가능한 세계	[6사12-02] 지구촌을 위협하는 다양한 문제들을 파악하고, 지속 가능한 미래를 위한 해결 방안을 탐색한다.
도덕	타인과의 관계	[6도02-02] 편견이 발생하는 이유를 탐색하여 해결 방안을 살펴보고, 다양성 존중을 바탕으로 다른 사람과 올바른 관계를 맺기 위한 실천 방안을 탐구한다.
	사회·공동체와의 관계	[6도03-02] 정의에 관한 관심을 토대로 공동체 규칙의 중요성을 살펴보고 직접 공정한 규칙을 고안하며 기초적인 시민의식을 기른다.
	자연과의 관계	[6도04-01] 지구의 환경 위기 상황을 이해하고, 이를 극복하기 위한 다양한 방안을 찾아 자신의 일상에서 실천하고자 노력한다.

이 중 듣기·말하기 성취기준인 '[6국01-06] 토의에 협력적으로 참여하며 서로의 의견을 비교하고 조정한다.'의 수업을 소개하고자 한다. 2022 개정 국어과 교육과정의 '성취기준 적용 시 고려 사항'을 살펴보면 '토의하기를 지도할 때는 토의의 일반적인 절차를 고려하여 학습자가 경험한 일상생활의 실제적 문제에 대해 토의하도록 한다. 특히 학습자가 소속된 학교나 지역사회 문제와 연계된 토의 주제를 정함으로써 협력적 소통을 통해 공동체의 문제를 해결하는 방안을 마련해 보는 경험을 할 수 있도록 한다.'라는 내용을 확인할 수 있다. 국어 단일교과로 토의수업을 진행하는 것보다 사

회 교과나 도덕 교과와 연계하여 지도할 경우 학습 효과가 더 좋을 수 있다. 이번 실시간 화상 토의·토론 수업에서는 사회과 성취기준인 '[6사12-02] 지구촌을 위협하는 다양한 문제들을 파악하고, 지속 가능한 미래를 위한 해결 방안을 탐색한다.'와 연계하여 토의를 진행하려 한다.

3 활용 매체 및 협업 도구 선정

활용 매체 선정

온라인 실시간으로 토의토론 수업을 진행할 경우 가장 먼저 해야 하는 것은 활용한 매체를 선정하는 것이다. 현재 줌(Zoom), 구글 미트(Google Meet), 마이크로소프트 팀즈(Microsoft Teams), 웹엑스(Webex), 구루미(Gooroomee), 네이버 웨일온(WhaleON) 등의 화상회의 프로그램이 보편화되어 있고, 다양한 SNS 앱을 활용하면 실시간 쌍방향 소통이 가능하다. 현재 수업용으로 가장 널리 쓰이는 것은 줌과 구글 미트이다. 줌의 장점은 누구나 회의 ID와 Password만 알면 쉽게 접속할 수 있는 점, 소회의실 기능을 활용하여 화상채팅 내에서 다시 소그룹 회의방을 개설할 수 있다는 점 등을 들 수 있다. 구글 미트는 구글 클래스룸과 연계하여 손쉽게 학생들이 접속할 수 있는 장점이 있는 반면 소회의실 등의 모둠 활동 관련 기능이 줌에 비해서는 다소 취약한 편이다. 활용할 매체를 선정할 때는 아래의 특성을 고려해야 한다.

① 접근성: 학생이 얼마나 쉽게 접속할 수 있는가?

② 통제성: 채팅, 음소거, 화면공유 등 교사가 수업 중 학생들의 활동을 얼마나 쉽게 통제할 수 있는가?

③ 그룹 편성: 한 회의실 안에서 다시 소그룹 회의실을 개설할 수 있고, 학생들을 쉽게 구분하여 배정할 수 있는가?

④ 사용의 편의성: 학생들이 의견 교환, 음소거, 채팅 등의 기능을 쉽게 사용할 수 있는가?

협업 도구 선정

활용 매체를 선정한 후에는 협업 도구를 선정하여 기능을 연습할 필요가 있다. 대면 수업 상황에서는 공책, 화이트보드 등의 도구를 사용하고 직접 얼굴을 보고 대화하기 때문에 토의에서 말할 내용을 정리하거나 공유할 수 있고, 그 내용을 교사가 확인할 수도 있지만 온라인에서는 이러한 활동이 어렵다. 이것은 곧 수업에 대한 저조한 참여로 이어질 수 있다. 그러므로 학생들이 내용을 기록하거나 공유하고 그 내용을 교사가 확인할 수 있는 여러 가지 협업 도구를 마련해야 한다.

패들렛(Padlet)은 여러 가지 양식으로 텍스트를 기록하고 사진이나 영상, 링크 등을 공유할 수 있는 애플리케이션이다. 또한 댓글이나 별점, 투표 등의 반응도 할 수 있기 때문에 최근 많이 활용되는 온라인 학습도구이다. 마이크로소프트 화이트보드는 온라인 화이트보드 정도로 이해하면 편하다. 키보드를 활용한 텍스트 입력 뿐 아니라 스마트 펜슬을 활용하여 손글씨나 그림 등을 실시간으로 공유할 수 있다. 이러한 협업 도구는 아래의 특성을 고려해야 한다.

① 공유 기능
- 즉각적으로 기록되고 공유되는가? 쉽게 공유할 수 있는가?

② 권한 설정
- 자신의 글만 수정이 가능한가, 혹은 타인의 글도 수정할 수 있는가? 또는 그러한 권한을 설정할 수 있는가?

③ 접근성 및 보안
- 교사가 부여한 권한으로 쉽게 접속할 수 있는가? 혹은 비관련자의 접속을 통제할 수 있는가?

4 토의·토론 기법 및 방법 선택

토의·토론 기법

이 수업에서 활용 가능한 토의·토론 기법으로는 진진가 놀이, 브레인스토밍, 브레인라이팅, 마인드 맵, 논증 기법 등이 있다.

진진가 놀이의 경우 원격학습에서 수업에 대한 집중도가 다소 낮을 수 있는 단점을 해결하고 흥미를 유발할 수 있다. 원격수업에서는 아이스브레이킹 활동을 반드시 진행하는 것이 좋다. 이때 대답은 말로 하는 것만 아니라 채팅도 함께 활용할 수 있다. 토의 주제와 관련된 내용으로 진진가 놀이를 진행해도 유용하다.

브레인스토밍과 브레인라이팅은 토의주제를 정하거나 주변의 다양한 문제 상황을 떠올릴 때 유용하게 활용할 수 있다. 이때 패들렛이나 마이크로소프트 화이트보드를 활용하면 실시간으로 다른 사람의 의견을 확인할 수 있다.

마인드 맵은 토의 절차를 정리하거나 주의할 점 등을 정리할 때 활용할 수 있다. 또한 토의 내용을 정리할 때도 활용할 수 있다. 패들렛을 활용하거나 별도의 마인드 맵 관련 어플리케이션을 활용할 수도 있는데 학생들이 이러한 어플리케이션을 활용하는 기능을 먼저 숙달하는 과정이 필요하다.

PREP은 정해진 시간에 자신의 의견과 근거를 논리적으로 발표하는 데 유용하므로 학생들이 기본적으로 숙달할 수 있도록 지도하고, 지속적으로 피드백한다.

토의·토론 방법

온라인에서 활용가능한 토의·토론 방법으로는 월드카페, 다르니모으니 토의, 카드 토의, 교차 토의 등 일반적인 토의 방법은 모두 실행할 수 있다.

월드카페는 '적절한 토의 주제'을 주제어로 하여 토의를 진행할 수 있는데, 이 활동은 토의주제로 적절한 조건을 학생 스스로 탐색해 보게 하는 기회를 제공할 수 있다. 단, 원격상황에서 스케치북 대신 활용할 수 있는 도구가 필요한데 마이크로소프트 화이트보드가 그 역할에 적절한 편이다. 그리고 이 회의를 진행하기 위해서는 줌(Zoom)에서 소회의실을 개설해야 하고, 모둠원 3~4명 정도를 하나의 소회의실에 배정해 주어야 한다. 이 때 교사는 학생들의 토의활동을 모니터링 해야 할 필요가 있는데 여러 대의 스마트기기를 준비하여 음소거 상태로 각 소회의실에 배정하고, 특별히 피드백이 필요하거나 질문이 발생한 경우에만 음소거를 해제하여 참여한다. 음소거를 하는 이유는 하울링 현상을 방지하기 위해서이다. 이 외에도 학급 분위기, 학생 수준 등에 따라 다양한 토의·토론 방법을 활용할 수 있다.

5 수업 설계 및 실행 방안

수업 흐름도 **우리가 지키는 따뜻한 지구촌**

토의 준비하기

- **활용 플랫폼 선정하기**
  - 실시간 화상회의: 줌(Zoom), 구글 미트 등
  - 자료 조사 및 공유: 패들렛

토의 주제 정하기

- **지구촌 문제에 대한 자료를 살펴보고 토의 주제 정하기** 브레인라이팅

의견 마련하기

- **인터넷을 통해 관련 자료를 조사하여 자신의 의견 마련하기** PREP
  - 패들렛에 PREP로 의견 및 자료 정리하기

의견 모으기

- **모둠 토의를 통해 의견 모으기** 월드카페 토의
  - 소그룹 회의를 통해 의견 모으기
  - 마이크로소프트 화이트보드를 활용하여 온라인 월드카페 진행하기

의견 결정하기

- **다수결로 실천 사항 결정하기** 다수결

제안하는 글 쓰기

토의·토론을 적용한 교수·학습 활동

실시간 화상 토의·토론 토론 수업에서는 대면 상황과 흡사한 조건 속에서 온라인 매체의 장점을 활용하여 토의·토론을 진행하는 것이 중요하다. 그러므로 패들렛을 활용하여 브레인라이팅 활동을 함으로써 자신의 의견을 온라인 공간에 게시하여 실시간으로 공유하고 피드백할 수 있도록 하는데 초

점을 맞춘다. 또한 대면 수업 공간에서 화이트보드나 모둠 토의판 등의 기능을 하던 것들을 대체할 수 있는 온라인 플랫폼인 마이크로소프트 화이트보드나 패들렛 등을 적극 활용하여 수업이 산만해지지 않도록 유의해야 한다.

표 7.2 실시간 화상 토의·토론 수업 교수·학습안

단계	토의·토론 중심 교수·학습 활동
도입	**▶ 지구촌 문제를 다룬 영상 살펴보고 의견 나누기** • 영상과 관련된 경험을 떠올리고 그때의 생각이나 느낌 글로 쓰기 **패들렛을 활용한 브레인라이팅** - 패들렛에 비슷한 경험이나 영상에 대한 자신의 생각을 자유롭게 쓰게 한다 패들렛에 접속시키는 방법은 QR 코드를 활용하거나 주소를 학급의 SNS에 공유하는 방법 등이 있다. 패들렛에서는 '담벼락'이나 '캔버스' 양식을 사용하는 것이 용이하다. **▶ 공부할 문제 확인하기** • 토의를 통해 우리가 실천할 지구촌 문제 해결 방법을 찾아봅시다.
전개	**▶ 지구촌을 위협하는 다양한 문제와 해결 방안 조사하기** • 스마트기기를 활용하여 지구촌을 위협하는 다양한 문제들을 조사하고, 해결 방법 찾기 **패들렛을 활용한 PREP** ① 지구촌을 위협하는 다양한 문제를 조사한다. ② 자료를 검토하여 자신의 의견을 정하여 패들렛에 쓴다.(P) * 패들렛 양식 중 '선반' 형태를 활용하여 개인이나 모둠의 글로 작성한다. ③ 주장을 뒷받침하는 이유를 선정하여 패들렛에 새로운 글로 쓴다.(R) ④ 주장과 이유를 뒷받침하는 예시자료(이미지, 기사, 통계자료, 동영상 등)을 찾아 글과 함께 게시한다.(E) * 실시간으로 작성되는 친구들의 글을 참고하여 주장과 관련된 자료 구체화한다. ⑤ 마지막으로 자신의 의견 강조하는 문장을 쓴다.(P)  **패들렛 활용 예시** **▶ 토의 주제에 대한 의견 모으기** • 자신이 생각한 지구촌의 문제와 우리가 실천할 해결 방안에 대한 의견 모으기

전개	**마이크로소프트 화이트보드를 활용한 월드카페** ① 4~6명으로 소그룹 회의실 개설하기 ② 마이크로소프트 화이트보드 양식 가운데 '지구촌 문제 해결을 위한 실천사항'이라고 쓰고 월드카페 토의하기 * 디지털 펜이 있는 경우 의견을 손글씨로, 없는 경우 붙임쪽지 기능 활용 ③ 정해진 시간(10분)이 지나면 호스트만 남고 다른 소회의실로 이동하기 * 이동하는 순서를 사전에 안내하거나 교사가 직접 배정하기 ④ 마이크로소프트 화이트보드에 남아있는 토의 흔적을 보고 토의 이어가기 ⑤ 토의 내용 정리 및 공유하기 ▶ **의견 결정하기** • 좋아요, 댓글, 평점 등의 반응을 통해 가장 좋은 아이디어 선택하기 **패들렛을 활용한 다수결** - 패들렛에는 좋아요, 댓글, 평점 등의 '반응' 기능이 있어서 자신의 마음에 드는 의견에 '좋아요' 표시를 하는 등을 통해 다수결로 의견을 결정할 수 있다. 혹은 구글 설문을 통해 투표를 하는 것도 가능하다.
정리	▶ **자신의 의견이 드러나게 제안하는 글쓰기** **패들렛을 활용한 제안하는 글쓰기** - 토의를 그대로 끝내기보다 토의를 통해 알게 된 점이나 자신의 생각을 담아 제안하는 글쓰기를 할 수 있다. 토의 과정에서 친구들이 제시한 자료들을 활용하여 제안하는 글쓰기를 하고, 교사는 이 글에 댓글의 형태로 피드백을 제공할 수 있다. 이때 양식은 '선반' 형태로, 학생 개개인마다 선반을 구분해 주면 각자 자신의 글을 쓰면서 다른 사람의 글을 참고할 수도 있다.

비실시간 비대면 토의·토론 수업

비실시간 비대면 토의·토론은 수업자의 가용 시간이 모두 다르거나 동시에 접속할 여건이 되지 않아 실시간 수업이 어려울 경우 활용할 수 있는 방법이다. 실시간에 비해 즉각적인 반응이나 피드백은 어려울 수 있지만 오히려 시간차를 두고 의견을 교환할 수 있기 때문에 수정·보완이 가능하고 쓰기 영역과 연계하여 지도할 수 있는 장점이 있다. 실시간 토의·토론과 마찬가지로 의견이나 자료를 공유할 수 있는 플랫폼이 필요하다. 앞서 소개했던 패들렛이나 마이크로소프트 화이트보드뿐 아니라 밴드, 카카오톡, 온라인 카페 등의 폐쇄형 SNS를 활용하여 승인된 그룹원들만 접속할 수 있도록 운영하는 것이 개인정보유출 면에서 유리하다.

활용할 매체는 선정할 때는 아래의 특성을 고려한다. 또 만 14세 미만 청소년의 경우 플랫폼 회원 가입시 학부모의 동의 절차가 필요하므로 회원 가입 절차를 사전에 안내해야 한다.

① 접근성
- 학생들이 얼마나 쉽게 접속할 수 있는가?
- 승인되지 않은 사람이 접속할 수 없는가?

② 자료의 분류
- 자료를 탑재할 위치를 설정할 수 있는가?
- 탑재한 자료를 교사 혹은 학생이 손쉽게 찾거나 관리할 수 있는가?

③ 자료의 탑재
- 어떤 형태의 자료를, 얼마나 탑재할 수 있는가?
  예 글, 사진, 동영상, 음성, 링크 등

④ 자료의 공유
- 탑재된 자료를 교사 이외에 다른 사람이 확인할 수 있는가?
- 탑재된 자료를 보거나 편집할 수 있는 권한을 설정할 수 있는가?

1 수업 주제 선정

비실시간 비대면 토의·토론의 경우 학습하는 시간이 모두 다르더라도 수업을 진행할 수 있는 장점이 있다. 이것은 곧 자신의 수준과 속도에 맞추어 자료를 읽고, 찾으며, 글이나 영상, 음성의 형태로 공유할 수 있다는 의미이다. 이런 장점을 살려 수업 주제를 '제시된 글을 읽고 토론 주제에 대한 자신의 의견 발표하기'로 선정하였다. 제시된 글에 대해 의견을 나누는 과정은 온라인 글쓰기를 통해 진행할 수 있고, 플립(Flip)이나 유튜브 등을 활용하여 자신의 의견을 발표하는 영상을 찍어 업로드 할 수 있다. 수업 주제는 사회 교과와 연계하여 '우리나라의 빠른 경제성장으로 인해 생겨난 문제의 해결 방안 찾기'로 선정했다.

2 교육과정 분석

5~6학년군 국어 교과의 '읽기' 영역을 중심으로 사회 교과의 성취기준을 융합하여 수업을 구성하였다. 국어 읽기 영역 성취기준 적용 시 고려 사항을 살펴보면 '교육 기술의 발달에 따라 교육 현장의 여건과 학습자의 수준에 적절한 매체를 선정하여 학습 공간을 연결하고 확장하여 지도할 수 있다. 수업 상황에서는 학습관리시스템(LMS), 교육 기술 수업 도구, 실시간 쌍방향 수업 플랫폼, 메타버스 등을 활용하여 실시간과 비실시간으로 독서 토론, 대화, 발표, 질의응답 등을 수행하고 독서에 관한 피드백을 나눌 수 있다. 또한 독서 과정과 결과를 인터넷 게시판, 누리집 등을 통해 공유할 수 있다. 독서 감상문이나 서평 쓰기, 책 쓰기 등의 독서 활동 이외에도 카드뉴스 만들기, 책 소개 영상을 제작하고 공유하는 활동 등 매체를 활용하여 다채로운 독서 활동을 수행할 수 있도록 지도한다.'라는 내용을 확인할 수 있다.

5~6학년군 사회 교과의 성취기준 해설에서는 '우리나라의 경제성장이 우리 생활에 미친 긍정적·부정적 영향을 통계 자료를 통해 파악하고 빠른 경제성장으로 발생한 문제의 해결 방안을 찾도록 설정한 것이다. 또한, 토론을 통해 빠른 경제성장으로 발생하는 문제를 합리적으로 해결하는 방안을 찾는 데 중점을 둔다.'라는 내용을 확인할 수 있다. 그러므로 토론을 통해 저임금과 노사 갈등, 불평등과 빈부격차의 심화, 과소비와 자원 낭비 같은 경제문제의 해결 방안을 정부, 기업, 시민단체, 개인 등 여러 차원에서 찾는 수업 활동을 구상할 수 있다.

표 7.3 수업 관련 교과 영역 및 성취기준

교과	영역	성취기준
국어	읽기	[6국02-03] 글이나 자료를 읽고 내용의 타당성과 표현의 적절성을 평가한다. [6국02-04] 문제 상황과 관련된 다양한 관점의 글을 읽고 이를 문제 해결에 활용한다.
사회	법	[6사11-02] 경제성장이 우리 생활에 미치는 영향을 파악하고, 빠른 경제성장으로 발생한 문제의 해결 방안을 탐색한다.

3 활용 매체 및 협업 도구 선정

가장 손쉽게 학생들이 접속하고 자료를 관리할 수 있는 방법은 구글 클래스룸을 활용하는 방법이다. 사용법이 널리 알려져 있고 어렵지 않으므로 유튜브나 블로그 등을 통해 사용법을 먼저 익히도록 한다. 학생들의 계정을 일괄 발급하여 학급의 클래스룸을 운영하면, 실시간으로 정보를 확인하고 누가 자료를 제출했고 누가 하지 않았는지를 쉽게 파악할 수 있는 장점이 있다. 단 클래스룸만 활용할 경우 학생들이 교사가 제시한 과제에 제출한 글은 학생 상호간 공유가 되지 않고, 단순 게시판을 활용하여 글을 게시할 경우 글이 분류되지 않아 손쉽게 찾기 어려우므로 패들렛을 함께 활용하여 학생들이 서로의 글을 확인하고 상호피드백 또한 가능하게 한다. 패들렛의 경우 여러 가지 양식이 있으므로 목적에 따라 담벼락(비정리 게시형), 캔버스(연결형, 그룹화), 셸프(카테고리 분류형), 스트림(아래에서 위로 순차적 게시), 그리드(줄지어 배치), 타임라인(가로선 배치), 지도(온라인 지도 지점 활용) 중 선택하여 활용한다. 기법으로 마인드 맵이나 생선뼈 다이어그램을 활용할 경우 마이크로소프트 화이트보드를 활용할 수 있다.

클래스룸 사용이 어려운 경우 밴드, 온라인 카페 등 폐쇄형 SNS를 활용하면 된다. 클래스룸의 경우 회원 관리가 쉽고, 즉각적으로 실시간 쌍방향 회의에 접속할 수 있는 장점이 있지만 비실시간 비대면의 경우 이런 기능이 크게 필요하지 않으므로 '글을 게시하고 확인할 수 있는 기능을 갖춘 플랫폼'이라면 학급에 더 익숙한 것을 사용하면 된다.

영상을 찍어 공유할 때에는 각 SNS 피드에 첨부파일을 탑재하는 방법을 활용할 수 있는데 토론처럼 대화가 이어지려면 패들렛의 스트림 양식을 활용하며 영상을 첨부하는 것도 유용하다. 또 띵커벨 등의 플랫폼을 활용하면 퀴즈나 토론, 보드, 워크시트 등의 온라인 공간을 확보할 수 있다.

4 토의·토론 기법 및 방법 선택

토의·토론 기법

이 수업은 동시에 학습하지 않으므로 개별화 학습이 보다 강조되고 동시 협업은 어렵다. 그러므로 활용 가능한 토의·토론 기법으로는 밸런스 게임, 브레인라이팅, 육색 사고 모자법, 마인드 맵, 논리 나무, 생선뼈 다이어그램 등이 있다. 그리고 수업 진행이 시간을 두고 여러 날 동안 진행되는 것이 더 효과적이다.

밸런스 게임은 개별학습을 하는 학습자들의 흥미를 유발하는 아이스브레이킹 활동으로 적절하다. 예를 들어 '보존 vs. 개발'이라는 관점이나 '돈은 많지만 시간이 없는 부자 vs. 가난하지만 시간이 많은 백수' 등을 통해 양측의 문제 상황을 인식하게 하는 것이다.

브레인라이팅은 경제성장으로 인한 문제점을 파악할 때 활용할 수 있다. 사회 시간에 경제성장과 그 문제점을 배웠다면 배운 내용에 대해 생각나는 대로 적어볼 수 있는데 이때 패들렛 등을 활용할 수 있다.

마인드 맵은 학생들이 브레인라이팅 한 내용을 보고 각자 정리할 때 활용할 수 있다. 경제성장으로 발생할 수 있는 문제점을 빈부격차, 일자리 문제, 환경오염 등의 소주제로 정리하는 것이다. 각 문제점별 원인도 마인드 맵으로 연결할 수 있다.

육색 사고 모자법은 각각 해결 방법을 떠올릴 때 활용할 수 있다. 자신이 떠올린 해결 방법을 토론에서 제시하기 전 스스로 점검하는 것이다. 이것을 표로 만들어서 공유하는 것도 좋다.

논리 나무는 문제 상황과 원인, 적절한 해결 방법을 체계적으로 논의하는데 유용한 도구이므로 각각 문제에 대해 논리 나무를 만들어볼 수 있다. 이때 마이크로소프트 화이트보드를 활용하면 공동의 논리 나무를 만들 수 있고, 다른 사람이 작성한 논리 나무에 의견을 제시할 수도 있다.

생선뼈 다이어그램도 논리 나무와 마찬가지의 방법으로 활용할 수 있다. 이때 각각의 문제별로 구별해서 생선뼈를 작성하여 직소 등의 전문가 학습과 연계할 수도 있다. 마찬가지로 마이크로소프트 화이트보드를 활용한다.

토의·토론 방법

위의 토론 기법을 통해 의견을 충분히 마련했다면 본격적인 토론은 학습의 형태상 '말'보다는 '글'로 이루어지게 된다. 이것은 상대적으로 수업의 밀도는 떨어질 수 있지만 즉흥적으로 의견을 제시하기보다 스스로 의견을 검토하고, 근거와 자료를 마련할 수 있다는 장점이 있다. '말'의 형태로 토론을 진행하려면 '플립' 등의 어플리케이션을 활용하여 영상을 녹화하여 서로 공유하는 방법이 있다. 플립을 사용하지 않더라도 패들렛에 영상을 첨부하는 방법도 생각해 볼 수 있다. 토론 주제에 따라 가치 수직선 토론이나 찬반 대립 토론 등을 활용한다. 글을 통한 토론의 경우 8~10명으로 구성하여 패들렛의 '스트림'양식을 활용하여 진행할 수 있다. 찬성팀과 반대팀을 나누어 의견을 제시하되 의견을 제시하는 기한을 정해서 각각의 의견에 대해 반박하는 형태로 수업을 진행하면 된다.

5 수업 설계 및 실행 방안

수업 흐름도 **성장과 보존, 우리의 선택은?**

토론 준비하기

- **활용 플랫폼 선정하기**
  - 학급의 주된 SNS 선정: 구글 클래스룸
  - 자료 조사 및 공유: 패들렛, 마이크로소프트 화이트보드

토론 주제 정하기 밸런스 게임 | 마인드 맵 | 브레인라이팅

- **급격한 경제성장으로 일어난 문제점과 원인 떠올리기**

의견 마련하기 생선뼈 다이어그램 | 논리 나무

- **인터넷을 통해 관련 자료 조사하여 해결책 찾기**
  - 패들렛이나 마이크로소프트 화이트보드에 내용 정리하기

토론 진행하기 찬반 대립 토론

- **토론 주제에 대한 주장 펼치기**
  - 패들렛 스트림에 자신의 주장 글로 쓰기
  - 플립에 자신의 주장 영상 찍어 올리기

판정하기

- **토론 판정하기** 다수결

주장하는 영상 촬영하기

토의·토론을 적용한 교수·학습 활동

이 수업에서는 비실시간이라는 특성을 활용하여 토론 주제에 대한 주장을 펼치는 과정을 학생 저마다의 수준에 맞추어 깊게 학습할 수 있다. 토론 주제를 정하고, 그 주제에 대한 의견을 다양한 자료를 조사하며 마련한다. 실시간으로 토론이 진행되는 것이 아니라 토론 주제에 대한 자신의 의견을 패들렛의 스트림 양식에 메신저 채팅을 하듯 틈틈이 기록하며 주장과 근거를 구체화한다. 그렇게 정교화된 의견과 근거를 영상으로 찍어 플립에 게시하면 모든 학생이 주장을 펼치는 장면을 서로 살펴보고 댓글 등을 통해 피드백한다. 최종 업로드 기한을 정해둔 후 판정표를 활용하여 토론을 판정할 수도 있다.

표 7.4 비실시간 비대면 토의·토론 수업 교수·학습안

단계	토의·토론 중심 교수·학습 활동
도입	▶ **토론 주제와 관련된 아이스브레이킹 활동하기** **띵커벨을 활용한 밸런스 게임** - 띵커벨을 활용하여 '보존 vs. 개발'이라는 관점이나 '돈은 많지만 시간이 없는 부자 vs. 가난하지만 시간이 많은 백수' 등을 통해 양측의 문제 상황을 인식하게 한다. ▶ **경제성장으로 일어난 문제점 영상 살펴보고 원인 떠올리기** **패들렛을 활용한 브레인라이팅** - 패들렛에 사회 시간에 학습한 '경제성장의 문제점과 원인'에 대해 아는대로 쓰고 그 내용을 공유한다. **마이크로소프트 화이트보드를 활용한 마인드 맵** - 친구들이 패들렛에 쓴 내용을 활용하여 경제성장의 문제점과 원인을 마인드 맵으로 정리한다. 그 중 토론 주제로 적절한 것을 정한다. ▶ **토론 주제 정하기** • 패들렛에 자신이 생각한 토론 주제를 쓰고, 반응 투표를 통해 토론 주제를 선정한다.
전개	▶ **토론 주제에 대한 자신의 주장 정하기** • '빈부 격차를 해결하기 위해 정부에서 더 많은 복지 정책을 마련해서 어려운 사람을 도와야 한다'라는 토론 주제에 대해 자신의 주장 정하기 ▶ **주장을 뒷받침할 근거 마련하기** **마이크로소프트 화이트보드를 활용한 논리 나무** ① 빈부 격차 해결 방안에 대한 논리 나무를 '마이로직트리' 앱을 활용하여 그린다. ② 무엇 나무에 빈부 격차를, 왜 나무에 빈부격차의 원인을, 어떻게 나무에 원인에 대한 해결책을

전개	적어 가며 자신의 의견 정한다. ③ 자신이 정한 의견과 근거를 육색 사고 모자를 활용하여 평가한다. ▶ **토론 진행하기** • 토론 주제에 대한 자신의 주장과 근거 글로 쓰기 **패들렛을 활용한 PREP** - 패들렛의 스트림 양식에 자신의 주장과 근거, 관련 자료 등을 업로드한다. 이때 글을 쓰는 순서와 기한을 미리 정해 주어 시간이 다소 소요되더라도 토론의 절차를 따르도록 진행한다. 일반적인 오프라인의 토론과의 차이점은 시간이 많아 반론할 자료를 찾을 시간이 충분하다는 것이다. 스트림 양식은 문자의 대화창처럼 글이 순서대로 올라오기 때문에 대화가 이어지는 것처럼 느껴지는 장점이 있다. 이때 논증 기법인 PREP의 방식으로 진술하게 한다. ▶ **토론 판정하기** • 정해진 시간 안에 글이 모두 탑재되면 그 글을 평가하여 토론 결과 판정하기 **구글설문을 활용한 다수결** ① '빈부 격차 해결을 위해 정부에서 더 많은 복지 정책을 마련해서 어려운 사람을 도와야 한다'에 대한 글을 평가한다. ② 구글 설문에 접속하여 주장과 근거가 더 논리적이라고 생각되는 측에 투표한다. * 구글 설문 대신 카카오톡 익명투표, 네이버 투표 등 학급 상황에 적절한 도구를 활용할 수 있다. ③ 부가 기능을 활용하여 판정단의 의견을 작성한다. * 서술형 설문 문항 기능을 활용하여 판정 이유 등을 기록한다. ④ 토론 결과를 게시한다.
정리	▶ **주장하는 영상 촬영하기** **PERP with Flip** - 토론을 끝마친 후 토론 주제에 대한 자신의 최종 주장과 의견을 영상으로 촬영해서 공유하는 것도 좋은 방법이다. 글을 통해 토론을 진행했으므로 최종적으로 자신의 주장과 근거를 말로 표현하게 하는 것도 의미가 있기 때문이다. 이때 Flip이라는 어플리케이션을 활용하면 서로의 영상을 확인할 수도 있고, 댓글을 통해 상호피드백을 제공할 수 있다. 또한 주제별로 관리할 수 있고, 업로드가 간단하므로 마지막 수업 정리는 각자 영상을 찍어 업로드하게 하는 것으로 마무리한다.

대면 기반 온라인 연계 토의·토론 수업

대면 기반 온라인 연계 토의·토론 수업은 실제 교실에서 대면 수업을 진행하지만 적절하게 온라인 수업 도구를 활용하여 토의·토론의 효과를 높일 수 있는 방법이다. 온라인 수업 도구의 장점은 아래와 같다.

① 의견의 공유, 수정, 피드백이 쉽고 빠르다.
② 자료를 누적하여 관리할 수 있다.
③ 필요한 내용을 검색하거나 자료를 찾아 첨부할 수 있다.

이에 비해 실시간 대면 토의·토론는 말하기 부담, 발언 기회의 균등한 분배, 참여자 간의 수준 차이, 내용 정리 및 공유의 어려움 등의 단점이 있다. 온라인 수업 도구의 장점을 고려하여 대면 기반 온라인 연계 토의·토론 수업을 설계하면 실시간 대면 토의·토론 수업의 단점을 극복할 수 있다.

1 수업 주제 선정

토의·토론을 통해 다양한 의견과 그에 대한 근거를 공유할 수 있고, 서로를 설득할 수 있다. 이런 과정을 거친 후 논설문을 쓴다면 더 타당한 근거와 적절한 자료를 활용하여 글의 설득력을 높일 수 있다. 이러한 점을 고려하여 수업의 주제는 '적절한 근거를 사용하고 출처를 밝혀 주장하는 글쓰기'로 선정하였다. 토론 주제는 '도시와 촌락 중 학생의 전인적인 성장에 더 도움이 되는 곳은 어디인가?'로 선정하여 수업을 계획하였다. 이 수업은 한 차시로 진행하는 것이 아니라 토의 준비 과정부터 글쓰기까지 약 6차시로 계획되었다.

2 교육과정 분석

5~6학년군 국어 교과 '쓰기'영역을 재구성하여 수업을 구성하였다. '성취기준 적용시 고려할 사항'을 살펴보면 '설득을 목적으로 하는 글 쓰기는 주장하는 바가 뚜렷하게 드러나고 근거가 적절해야 독자를 효과적으로 설득할 수 있음을 지도한다. 제시한 근거가 주장과 관련이 있는지, 주장을 뒷받침하는 데에 적절한지에 중점을 둔다.'라는 내용을 확인할 수 있다. 최종 목표인 주장하는 글쓰기의 과정에서 다양한 토의·토론 기법과 방법을 활용하여 설득력이 있는 글을 쓸 수 있도록 지도한다.

표 7.5 수업 관련 교과 성취기준

교과	영역	성취기준
국어	쓰기	[6국03-02] 적절한 근거를 사용하고 인용의 출처를 밝히며 주장하는 글을 쓴다.

3 활용 매체 및 협업 도구 선정

대면 기반 온라인 연계에서 활용할 수 있는 매체는 크게 2가지이다. 앞서 활용했던 실시간 화상회의 플랫폼과 자료를 탑재할 수 있는 폐쇄형 SNS가 바로 그것이다. 학생들이 토론을 위한 자료를 찾거나 찾은 자료를 글로 남길 때에는 패들렛이나 구글 클래스룸 등의 도구를 활용하고, 타학급이나 타지역 학교 학생들과 연계하여 토론을 진행할 때에는 실시간 화상회의 플랫폼을 활용한다.

패들렛은 주소를 공유하면 누구나 쉽게 접근할 수 있고, 학생들의 읽기·쓰기 권한을 쉽게 통제할 수 있기 때문에 자료를 저장하거나 공유하는 데 유용하다.

타지역 학생들과 원격 토론을 진행하기 위해 선택한 플랫폼은 줌(Zoom)이다. 구글 클래스룸의 경우 같은 클래스로 초대해야 하는 번거로움이 있으므로 일회적으로 활용하기 어렵고, 구글 계정이 필요하다. 줌이 아니라도 접근성이 좋고, 소회의실을 개설할 수 있는 화상회의 플랫폼이라면 무엇이든 무방하다.

4 토의·토론 기법 및 방법 선택

토의·토론 기법

타 학교 학생들, 특히 도시와 어촌에 사는 학생들이 서로 의견을 원활하게 제시하고 경청하기 위해서는 아이스브레이킹 활동이 필요하다. 진진가를 통해 각 지역의 사정에 대해 흥미를 갖고 알아볼 수 있다. 예를 들어 '우리가 사는 지역에는 학원이 하나도 없다', 혹은 '나는 학원을 마치고 집에 가면 12시가 넘는다' 등의 문장을 넣어 각 지역의 문제점이나 상황에 대해 공유할 수 있다.

원활한 토론을 위해 의견을 제시할 때에는 PREP를 사용하는 것을 약속한다. 논증 기법으로 말하기 위해 근거와 자료를 찾아 패들렛에 탑재하고, 자신의 발언을 사전에 연습하게 한다.

토의·토론 방법

본격적인 토론 전 협력적 찬반(pro-con) 토론을 하는 것도 효과적이다. 프로콘의 경우 강제로 찬성, 반대의 입장을 번갈아 맡아봄으로써 상대방이 제시할 반론을 예상할 수도 있고, 자신의 의견의 결함도 찾을 수 있다. 프로콘 토론을 먼저 한 후 자신의 입장을 결정하게 한다.

협력적 찬반 토론 외에 원탁 토의를 사전에 하는 것도 유용하다. 각 학급에서 학생들을 두 그룹으로 나누고 각각 원탁에 앉아 자유롭게 의견을 제시하며 자신의 주장을 결정하기 위한 정보를 얻게 한다. 예를 들어, 어떤 학생은 자연과 더불어 살아가는 것이 정서적 안정감을 준다는 이야기를 듣고 자신의 의견이 촌락 쪽으로 기울 수도 있고, 편의시설의 부재가 불편함을 준다는 이야기를 듣고 도시가 더 나을 것이라고 판단할 수도 있다.

5 수업 설계 및 실행 방안

이 수업에서는 비실시간이라는 특성을 활용하여 토론 주제에 대한 주장을 펼치는 과정을 학생 저마다의 수준에 맞추어 깊게 학습할 수 있다. 토론 주제를 정하고, 그 주제에 대한 의견을 다양한 자료를 조사하며 마련한다. 실시간으로 토론이 진행되는 것이 아니라 토론 주제에 대한 자신의 의견을 패들렛의 스트림 양식에 메신저 채팅을 하듯 틈틈이 기록하며 주장과 근거를 구체화한다. 그렇게 정교화된 의견과 근거를 영상으로 찍어 플립에 게시하면 모든 학생이 주장을 펼치는 장면을 서로 살펴보고 댓글 등을 통해 피드백한다. 최종 업로드 기한을 정해둔 후 판정표를 활용하여 토론을 판정할 수도 있다.

수업 흐름도 **도시와 촌락, 학생의 성장에 어디가 더 좋을까?**

토론 준비하기

- **활용 플랫폼 선정하기**
  - 온라인 토론 플랫폼: 줌(Zoom)
  - 자료 조사 및 공유: 패들렛
- **토론을 위한 공감대 형성**
  - 아이스브레이킹, 각 지역에 대한 소개하기 **진진가**

토론 주제 정하기

- **도시와 촌락 중 학생의 전인적 성장에 더 도움이 되는 곳은 어디일까?**

학급 내 토론 진행하기 **원탁 토의** **협력적 찬반 토론**

- **원탁 토의를 통해 각 지역의 장단점 떠올리기**
- **협력적 찬반 토론을 통해 의견 정하기**

원격 토론 진행하기 **논증기법***

- **토론 주제에 대한 주장 펼치기**
  - 두 팀으로 나누어 줌으로 원격 토론 참여하기
  - 논증 기법으로 자신의 주장과 근거 펼치기
  - 패들렛에 탑재한 자료로 근거 뒷받침하기

판정하기

- **토론 판정하기**

의견이 드러나는 글 쓰기

토의·토론을 적용한 교수·학습 활동

이 수업은 대면을 기반으로 한 온라인 연계·토론 수업이므로 대면 수업의 강점과 원격학습의 장점을 최대한 끌어내는데 초점을 맞추는 것이 중요하다. 그러므로 학급 내에서 가정학습에 참여하는 1~2명의 학생과의 온라인 연계를 끌어내기보다 타학급이나 타기관과의 온라인 연계를 활용하는 것이 효과적이다. 타 지역의 학급과 온라인 연계로 같은 주제에 대해 토의·토론을 진행하되, 오프라인 상황에서 원탁 토의와 협력적 찬반 토의를 진행한 후 줌을 활용하여 학급-학급간 원격토론을 진행하도록 수업을 설계했다.

표 7.6 대면 기반 온라인 연계 토의·토론 수업 교수·학습안

단계	토의·토론 중심 교수·학습 활동
1~2차시	▶ **토론 주제 정하기** • 패들렛에 자신이 생각한 토론 주제를 쓰고, 반응 투표를 통해 토론 주제를 선정한다. ▶ **타지역 학생과 원격토론을 위한 아이스브레이킹 활동하기** **줌(Zoom)을 활용한 진진가 게임** - 줌에 접속하여 각 지역 상황에 대한 진실 혹은 거짓 문장을 활용하여 진진가 게임을 진행한다. 이때 구글 프레젠테이션이나 허니컴보드 등을 활용하여 미리 문제를 준비한다. 화면 공유 기능을 적절하게 사용하여 각 지역별로 4~5명이 문제를 제출한다. ▶ **토론 주제 확인하기** • '도시와 촌락 중 학생의 전인적인 성장에 더 도움이 되는 곳은 어디인가?'라는 질문에 대해 자유롭게 의견 나누기 **패들렛을 활용한 브레인라이팅** - 학생 수가 많을 수 있기 때문에 패들렛에 자유롭게 의견을 쓰게 한다. 이때에는 간단하게 '~가 더 좋다고 생각한다. 왜냐하면~' 정도로 의견을 적되 최대한 많은 아이디어를 떠올리는데 초점을 맞추게 한다. ▶ **각 학급별로 원탁 토의 진행하기** **원탁 토의** - 학급 학생을 두 그룹으로 나눈 후 원탁 토의를 통해 다양한 의견을 나눈다. 토론 이전에 원탁 토의를 하는 까닭은 혼자서는 떠올리기 힘든 다양한 근거를 듣게 하기 위해서이다. 자료를 찾아보지 않은 상태의 토의이기 때문에 근거가 타당한지 판단하기보다 여러 가지 측면을 고려하는데 초점을 두도록 한다.
3~4차시	▶ **인터넷을 통해 근거를 뒷받침할 내용 조사하기** • 찬성, 혹은 반대 입장을 정하고 인터넷에서 근거를 뒷받침할 내용 조사하기 • 조사한 내용을 찬성, 혹은 반대측 패들렛에 탑재하기 ▶ **학급 내 협력적 찬반 토론 진행하기** **협력적 찬반 토론 예시** ① 토론 주제를 확인한다. * 토론 주제: 도시와 촌락 중 학생의 전인적인 성장에 더 도움이 되는 곳은 도시이다 ② 토론 주제에 대해 짝과 함께 한 번은 찬성, 한 번은 반대 입장에서 토론한다. ③ 상대방의 주장과 근거의 허점을 찾아 반론을 제시한다. ④ 자신의 주장을 결정한다. ▶ **학급간 원격 토론 진행하기** • 찬성과 반대 인원을 적절하게 나누어 2개 소그룹으로 토론 진행하기 **원격토론(논증 기법) with 줌(Zoom)** ① 찬성과 반대 입장을 적절하게 나누고, 그 인원을 다시 2개 그룹으로 나눈다. * 동시에 2개 그룹이 원격토론을 진행하여 토론 기여도를 높인다.

3~4차시	② 2개의 소회의실을 만들어 접속하고 사회자 지정한다. 　* 개별 이어폰과 스마트기기를 활용하여 화상회의로 토론을 진행한다. ③ 사회자의 진행에 따라 원격 토론 진행한다. ④ 논증 기법을 활용하여 의견 제시한다. 　* 녹화 기능을 사용하여 추후 평가자료로 활용한다. ⑤ 토론 결과 정리 및 공유한다. 　* 패들렛, 마이크로소프트 화이트보드 등을 활용하여 온라인으로 공유한다. ▶ **토론 판정하기** • 정해진 시간 안에 토론이 종료되면 각 소그룹별로 어느 측의 주장과 근거가 적절했는지 판정하기
5~6차시	▶ **온라인으로 주장하는 글 쓰기** **PERP with 패들렛** - 토론을 마친 후 최종적으로 자신의 의견과 근거, 뒷받침할 자료를 정리하여 패들렛에 주장하는 글을 쓴다. 이때 패들렛을 활용하는 이유는 다른 사람이 준비했던 자료를 활용할 수 있고, 친구의 글을 참고하여 글의 수준을 높일 수 있기 때문이다. 또 교사-학생간, 혹은 학생 동료간 댓글이나 반응 등을 활용하여 피드백을 제공하기도 유리하다. 최종적으로 탑재한 글을 보고 교사는 토론 과정에서 놓치기 쉬운 학생의 논리적 사고를 평가할 수 있다.

8장

비교과 영역의 토의·토론

비교과 영역에서 토의·토론 실천하기

우리나라의 교육은 자주적 생활 능력과 민주 시민으로서 필요한 자질을 갖추게 하는 것을 목표로 하고 있다. 국가 교육과정은 학생이 능동적으로 수업에 참여하고 자신의 생각을 표현하는 기회를 가지도록 토의·토론 학습을 교과 교육뿐만 아니라 학교 교육 전 과정을 통해 강조하고 있다. 서로 다른 사람이 모인 학급은 다양한 의견 충돌과 일상의 문제가 일어날 수 있는 공간이다. 학급은 서로의 생각을 표현하고 의견을 나누면서 문제를 해결해나가고 서로 약속을 통해 질서를 세워나가는 공간이자 교과 학습의 기초가 이루어지는 공간이다. 함께 하는 학급 생활을 위해 우리가 함께 살펴보면 좋은 토의·토론 주제를 기존의 토의·토론 기법과 접목하여 살펴보고자 한다.

이 장에서는 비교과 영역에서 토의·토론을 적용할 수 있는 방안을 크게 세 가지 주제로 나누어 살펴보고자 한다. 학생들이 학교생활을 할 때 토의·토론을 적용하여 문제를 해결할 수 있는 장면들을 선별하였고, 이는 학급 및 학교 상황에 따라 유동적으로 변경하여 활용할 수 있다.

첫째, 학급 경영의 장면에서 학생들은 토의·토론을 통해 여러 가지 규칙을 정하고, 갈등을 해결하여 원만한 공동체 생활을 주체적으로 영위할 수 있다. 둘째, 동아리 활동에서 학생들은 토의·토론을 통해 논리적 사고력과 자발적 태도를 함양하여 민주시민의 자질을 갖출 수 있다. 셋째, 교내외 토론 대회에서 학생들은 토의·토론을 직·간접적으로 경험하게 되고 토의·토론을 통한 민주적 의사 결정 문화를 정착할 수 있다.

학급 경영을 위한 토의·토론

학생들은 토의·토론 학습을 통해 자신의 생각을 표현하는 기회를 가질 수 있는데 이것은 교과 수업이나 융합형 프로젝트 수업 외에도 우리가 함께 생활하는 학급을 운영해 나갈 때도 적용할 수 있다. 학생들이 학급에 관심을 가지고 스스로 문제를 해결하는 주인으로서 참여하면서 개선해 나갈 때 비로소 학생 주도성이 발현되고 실제적 삶의 문제 해결로 나아갈 수 있다. 그러므로 학급 경영에서의 토의·토론은 필수이자 실제 삶으로의 전이라 할 수 있다. 학급에서 일어날 수 있는 문제와 고민을 중심으로 토의·토론 주제를 생성하고 2부에서 기술한 토의·토론 기법을 적용하였다.

1 주제 선정

학급 경영에 대한 토의·토론의 주제를 정하는 데 가장 큰 핵심은 학생들의 삶 속에서 문제를 발견하고 함께 해결하는 것이다. 우리가 함께 어울리는 교실에서는 다양한 문제에 따른 각기 다른 입장이 있다. 문제를 해결하고 갈등을 푸는 것은 교실에서의 공동체 생활을 지속하는데 필수적이다. 토의는 문제를 해결하는 좋은 방법을 선택하는 데, 토론은 상반된 의견을 조율하여 갈등을 푸는데 도움이 된다. 둘은 다른 개념이지만 따로 일어나는 분리된 과정이 아니다. 토론으로 시작되었다가 토의로 전개되거나, 토의로 시작했지만 토론으로 마무리 짓는 경우도 있다. 토의와 토론은 함께 작용하는 경우가 많다. 아래의 토의·토론 주제는 하나의 예시이며, 토의 주제를 변형할 경우 토론 주제로 활용될 수도 있고 토론 주제를 변형할 경우 토의 주제로 선정할 수 있다.

2 교육과정 분석

비교과 영역의 토의·토론은 교과의 성취기준에 근거해서 교과 수업 시간에 이루어지는 국어과 중심 토의·토론, 프로젝트 학습에서의 토의·토론

표 8.1 학급 경영 장면에 따른 토의·토론 주제 예시

구분	토의 주제	토론 주제
공동체 자치활동	• 앉는 자리(짝, 모둠 등)는 어떻게 정할까? • 1인1역은 정하는 가장 좋은 방법은 무엇일까? • 교과시간에 이동할 때 어떻게 이동하면 좋을까? • 아침활동 시간은 무엇을 하면 좋을까? • 급식 시간에 지켜야 할 규칙은 무엇이 있을까? • 우리 반이 함께 지켜주었으면 하는 학급 규칙은 무엇이 있을까?	• 짝은 남녀로 앉아야 한다. • 1인 1역에서 자신이 맡은 역할은 1년동안 해야한다. • 이동하는 줄을 설 때는 키 순서대로 선다. • 아침활동 시간에는 독서를 해야 한다. • 독서 시간에 만화책을 봐도 된다. • 급식 시간에 잔반을 남겨서는 안 된다. • 친구의 별명은 불러도 된다. • 실내화를 슬리퍼로 불러도 된다. • 교실에서 모자는 벗어야 한다. • 쉬는 시간에 휴대전화를 써도 된다. • 수업 시간에는 자유롭게 화장실에 다녀와도 된다.
특별활동	• 현장체험학습 시 버스 안에서 앉는 자리는 어떻게 정할까? • 놀이 시간의 활동은 무엇을 하면 좋을까? • 놀이 상황에서 우리 반을 두 팀으로 나누는 방법은 무엇이 있을까? • 학급의 간식을 구입한다면 무엇을 구입하면 좋을까? • 우리 반이 함께 읽는 책은 무엇으로 정하면 좋을까?	• 현장체험학습에서 버스 앉는 자리는 친한 사람끼리 앉도록 한다. • 놀이시간에 하는 활동은 다수결로 정해야 한다. • 놀이 상황에서 두 팀으로 나눌 시 남과 여로 나눈다. • 학급의 간식은 선생님이 구입해야 한다. • 우리 반이 함께 읽는 책은 수업 내용과 관련된 책으로 정한다.
관계형성 및 소통활동	• 친구와 갈등이 생겼을 때는 어떻게 해결하면 좋을까? • 우리 반의 친구들이 학급 규칙을 잘 지키게 하려면 어떻게 하면 좋을까?	• 두 친구의 갈등상황에 대해 나는 OO의 입장에 더 공감이 된다. • 친구와 갈등이 생겼을 때는 선생님께 말씀드려야 한다. • 학급 규칙을 잘 지키는 친구에게는 보상이 필요하다. • 학급 규칙을 잘 지키지 않는 친구는 남아서 봉사활동을 해야 한다.

과는 달리 아침활동 시간, 창의적 체험활동을 통해 실시할 수 있다. 아침활동 시간과 창의적 체험활동은 학생들이 건전하고 다양한 활동에 자발적으로 참여하여 창의적인 삶의 태도와 공동체 의식을 함양하는 교육과정으로 학교와 학급에서 자율적으로 설계하여 운영할 수 있다. 학급의 특성에 반영하여 학생들이 즐거운 학급생활을 해 나가기 위해 의사 결정을 하고 갈등을 해결해 나가는 과정은 창의적 체험활동의 목표인 공동체 생활에 필요한 기

본 생활 습관과 시민의식을 기르는 것과 방향을 같이 한다(교육부, 2022). 따라서 위의 초등학교 교육과정의 창의적 체험활동을 바탕으로 학급에서 활용할 수 있는 아침활동 시간과 연계해 학생들이 일상생활의 공간인 학급에서 문제 상황을 인식하고 토의·토론을 통해 주체적으로 해결해 나가려 한다. 이를 통해 학생의 자기주도성과 민주시민성 함양을 이루고자 한다.

3 토의·토론 기법 및 방법 선택

이 장에서는 학급 경영의 여러 장면 중 학기 초 결정해야 할 우리 반의 규칙들을 정하는 과정을 사례로 토의·토론 준비하기, 문제 상황 파악하기, 문제 해결하기, 실천 점검하기 단계로 나누어 다양한 토의·토론 기법과 방법이 적용될 수 있도록 하였다. 이는 토의·토론 결과를 실천하고 점검하는 과정 중 생긴 새로운 문제 상황을 주제로 토의·토론을 통해 문제를 해결하는 과정이 되풀이 되는 순환 구조로서, 일련의 과정을 학생 주도적으로 이끌어나가는 데 중점을 두었다. 아래에 예시로 제시된 토의·토론 기법 및 방법 외에도 토의·토론의 목적을 달성할 수 있는 적합한 타 기법 및 방법들을 변형하여 활용할 수 있다.

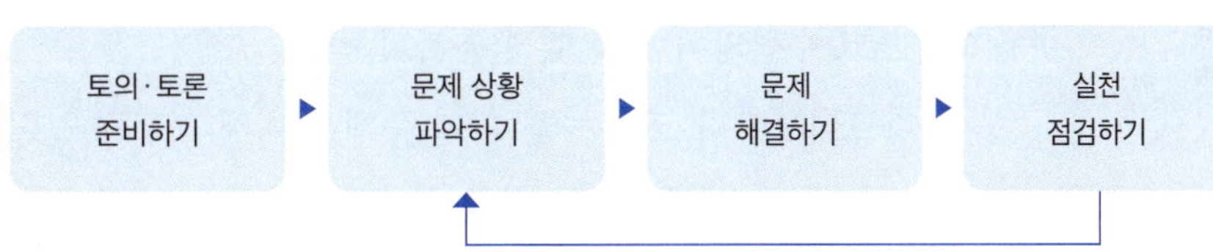

그림 8.1 학급 경영을 위한 토의·토론 진행 순서도

토의·토론 기법

이 수업에서 활용 가능한 토의·토론 기법으로는 밸런스 게임, 머리-몸통-다리, 브레인라이팅, 다중 투표, T-차트, PMI 기법 등이 있다.

밸런스 게임과 머리-몸통-다리의 경우, 본격적인 토의·토론 활동에 앞서 자신의 의견을 자유롭게 이야기하거나 주제에 적합한 의견을 떠올리는 연습을 하는 데 활용될 수 있다.

브레인라이팅은 학기 초 결정해야 할 우리 반의 규칙들을 다양하게 떠올리고 범주화하여, 토의·토론 주제를 선정하는 데 활용될 수 있다.

다중 투표는 학급 내 모든 학생들이 토의·토론의 과정을 거친 후 규칙 및 실천 사항들의 우선 순위를 매기거나, 비교적 단시간 내 결론에 도달하기 위해 활용할 수 있다.

T-차트와 PMI 기법은 토론 주제에 대한 자신의 입장을 정하기 전, 장점과 단점 등 여러 가지 측면을 다각적으로 분석하고 비교하여 의견과 근거를 확고히 하는 데 활용할 수 있다.

토의·토론 방법

이 수업에서 활용할 수 있는 토의·토론 방법에는 피라미드 토의, 다르니모으니 토의, 가치 수직선 토론, 월드카페 토의, 갤러리 워크 등이 있다.

피라미드 토의와 다르니모으니 토의는 앉는 자리, 1인 1역, 급식실 이동 방법, 아침 활동 시간을 보내는 방법 등 학기 초 결정해야 할 사항들을 주제로 토의를 할 때 활용될 수 있다. 피라미드 토의는 한 가지 주제에 대해 개인적으로 여러 개의 구체적인 방법들을 떠올린 후 2명, 4명, 8명 등 토의에 참여하는 학생 수를 늘려가며 최선의 방법을 선택하는 방식으로 이루어진다. 모든 학생들의 의견이 중요하게 다루어지되, 토의의 결과가 한 가지 의견으로 수렴되어야 할 때 활용하기 좋다.

다르니모으니 토의는 한 가지 주제에 대해 개인적으로 여러 개의 방법들을 떠올리며 시작한다는 점에서 피라미드 토의와 유사하나, 모둠 내에서 판단 기준을 정해 방법들의 우선 순위를 정하고 협의한 1순위의 해결 방법을 보완·발전시킨다는 점에서 보다 협력적인 토의 방법이라고 할 수 있다. 각 모둠에서 협의된 해결 방법들을 모아 각자가 최선이라고 생각하는 방법을 선택해, 같은 선택을 한 학생들이 모여 다시 한번 보완·발전의 과정을 거치는 데 이로써 보다 정교하고 합리적인 해결 방법을 찾아나갈 수 있다. 이러한 토의 과정들을 통해 학생들은 학기 초 결정해야 할 수많은 사항들을 민주적으로 결정하고 실천에 옮길 수 있게 된다.

가치 수직선 토론은 옳고 그름을 따져야 할 문제 행동이나 상황이 발생했을 때 그 문제에 대한 가치 판단을 통해 공동체의 합의를 도출하는 데 활용될 수 있다. 주제에 대한 개인의 의견을 옳고 그른 정도를 표현할 수 있는 수직선 위에 시각적으로 나타낸 후 다양한 의견을 주고받음으로써 학급에서 일어날 수 있는 여러 가지 가치 판단의 문제를 숙고의 과정을 거쳐 정의롭게 해결할 수 있게 된다.

월드카페 토의와 갤러리 워크는 편안하고 자유로운 분위기에서 실천 내용을 점검하고 격려하는 데 활용될 수 있다. 월드카페 토의를 통해 실천 내용을 되돌아보며 약속된 기호를 사용해 기록하고, 그 결과를 갤러리 워크 방법으로 공유할 수 있다. 이 과정에서 중요한 점은 실천 정도에 따라 특정 학생들의 우열을 가리는 것이 아니라, 공동의 문제 해결에 기여한 우리의 노력을 격려하고 변화된 학급의 모습에 초점을 두되, 새롭게 발생한 문제점들을 파악하는 데 목적을 둬야 한다는 것이다.

4 수업 설계 및 실행 방안

토의·토론을 통한 학급 경영의 목표는 모든 학생들이 문제 해결의 주체가 되어 그 과정에 주도적으로 참여하고 자발적 실천을 이끌어 내는 데 있다. 이를 위해 문제 해결의 과정을 토의·토론 준비하기, 문제 상황 파악하기, 문제 해결하기, 실천 점검하기 단계로 나누어 각 단계에서 학생들이 여러 가지 토의·토론 기법과 방법을 활용해 참여할 수 있는 기회를 적극 제공하였다. 또한 위의 단계는 일방향으로 이루어지는 과정이 아니라 순환되는 구조로써 실천 점검하기 단계에서 발견한 새로운 문제 상황이 또다른 토의·토론의 주제가 될 수 있다.

토의·토론이 적용된 교수·학습 활동

학급 경영에서 토의·토론을 적극적으로 활용하게 되면 모두가 문제 해결의 주체가 될 수 있고 실질적인 변화와 실천을 이끌 수 있다. 이 과정에서 타인의 의견을 경청하고 존중하며, 다양한 관점을 받아들이는 자세를 길러 민주 시민의 기초를 닦을 수 있다.

수업 흐름도 **행복한 우리반**

토의·토론 준비하기

- 토의·토론에 대한 진입 장벽 낮추기
  - 밸런스 게임으로 자기 의견 이야기하기 `밸런스 게임`
  - 머리-몸통-다리로 문제에 접근하기 `머리-몸통-다리`
- 토의·토론에 참여하는 마음가짐 이야기하기

문제 상황 파악하기

- 우리 반 문제 상황 떠올리기
  - 브레인라이팅으로 해결해야 할 문제 목록 만들기 `브레인라이팅`
- 가장 먼저 해결할 문제 선정하기
  - 다중 투표를 통해 토의·토론 주제 선정하기 `다중 투표`

문제 해결하기

- 선정된 주제에 대해 토의하고 방안 마련하기
  - 피라미드 토의로 방안에 대해 토의하기 `피라미드 토의`
  - 다중 투표로 최선의 해결 방법 결정하기 `다중 투표`
- 구체적인 실천 방안 마련하기
  - 다르니모으니 토의로 실천 방안 떠올리기 `다르니모으니 토의`
  - T-차트로 방안의 장단점 분석하기 `T-차트`

실천·점검하기

- 토의 결과 실천하고 점검하기
  - 월드카페 토의로 실천 내용 돌아보기 `월드카페 토의`
  - 갤러리 워크로 토의 내용 공유하기 `갤러리 워크`

표 8.2 학급 경영을 위한 토의·토론 수업 교수·학습안

단계	토의·토론 중심 교수·학습 활동
토의·토론 준비하기	▶ **토의·토론에 대한 진입 장벽 낮추기** • 밸런스 게임을 통해 주제에 대한 자신의 의견을 자유롭게 이야기하기 **밸런스 게임** - '김치찌개와 된장찌개', '하루 종일 사회 수업과 하루 종일 과학 수업' 등을 주제로 자신의 의견과 근거를 재미있게 주고받기 - 상대의 의견에 근거를 들어 반박하며 설득해 보기 • 머리-몸통-다리를 통해 문제 상황에 접근하기

토의·토론 준비하기

머리-몸통-다리
- 3명이 한 팀을 이루어 머리, 몸통, 다리의 역할 분담하기
- 교실, 학교, 친구 등 제시된 낱말에 적합한 토의·토론 주제, 주장, 근거 떠올리기
- 각자가 맡은 역할(머리-토의·토론 주제, 몸통-주장, 다리-근거)에 따라 떠올린 내용을 빠르게 이야기하기

▶ **토의·토론에 참여하는 마음 가짐과 역할에 대해 이야기하기**

문제 상황 파악하기 ①

▶ **토의·토론을 통해 해결해야 할 우리 반 문제 상황 떠올리기**
- 브레인라이팅을 통해 결정하거나 해결해야 할 우리 반 문제 상황 목록 만들기

브레인라이팅
- 개인당 3~4개의 붙임쪽지를 갖고, 각각의 붙임쪽지에 결정하거나 해결해야 할 우리 반 문제 상황을 한 가지씩 작성하기
- 4~6명의 모둠을 구성하고, 비슷한 내용이 적힌 붙임쪽지끼리 묶어 범주화하기
- 모둠별 결과를 발표하고 전체적으로 의견 공유하기
- 공유된 의견을 바탕으로 우리 반 문제 상황 목록 만들기
  * ㉮ ① 짝, 모둠, 앉는 자리를 정하는 방법 ② 급식실 이동 시 줄 서는 방법 ③ 아침 활동 시간을 보내는 방법 등

▶ **우리 반 문제 상황 목록 중 가장 먼저 해결할 문제 선정하기**
- 다중 투표를 통해 토론·토의 주제 선정하기

다중 투표
- 시급성, 중요도 등의 평가 기준을 고려하여 1인당 목록의 항목 중 2~3개를 선택하여 투표하기
- 항목별 투표 수를 집계하여 결과 공유하기
  * 1인당 투표 수는 항목의 수를 고려하여 결정하고, 같은 대상에 중복 투표는 할 수 없음을 지도함.

문제 해결하기 ①

▶ **우선적으로 선정된 주제에 대해 토의하고 최선의 방안 마련하기**
- 피라미드 토의를 통해 아침활동 시간을 보내는 방법 떠올려 이야기 나누기

피라미드 토의
- 아침활동 시간을 보내는 방법에 대한 아이디어를 1인당 4개씩 떠올려, 카드 1장당 하나의 아이디어 작성하기
- 2명이 모여 토의를 통해 8개의 아이디어 중 4개의 아이디어 추리기
- 4명이 모여 토의를 통해 8개의 아이디어 중 4개의 아이디어 추리기
- 위와 같은 방식으로 8명, 16명이 모여 4개의 아이디어 추리기
- 최종 선정된 4개의 아이디어를 두고 전체 토의를 진행하기

- 다중 투표를 통해 아침활동 시간을 보내는 최선의 방법 결정하기

다중 투표
- 흥미도, 지속성, 적합성 등의 평가 기준을 고려하여 1인당 2~3개의 항목을 선택하여 투표하기
- 항목별 투표 수를 집계하여 결과 공유하기
  * 1인당 투표 수는 항목의 수를 고려하여 결정하고, 같은 대상에 중복 투표는 할 수 없음을 지도한다.

문제 해결하기 ①	▶ **토의 결과를 공유하고 구체적인 실천 방안 마련하기** • 아침활동 시간에 친구들과 친밀도를 높일 수 있는 놀이 활동을 하는 것으로 결정되었음을 알리기 • 다르니모으니 토의를 통해 놀이 활동을 위한 팀을 나누는 방법 생각하기 **다르니모으니 토의** [다르니 토의] - 놀이 활동 시 팀을 나누는 방법에 대한 자신의 의견을 기록하기 - 모둠에서 서로 다른 의견을 모아 합의된 판단 기준에 따라 하나의 의견 선정하기 - 모둠에서 선정된 의견을 토의를 통해 보완·발전시키기 - 보완·발전시킨 모둠 의견을 다른 모둠과 공유하기 [모으니 토의] - 모아진 의견들을 살펴보고 최선이라고 생각하는 방법을 선택하기 - 같은 방법을 선택한 학생들끼리 모여 보완·발전시켜 공유하기 • T-차트를 통해 최종적으로 보완·발전된 방법들의 장단점 분석하기 **T-차트** - 각각의 방법들을 상단에 적고 T 형태의 표를 그려 장점과 단점 기록하기 - 기록된 장단점들을 비교·분석하기 〈남자팀 vs. 여자팀〉 장점 | 단점 〈홀수팀 vs. 짝수팀〉 장점 | 단점
실천·점검하기 ①	▶ **토의 결과를 실천하고 점검하기** • 월드카페 토의를 통해 실천 내용 되돌아보기 **월드카페 토의** - 4~5명이 모둠이 되어 빈 종이를 가운데 두고 아침 시간 놀이 활동을 실시한 경험, 생각과 느낌에 대해 이야기 나누기 - 이야기 내용을 빈 종이에 약속한 기호를 활용하여 기록하기 - 호스트 외의 나머지 모둠원들은 옆 모둠으로 이동하기 - 호스트는 나누었던 이야기를 간략히 요약 전달하고, 동일한 주제와 방법으로 이야기 나누기 • 갤러리 워크를 통해 토의 내용 공유하기 **갤러리 워크** - 이야기를 나누며 기록한 종이를 전시하고 호스트는 설명 준비하기 - 호스트 외 나머지 학생들은 결과물을 감상하며 호스트의 설명 듣기
문제 상황 파악하기 ②	▶ **새로운 문제 상황 파악하기** • 토의·토론 결과를 실천에 옮기며 생긴 새로운 문제점 파악하기 • 다중 투표 등의 방법으로 해결할 새로운 문제 상황 결정하기 예 놀이 활동 및 수업 시간 중 자유롭게 화장실에 가도 되는가?

문제 해결하기 ②	▶ **문제 상황에 대한 개인의 입장 세우기** • PMI 기법을 이용해 주제에 대한 장점, 단점, 흥미로운 점 분석하기 **PMI** - '놀이 활동 및 수업 시간에 자유롭게 화장실을 가는 행동'을 주제로 장점, 단점, 흥미로운 점 떠올려 기록하기 - 기록한 내용을 분석하여 나의 입장 견고하게 하기 ▶ **문제 상황을 해결하기 위해 토론하기** • 가치 수직선 토론을 통해 공동체 합의 도출하기 **가치 수직선 토론** - '놀이 활동 및 수업 시간에 자유롭게 화장실을 가는 행동'에 대한 옳고 그름의 정도를 수직선 위에 표시하기 - 수직선에 표시된 학급 전체의 의견을 종합하여 합의점 도출하기 ㉮ 다른 사람에게 피해를 줄 수 있음이 예상될 때는 선생님이나 친구들의 허락을 구하자 등
실천·점검하기 ②	▶ **토의 결과를 실천하고 점검하기** • 토의 결과를 실천한 후 변화된 점을 중점으로 이야기 나누기 • 토의·토론 통한 의사 결정의 중요성과 필요성 깨닫기

토의·토론 동아리 운영

초등학교 교육과정의 편제는 교과군과 창의적 체험활동으로 편성된다. 창의적 체험활동은 자율 활동, 동아리 활동, 봉사 활동, 진로 활동으로 이루어져 있다. 그중 동아리 활동은 자발적으로 집단 활동에 참여하여 협동하는 태도를 기르고, 각자의 취미와 특기를 신장하기 위한 활동으로 구성된다. 학교는 창의적 체험활동의 영역을 학생들의 발달 수준, 학교의 여건 등을 고려하여 선택적으로 편성하고 운영할 수 있는 자율권을 가진다. 창의적 체험활동 중 동아리 활동의 존재 목적은 학생들의 자발적 참여를 독려하고 협동하는 태도를 기르기 위함이다. 이에 학생들의 논리적 사고력 증진과 민주적 태도 함양을 목표로 토의·토론 동아리를 편성·운영할 수 있다. 이 절에서는 학교 현장에서 활용할 수 있는 토의·토론 동아리 운영 계획 및 방안을 예시로 소개한다.

1 운영 방향

학생들의 흥미를 높이기 위해 다양한 토의·토론 기법 및 방법을 활용하도록 한다. 또한 토론 주제를 삶의 장면뿐 아니라 영화, 도서, 사회적 이슈 등에서 발굴하도록 한다. 토의·토론 동아리의 첫 시간은 토의·토론을 할 수 있는 자유로운 소통의 분위기를 만들기 위해 2부의 준비하기(61~148쪽)에 소개된 놀이 활동을 한 뒤, 본격적인 토의·토론으로 들어갈 수 있도록 한다. 이때 단순히 토의·토론 주제를 제시하는 형식이 아니라 학생의 삶과 관련 있고 흥미를 갖는 장면을 보여 주어 문제 의식을 끌어낸 후 토론으로 전개하면 훨씬 더 흥미를 가지고 토의·토론을 진행할 수 있다. 즉, 토의·토론의 필요성을 느끼고 적극적으로 참여할 수 있도록 하는 맥락을 만드는 것이 교사의 중요한 역할이다. 이때, 영화 예고편이나 영화의 일부와 같이 영상을 통한 토의·토론에서 책과 같은 텍스트를 통한 토의·토론으로 나아가도록 한 것은 학생이 매체에 대해 가질 흥미와 이해를 고려한 순서이다.

토의·토론 동아리를 운영할 때는 창의적 체험활동 시간 20시간 이상을 확보하여 지속성을 보장하고, 최소 2차시 이상 연차시로 운영하여 운영의 실효성을 높인다. 창의적 체험활동 시간 이외에도 필요에 따라 방과 후를 활용해 동아리 활동을 적극 지원할 수 있다. 또한 학생들이 안정적으로 모일 수 있는 물리적 공간과 예산을 확보하여 동아리 운영에 필요한 물적 지원 역시 필요하다. 마지막으로, 토론 대회 참여를 적극적으로 독려하여 자신의 능력을 발휘하고 진로 탐색의 발판을 다질 기회를 마련한다.

2 운영 계획

위에서 제시한 운영 방향을 바탕으로, 학생들이 토의·토론 활동에 점차 몰입하고 자신의 생각을 깊이 있게 표현할 수 있도록 20차시의 활동을 단계적이고 체계적으로 계획하였다. 토의·토론 기법을 활용한 흥미 유발, 지속적인 참여를 위한 시차별 운영, 그리고 다양한 매체와 실제적 경험을 연계한 활동이 포함된 구체적인 운영 방안을 표 8.3과 같이 구성하였다.

표 8.3 토의·토론 동아리 연간 운영 계획표

일정	제재 및 지도 요소	차시	토의·토론 기법 및 방법
4/3	**동아리 열기** - 운영 계획 안내하기 - '진진가' 놀이로 유연한 분위기 만들기 - 동아리 규칙 정하기 ※ 동아리 운영의 주체가 학생이 될 수 있도록 한다.	1-2	• 진진가 놀이
4/17	**영화 감상 토의·토론** ①「인생은 아름다워」 -「인생은 아름다워」 영화 트레일러 보기 - 영화의 핵심 사건 이해하고 토의·토론 주제 찾기 - '아버지가 아들을 위해 아들에게 거짓말을 한 것은 옳은가?'를 주제로 토론하기	3-4	• 최후의 인물 찾기 놀이 • 신호등 토론
5/1	**영화 감상 토의·토론** ②「School of Rock」 -「School of Rock」 영화 트레일러 보기 - 영화의 핵심 사건 이해하고 토의·토론 주제 찾기 - '선생님과 학생들이 좋은 관계를 맺기 위한 방법'을 주제로 토의하기	5-6	• 다중 투표 • 카드 토의
5/15	**독서 토의·토론** ①『시간 가게』 -『시간 가게』 읽기 - 이야기의 핵심 사건 이해하고 토의·토론 주제 찾기 - '행복한 학창시절을 보내는 방법'을 주제로 토의하기	7-8	• 손님 모셔 오기 놀이 • 브레인스토밍 • 교차 토의
5/29	**독서 토의·토론** ②『꿈의 궁전을 만든 우체부 슈발』 -『꿈의 궁전을 만든 우체부 슈발』 읽기 - 이야기의 핵심 사건 이해하고 토의·토론 주제 찾기 - '다른 사람이 비웃어도 33년간 궁전을 만든 슈발의 행동은 이해받을 수 있는가?'를 주제로 토론하기	9-10	• 밸런스 게임 • T-차트 기법 • 협력적 찬반 토론
6/12	**동아리 문제 토의·토론** - 한 학기 간 동아리 활동 되돌아보기 - 동아리 발전을 위한 아이디어 발산·수렴하기 - 2학기 동아리 운영을 위한 지침 세우기	11-12	• 만다라트 기법 • 피라미드 토의
9/11	**사회 문제 토의·토론** ①〈공장식 사육과 동물 복지〉 - 공장식 사육에 대한 자료 수집하기 - '공장식 사육은 필요한가?'를 주제로 토론하기	13-14	• 머리-몸통-다리 놀이 • 육색 사고 모자 기법 • 회전목마 토론
9/25	**사회 문제 토의·토론** ②〈학교 폭력〉 - 학교 폭력에 대한 자료 수집하기 - '학교 폭력을 예방하는 방법'을 주제로 토의하기	15-16	• 서바이벌 브레인스토밍 • 월드카페 토의
10/9	**토론 대회 참가 준비하기** - 찬반 대립 토론 방법 익히기 - 찬반 대립 토론 연습하기	17-18	• 찬반 대립 토론
10/23	**토론 대회 참가하기** - 토론 대회 참가하기 - 대회 참가 후기 및 동아리 활동 성찰하기	19-20	찬반 대립 토론 • PMI 기법

1학기 사수	12	2학기 사수	8	연간 총 사수	20

음영은 다음 항에서 구체적으로 소개하는 부분을 나타냄.

3 토의·토론 기법 및 방법 선택

토의·토론 동아리를 운영하며 교사는 학생들에게 다양한 토의·토론 기법들을 소개하고, 이를 활용한 토의·토론 활동을 지원하면 보다 다채로운 양질의 동아리 경험을 제공할 수 있다. 여기에서는 동아리 활동 중 사회문제를 주제로 토의·토론을 진행하는 장면과, 토론 대회에 참여하는 장면을 구체적으로 소개한다.

토의·토론 기법

이 수업에서 활용 가능한 토의·토론 기법으로는 머리-몸통-다리, 육색 사고 모자, PMI 등이 있다.

머리-몸통-다리의 경우, 본격적인 토의·토론 활동에 앞서 자신의 의견을 자유롭게 이야기하거나 주제에 적합한 의견을 떠올리는 연습을 하는 데 활용될 수 있다.

육색 사고 모자는 토론 전 자신의 입장을 정하기 위해 토론 주제에 대한 다양한 생각들을 떠올리고 나누어 보는 데 활용될 수 있다.

PMI는 토의·토론 활동 후 그 과정을 성찰하는 데 활용될 수 있다.

토의·토론 방법

이 수업에서 활용할 수 있는 토의·토론 방법에는 회전목마 토론, 찬반 대립 토론 등이 있다.

회전목마 토론은 구성원 모두의 참여를 보장하고, 짧은 시간에 다양한 사람들과 의견을 주고을 수 있는 토론 방법으로 다수의 인원이 참여하는 상황에 유용하게 활용될 수 있는 토론 방법이다. 1:1로 돌아가며 사람들을 만나며 의견을 나눌 때, 경청하는 능력을 기르고 자신의 의견을 정교화하는 기회를 갖게 된다.

찬반 대립 토론은 정해진 규칙이 있고 주장의 옳음을 겨루는 시합의 성격을 띠는 토론 방법으로 교내외 토론 대회에서 주로 사용될 수 있는 토론 방법이다. 찬성측과 반대측이 각각 근거를 들어 주장을 펼치고 서로 논박하는 과정을 통해 어느 측의 주장과 근거가 더 설득력이 있는지 배심원들을 통해 판결할 수 있다.

4 운영 계획 및 실행 방안

토론 동아리는 창의적 체험활동의 동아리 활동 계획을 바탕으로 10회기(1회 2차시)로 운영 계획하였다. 토론을 위한 간단한 놀이로 분위기를 형성하고 영화와 도서를 감상한 뒤 우리 삶과 관련지어 토론을 해 나가면서 딱딱한 토론에 대한 생각을 바꾸고 여러 관점으로 대화를 나누고 근거를 들어 설득하는 것의 즐거움을 느낄 수 있도록 했다. 그리고 동아리 활동과 우리 사회로 시야를 넓혀 문제를 찾고 문제를 해결해 나가는 과정에서 토론의 중요성을 깨닫고 토론을 위한 기능을 익혀 나가도록 하였다.

사회 문제 토의·토론

학생들이 일상적인 주제에서 한 걸음 더 나아가, 우리 사회에서 발생하는 다양한 문제들을 비판적으로 바라보고 자신의 생각을 표현하는 경험은 매우 중요하다. 이에 사회 문제를 주제로 한 토의·토론 활동을 전체 10회기 중 7~8회차에 배정하였다. 학생의 눈높이에 맞는 사회적 이슈를 선정하여, 문제의 원인과 해결 방안을 함께 고민하고 토론하는 과정을 통해 비판적 사고력과 협업 능력을 기를 수 있도록 구성하였다.

동아리 운영 흐름도 **공장식 사육과 동물 복지**

준비하기

- 토의·토론에 대한 진입 장벽 낮추기
  - 머리-몸통-다리 놀이하기 머리-몸통-다리
- 공장식 양계장 사진을 보고 배경지식 활성화하기
- 공장식 사육과 동물 복지에 관한 영상 시청 후 소감 나누기

실행하기

- 토의·토론 주제 결정하기
- 토의·토론을 위한 자료 수집하기
  - 공장식 사육의 필요성과 유해성에 대한 근거 자료 수집하기
- 토의·토론을 위한 나의 입장 정하기
  - 육색 사고 모자로 아이디어 펼치기 육색 사고 모자
  - 토의 내용을 바탕으로 나의 입장 정하기
- 토의·토론하기
  - 회전목마 토론하기 회전목마 토론

성찰하기

- 토의·토론 내용 종합 및 성찰하기
  - 알게 된 사실, 흥미로웠던 점, 삶에 적용할 점 나누기
- 다음 회기 토의·토론 주제 예고하기

표 8.4 토의·토론 동아리 운영안 - 사회 문제 토의·토론 〈공장식 사육과 동물 복지〉

단계	동아리 활동 속 토의·토론 기법 및 방법
준비하기	▶ **머리-몸통-다리 놀이하기** **머리-몸통-다리 놀이하기** - 3명이 한 팀을 이루어 머리, 몸통, 다리의 역할 분담하기 - 친구, 아파트, 음식 등 제시된 낱말에 적합한 토의·토론 주제, 주장, 근거 떠올리기 - 각자가 맡은 역할(머리-토의·토론 주제, 몸통-주장, 다리-근거)에 따라 떠올린 내용을 빠르게 이야기하기 ▶ **공장식 양계장 사진을 보고 배경지식 활성화하기** • 사진과 관련한 지식이나 경험 나누기 ▶ **공장식 사육과 동물 복지에 대한 영상 시청하기** • 영상의 핵심 내용 떠올리기 • 영상을 시청한 후 느낌과 감정을 나누기
진행하기	▶ **토의·토론 주제 결정하기** • 토의·토론하고 싶은 주제 이야기하고 결정하기 예 공장식 사육은 필요한가? ▶ **토의·토론을 위한 자료 수집하기** • 토의·토론에서 활용할 수 있는 근거 자료를 수집하는 방법 알아보기 예 매체 자료, 인터뷰, 설문 조사, 관찰 등 • 공장식 사육의 필요성과 유해성에 대한 다양한 근거 자료 수집하기 ▶ **육색 사고 모자 기법으로 아이디어 펼치기** **육색 사고 모자 기법으로 이야기 나누기** - 6개의 색깔 모자가 의미하는 것 이해하기

	하양 모자	사실 말하기 - 주어진 문제에 대한 정보, 사실 등 확인하기 예 최소 비용으로 생산량을 최대화하기 위해 동물을 한정된 공간에서 대규모 밀집 사육을 한다.
	빨강 모자	느낌 말하기 - 문제 상황에 대한 자신의 감정, 떠오르는 느낌 말하기 예 밀집 사육되는 동물들이 안타깝고 불쌍하다.
	노랑 모자	좋은 점 말하기 - 문제 상황에 대한 장점, 강점, 좋은 점 말하기 예 보다 적은 비용으로 축산물을 생산하기 때문에 낮은 가격으로 축산물을 구매할 수 있다.
	검정 모자	나쁜 점 말하기 - 문제 상황의 단점, 약점, 나쁜 점 말하기 예 동물의 기본적인 욕구와 습성을 무시하고 비정상적인 성장을 조장하여 동물들에게 스트레스를 주며 생명을 상품으로만 취급한다, 가축전염병에 취약하다.
	초록 모자	해결 방법 말하기 - 새롭고, 창의적인 생각, 대안 말하기 예 공장식 사육에서 특히 개선이 필요한 동물을 살펴보고 밀집도를 낮추기
진행하기	**파랑 모자**	평가, 실천하기 - 토의에서 나온 이야기를 정리 또는 평가하고 아이디어를 실천하기

- 공장식 사육을 주제로 자신이 정한 색깔에 맞는 생각 이야기하기
- 모자를 바꾸어 다시 이야기 나누기
- 토의 내용 정리하기

▶ **토의 내용을 바탕으로 나의 입장 정하기**

• 토론 주제에 대한 나의 입장을 정하고 근거 자료를 보완하여 정리하기

▶ **회전목마 토론하기**

회전목마 토론하기

- 1:1 토론이 가능하도록 같은 인원의 학생이 안과 밖에 나누어 앉기
- 주제에 대해 안쪽에 앉은 학생이 2~3분간 주장과 근거 말하기
  예 공장식 사육이 옳은 것은 아니지만 필요하다고 생각해. 인구수가 증가하고 1인당 연간 축산물 소비량이 증가함에 따라 축산물을 대량 생산할 필요성이 있기 때문이야. 그리고 그런 축산물을 대량 생산하면서도 저렴한 가격에 공급하기 위해서는 공장식 사육이 필요할 수 밖에 없어. 지금도 축산물을 통해 필요한 영양섭취를 해야하지만 가격 때문에 망설이는 저소득가정이 있는데 가격이 올라가면 어떻게 될까? 그렇기 때문에 공장식 사육은 나쁜 점도 있지만 우리들에게는 좋은 점이 더 많아서 필요하다고 생각돼.
- 바깥에 앉은 학생이 정해진 규칙대로 자리를 옮겨 들은 내용 전달하며 자신의 의견 덧붙이기
- 안쪽에 앉은 학생이 2~3분간 주장과 근거 말하기
- 바깥에 앉은 학생이 정해진 규칙대로 자리를 옮겨 앞서 들은 2명의 의견을 종합하여 전달하며 자신의 의견 덧붙이기
- 같은 방법으로 3~4회 반복하기

성찰하기

▶ **토의·토론 내용 종합 및 성찰하기**

• 새롭게 알게 된 사실, 흥미로웠던 점 등 활동 후기 나누기
• 나의 삶에 적용할 내용 찾아 발표하기

▶ **다음 회기 토의·토론 주제 예고하기**

토론 대회 참여하기

토론 대회는 학생들이 동아리 활동에서 익힌 토론 기술과 사고력을 실제로 적용해 볼 수 있는 좋은 기회이다. 이에 토론 대회 참여 활동을 전체 10회기 중 9~10회차에 배정하였으며, 학교와 지역의 여건에 따라 교내 대회로 진행할 수도 있다. 대회 참여를 통해 다양한 관점과 논리적 표현을 경험하고, 자신감을 키우며 성장하는 계기를 마련하고자 한다.

동아리 운영 흐름도 **토론 대회 참여하기**

준비하기

- 토론 대회 주제 및 규칙 숙지하기
- 제시된 자료 및 추가 자료 수집하여 읽기
- 토론 자료 정리하기

실행하기

- 찬성과 반대 입장 정하기
- 팀 내 역할 정하기
- 찬반 대립 토론하기 찬반 대립 토론
- 배심원 투표로 승패 결정하기

성찰하기

- 토론 대회 참여 후기 나누기
- PMI로 토론 대회 참여 후기 나누기 PMI

표 8.4 토론 동아리 운영안 - 사회 문제 토의·토론 〈공장식 사육과 동물 복지〉

단계	동아리 활동 속 토의·토론 기법 및 방법
준비하기	▶ **토론 주제 및 규칙 숙지하기** 예 AI 기술 개발은 필요한가? • 찬반 대립 토론 절차 및 규칙 상기하기 ▶ **토론 주제에 대해 제시된 자료 및 추가 자료 수집하여 읽기** • 제시된 자료(참고자료(1)-제시자료)를 읽고 추가 자료 수집하기 • 찬성, 반대측에 대한 각각 주장과 근거 분류하기 ▶ **토론 자료 정리하기** • 제시된 기준을 고려하여 토론 자료 정리하기(참고자료(2)-정보처리역량-실태분석력 평가체크리스트 문항)

진행하기	▶ **찬성, 반대 입장 정하기** • 제비뽑기를 통해 찬성, 반대 입장 정하기 ▶ **팀 내 역할 정하기** • 입론, 교차질의, 반박 등 역할과 순서 정하기 ▶ **찬반 대립 토론 진행하기** **찬반 대립 토론하기** - 찬성측 토론자① 입론하기(4분) ㉠ AI는 자동화를 통해 반복적인 작업을 수행할 수 있어서 사람이 수행할 때 일어날 수 있는 실수를 없앨 수 있습니다. 단순 반복 작업뿐 아니라, AI는 인간보다 더 많은 정보를 빠르게 처리할 수 있기 때문에 최신 정보를 스스로 학습해 인간이 판단을 내리는 데 도움을 줄 수도 있습니다. 따라서, AI는 사람의 단점을 보완하고 돕는 긍정적인 역할을 합니다. - 반대측 토론자② 주도로 교차질의하기(3분) ㉠ AI 역시 인간이 만든 것으로 오류가 있을 수 있습니다. 인간의 생명이나 기본권과 관련된 중요한 결정을 내릴 때, 사람들이 AI의 결정을 신뢰하고 따를 수 있을까요? - 반대측 토론자① 입론하기(4분) ㉠ AI가 인간의 일을 대신하게 될수록 일자리는 줄어들고 이는 심각한 사회 문제를 초래할 수 있습니다. 또한 AI는 방대한 데이터를 수집하고 활용하는데 이때 사람들의 개인정보가 노출되거나 잘못 공유되어 또 다른 문제를 발생할 수 있게 됩니다. 마지막으로, AI를 악용하여 범죄에 이용할 가능성도 배제할 수 없습니다. - 찬성측 토론자① 주도로 교차 질의하기(3분) - 찬성측 토론자② 입론하기(4분) - 반대측 토론자① 주도로 교차 질의하기(3분) - 반대측 토론자② 입론하기(4분) - 찬성측 토론자② 주도로 교차 질의하기(3분) - 반대측 토론자① 반박하기(4분) ㉠ AI가 내리는 결정으로 인해 윤리적인 문제가 발생했을 시, 책임을 질 명확한 법적 규범이 아직은 없습니다. 따라서 대책 없는 무분별한 AI 기술 개발은 위험합니다. - 찬성측 토론자① 반박하기(4분) ㉠ AI를 통해 새로운 일자리가 창출되거나, 범죄를 예방하는 데 활용되는 생활 속 사례가 늘어나고 있습니다. 단점보다 장점이 크다면, 적극적으로 AI 기술 개발에 힘써야 합니다. - 반대측 토론자② 반박하기(4분) - 찬성측 토론자② 반박하기(4분) ▶ **배심원 투표로 승패 결정하기**
성찰하기	▶ **토론 대회 참여 후기 나누기** • PMI 기법을 통해 토론 대회 참여 후기 나누기 **PMI** - 토론 대회 참여 과정 중 좋았던 점, 아쉬웠던 점, 흥미로웠던 점 등을 기록하기 - 기록한 내용을 바탕으로 이야기 나누기

5 참고 자료

토론 동아리 운영의 실효성을 높이기 위해 실제 교내외 토론 대회에서 활용할 수 있는 자료를 함께 제시한다. 아래에는 학생들의 실전 대비와 교사의 운영 참고를 위한 문항 예시와 채점 기준표를 수록하였다.

토론 대회 문항 예시

학생들이 실제 토론에서 다루게 될 수 있는 주제 유형을 미리 파악하고, 자신의 의견을 구성해 보는 데 도움이 되도록 문항 예시를 제시한다. 과학 기술의 발달로 사회를 변화시키고 있는 'AI 기술'을 주제로 선정하였다. 다양한 분야의 이슈를 균형 있게 다루면 토론 역량을 다방면으로 발전시킬 수 있다.

표 8.6 어린이 토론 대회(초등 고학년부) 문항

구분	내용
문제 상황	AI(인공지능) 기술은 우리도 모르는 사이 실생활은 물론, 자동차에서부터 의료, 운송 및 통신에 이르기까지 다양한 산업에 걸쳐 많은 사람들에게 이미 적용되고 있다. 많은 양의 데이터와 빠른 처리 능력, 그리고 강력한 알고리즘이 결합해 널리 우리의 생활을 편리하게 해 준다. 앞으로는 인공지능이 우리 생활에 어떤 발전을 가능하게할지 예상할 수 없는 혁신의 시대가 도래할 것이다. 하지만, AI 기술은 인간에게 밝은 미래뿐 아니라 걱정도 가져다준다. AI로 인한 실직, AI 기술을 독점한 사람과 그렇지 못한 사람 간의 정보·빈부격차, 개인정보 및 사생활 노출, 윤리적 문제 등 우려되는 점이 많은 것도 사실이다. 기술의 발달로 삶의 질은 향상되고 산업은 발전할 수 있으나, 그로 인한 부작용에 대한 대책 마련을 함께 하지 않는다면 수많은 문제들이 일어날 수 있다. 따라서 부정적인 영향은 최소화하면서 긍정적 영향을 극대화하는 지혜가 필요한 시점이다. - '인공지능(AI)의 개요와 장점과 단점'(새한일보 민병식 논설위원) 발췌 및 수정
토론 논제	4차 산업혁명의 핵심 기술인 AI(인공지능)에 대한 팀의 생각을 논리적으로 제시하고 타당한 근거를 들어 토론하시오.
제시 자료	AI에 대해 긍정적, 부정적인 입장을 담은 자료를 고르게 준비한다. 제시 자료는 최신 자료를 통해 최신의 정확한 정보를 담고 있어야 더욱 설득력 있는 근거를 마련할 수 있다. 자료① - '엄마, 돈 보내줘' 아들 목소리 닮은 AI에 당했다 (2023.3.7. 매일경제 조성신 기자) 자료② - '전기 먹는 하마' AI 급성장에 탄소배출도 급증 우려 (2023.3.10. 연합뉴스 김계환 기자)

제시 자료	자료③ - '챗봇, 앱이 대신합니다' AI 뜨자 지는 일자리 (2023.3.10. 한국경제TV 김현경 기자) 자료④ - 3D 처리 속도 GPU보다 900배 빠른 AI 반도체 나왔다 (2023.3.7. 사이언스조선 송복규 기자) 자료⑤ - 의사가 놓친 유방암, AI가 감지… 헝가리서 대규모 시험 중 (2023.3.6. 이주영 기자) 자료⑥ - AI, 내 일자리 위협한다? '실업난 주범 아닌 고용난 해결사' (2023.3.11. 이투데이 김나은 기자)

토론 대회 채점 기준표 예시

여기에서는 공정하고 일관된 평가를 위해 활용할 수 있는 채점 기준표 예시를 제공한다. 본 기준표는 정보처리 역량과 의사소통 역량의 핵심 요소를 중심으로 평가 항목을 구성하였으며, 감점 요인을 함께 제시함으로써 실제 대회 운영에 실질적인 도움이 되도록 하였다.

표 8.3 토론 동아리 연간 운영 계획표

<table>
<tr><th colspan="2">영역</th><th>채점 기준</th></tr>
<tr><td rowspan="2">정보
처리
역량
(75점)</td><td>실태
분석력
(25점)</td><td>- 논제의 쟁점을 명확히 파악하여 실태를 조사하고, 장·단점을 분석하여 토론 자료를 체계적으로 작성하였는가?
<table>
<tr><th rowspan="2">평가 항목</th><th colspan="3">평가 체크리스트</th></tr>
<tr><th>상(5점)</th><th>중(3점)</th><th>하(1점)</th></tr>
<tr><td>논제의 쟁점을 명확히 파악하였는가?</td><td></td><td></td><td></td></tr>
<tr><td>체계적으로 토론 자료를 정리하였는가?</td><td></td><td></td><td></td></tr>
<tr><td>AI의 정의를 바르게 제시하였는가?</td><td></td><td></td><td></td></tr>
<tr><td>AI의 장점을 바르게 설명하였는가?</td><td></td><td></td><td></td></tr>
<tr><td>AI의 단점을 바르게 설명하였는가?</td><td></td><td></td><td></td></tr>
</table></td></tr>
<tr><td>논거의
타당성
(25점)</td><td>- 수집한 근거가 논제의 쟁점과 관련이 있으며, 주장을 적절히 뒷받침하는 설득력 있는 자료인가?
<table>
<tr><td>A(25점)</td><td>모든 근거가 논제와 관련이 있으며, 주장을 뒷받침함.</td></tr>
<tr><td>B(20점)</td><td>대개의 근거가 논제와 관련이 있으며, 주장을 뒷받침함.</td></tr>
<tr><td>C(15점)</td><td>모든 근거가 논제와 관련이 없거나, 주장을 뒷받침하지 않음.</td></tr>
</table></td></tr>
</table>

영역	항목	등급	기준
정보 처리 역량 (75점)	자료의 다양성 (25점)		- 근거를 뒷받침하는 다양한 근거 자료를 수집하였는가?
		A(25점)	도표, 통계, 사진, 기사, 관련 연구 결과 등 5종류 이상의 다양한 형태의 근거 자료를 출처를 밝혀 제시함.
		B(20점)	도표, 통계, 사진, 기사, 관련 연구 결과 등 3~4종류의 다양한 형태의 근거 자료를 출처를 밝혀 제시함.
		C(15점)	도표, 통계, 사진, 기사 관련 연구 결과 등 1~2종류의 근거 자료를 제시함.
의사 소통 역량 (20점)	주장 발표 (10점)		- 논제에 대한 자신의 생각을 자신감 있게 주장하고, 적절한 근거 자료와 함께 설득력을 높이는가?
		A(10점)	자신감 있고 설득력 있는 어조로 주장과 근거를 유창하게 전달함.
		B(8점)	주장과 근거를 유창하게 전달함.
		C(6점)	주장과 근거를 전달할 때 자신감과 설득력이 부족함.
	질의 응답 (10점)		- 본인 팀의 주장과 근거에 대한 상대팀의 예상 질문과 반박 내용을 생성하고, 논리적으로 응답하는가?
			질문 2회, 응답 2회의 기회 중
		A(10점)	유의미한 질문과 응답이 4개인 경우
		B(8점)	유의미한 질문과 응답이 3개인 경우
		C(6점)	유의미한 질문과 응답이 2개인 경우
		D(4점)	유의미한 질문과 응답이 1개인 경우
		E(2점)	유의미한 질문과 응답이 0개인 경우
역할 분담의 적절성 및 참여 태도 (5점)			- 팀워크와 집단 지성을 발휘하며, 협력적 문제 해결 태도와 올바른 토론 태도를 가지고 참여하는가?
		상(5점)	팀원 간 협력이 잘 이루어지며 발언 기회를 골고루 가짐.
		중(3점)	한 사람만이 주도적으로 발언함.
		하(1점)	팀원 간 협력이 잘 이루어지지 않으며, 팀원 모두 적극성이 부족함.
감점			**주장 발표** - 제한 시간 초과 시 30초당 1점씩 감점 - 연장 시간 2분 초과 시 강제 종료 **질의 응답** - (질의) 개당 30초, 제한 시간 초과 시 5초당 1점 감점 - (응답) 개당 1분, 제한 시간 초과 시 10초당 1점 감점 질의에 답을 하지 않고 넘어갈 경우 2점 감점

독서 토론 대회 운영

1 토론 대회 주제 선정

토론 대회를 통해 학생들이 건설적 소통을 경험하고, 공동체 내 민주적 문화를 형성하기 위해서는 학생들이 경험한 삶의 실제적 문제를 주제로 삼을 수 있다. 특히 학생들이 소속된 학교나 지역사회 문제와 연계된 토론 주제를 정함으로써 소통을 통해 공동체의 문제를 해결하는 방안을 마련해 보는 경험을 할 수 있게 된다. 따라서 '교실에서 스마트폰을 사용해도 괜찮을까?','체육 시간 중 생긴 자유 시간에는 꼭 운동을 해야 할까?','초등학생이 이성 교제를 해도 괜찮을까?','부모님의 차를 타고 등교하는 것을 금지해야 할까?','우리 학교 앞에 무인 편의점이 들어와도 괜찮을까?'등 학생들이 학교생활을 하며 경험하는 실제적인 문제들을 토론 주제로 선정할 수 있다. 또한, 학교생활을 배경으로 하거나 초등학생이 주인공인 도서를 읽은 후 학생들 또한 경험하고 있고 공감할 수 있는 문제들을 토론 주제로 선정할 수도 있다. 이때 염두에 두어야 할 점은 토론 주제들은 학생들의 의견을 수렴하여 선정될 때, 더욱 실제적인 의미를 갖게 된다는 것이다.

이에 이 절에서는 『짝꿍』(2017, 박정섭 글·그림)이라는 책을 읽고 학년군별로 운영된 교내 독서 토론 대회 사례를 소개한다.

2 관련 도서 소개

한 개의 도서를 전교생이 읽고 학년군별로 토론 주제의 수준을 달리해 토론 대회를 운영하기 위해서는 아래와 같은 조건들을 고려하여 도서를 선정해야 한다.

토론 대회에 활용하면 좋은 도서의 조건

① 초등학생들이 살아가는 삶과 관련이 있고, 충분히 공감할 수 있는가?

② 모든 학생들이 읽고 이해할 수 있는 분량과 수준인가?

③ 다양한 토론 주제를 떠올릴 수 있는가?

위의 조건들을 고려하여 『짝꿍』(2017, 박정섭 글·그림)을 독서 토론 도서로 선정하였고 내용은 다음과 같다.

좋은 사이를 유지하던 '나'와 짝꿍은 내가 짝꿍이 '나'에 대해 안 좋은 말을 하고 다닌다는 소문을 듣게 된 이후로 틀어지게 된다. 서로에 대한 미움과 갈등은 점점 커져 욕을 주고받고, 치고받는 몸싸움까지 한다. 서로의 친구들을 불러 싸움은 걷잡을 수 없이 커진다. 선생님이 오셔서 싸움은 멈추었지만 둘의 사이는 회복되지 않는다. 냉랭한 관계를 유지한 채 여름과 가을을 보내고, 겨울이 왔을 때 '나'는 그 소문이 오해였다는 것을 알게 된다. 하지만 '나'는 어떻게 짝꿍과의 관계를 개선해야 할지 모른 채 시간만 계속 흐른다.

3 토의·토론 기법 및 방법 선택

대회의 운영 단계를 준비 단계, 진행 단계, 성찰 단계로 나누어 대회의 전체 과정에서 다양한 토의·토론 기법과 방법이 적용될 수 있도록 하였다. 또한, 전체 학생들이 본 대회에 관심을 갖고 주도적으로 참여하기 위해 운영 과정을 민주적으로 계획하고 실천하는 데 중점을 두었다.

토의·토론 기법

본 대회 운영 과정에서 활용 가능한 토의·토론 기법으로는 브레인라이팅, 만다라트, 의사 결정 그리드, 주먹에서 보까지, 다중 투표 등이 있다.

브레인라이팅과 만다라트의 경우, 책을 읽고 토론 주제를 떠올리기 위해 다양한 아이디어를 도출하는 데 활용될 수 있다.

의사 결정 그리드는 다양한 토론 주제 후보 중 한 가지의 주제를 선정하기 위해 의견을 수렴하는 데 활용될 수 있다.

주먹에서 보까지와 다중 투표는 토론 예선전을 거쳐 모둠별, 반별, 학년별 대표를 결정하는 데 활용될 수 있다.

토의·토론 방법

대회 운영 과정에서 활용 가능한 토의·토론 방법으로는 신호등 토론, 협력적 찬반 토론, 찬반 대립 토론, 월드카페 토의 등이 있다.

신호등 토론은 직관적이고 비교적 수월한 토론 방법으로 저학년을 대상으로 한 학급 내 예선전에서 활용해 볼 수 있다. 학생들은 토론 주제에 대해 색깔 카드(빨강: 반대, 노랑: 중립, 초록: 찬성)로 자신의 의견을 시각적으로 나타내고, 의견과 반론을 주고받으며 자유롭게 토론을 진행한다. 토론이 충분히 진행된 후 참여자들은 최종 의견을 선택하여 색깔 카드로 표시하고 토론 전과 후를 비교할 수 있다.

협력적 찬반 토론은 양측 입장이 되어 토론을 준비하고 토론에 참여할 수 있는 방법으로 중·고학년을 대상으로 한 학급 내 예선전에서 활용해 볼 수 있다. 학생들은 모둠 내에서 정한 찬성과 반대 역할에 따라 근거를 마련하고, 상대측 주장에 대한 반박이나 질문을 생각한다. 이를 바탕으로 토론을 진행하고, 토론이 끝나면 입장을 바꿔 상대측 주장과 근거에 대한 조언을 제시한다. 양측 입장을 모두 경험한 것을 바탕으로 모둠의 최종 입장을 정리하고 학급 전체에 공유할 수 있다.

찬반 대립 토론은 정해진 규칙이 있고 주장의 옳음을 겨루는 시합의 성격을 띠는 토론 방법으로 학년군별로 진행되는 토론 대회 본선에서 활용해 볼 수 있다. 찬성 측과 반대 측이 각각 근거를 들어 주장을 펼치고 서로 논박하는 과정을 통해 어느 측의 주장과 근거가 더 설득력이 있는지 판결할 수 있다.

월드카페 토의는 편안한 분위기에서 다양한 생각들을 글, 그림, 기호 등을 활용하여 공유하는 토의 방법으로 토론 대회가 끝난 후 이를 성찰하는 단계에서 활용될 수 있다. 모든 학생들이 대회의 전체 과정을 되돌아보고 토의·토론을 통한 문제 해결의 중요성에 공감할 때, 토의·토론 문화가 정착된 민주적 공동체를 형성할 수 있다.

4 토론 대회 계획 및 실행 방안

독서 토론 대회는 희망하는 소수 학생들만이 참여하여 논리와 표현력을 겨루는 것이 아니라, 모든 학생들이 대회의 전 과정에 관심을 갖고 주도적으로 참여할 수 있도록 설계되었다. 이를 위해 독서 토론 대회를 준비 단계, 진행 단계, 성찰 단계로 구성하여 각 단계에서 학생들이 참여할 수 있는 기회를 적극 마련하였다.

준비 단계에서는 학생들이 대회 운영의 구체적 방법과 토론 주제를 직접 결정한다. 진행 단계에서는 학급별 예선전을 거쳐 대표 학생을 선정함으로써 모든 학생들이 토론에 참여하게 된다. 성찰 단계에서는 모든 학생들이 대회 전 과정을 되돌아봄으로써 토의·토론의 중요성을 깨닫는다.

토의·토론이 활용된 독서 토론 대회 운영 단계

토론 대회를 개최하는 것은 토의·토론 중심의 민주적 학교 문화를 조성하는 데 크게 기여할 수 있다. 학생이 주도적으로 참여하여 계획, 실행, 성찰하는 대회를 운영하기 위해서는 전 과정에서 학생의 목소리에 귀 기울이고 이를 반영하는 것이 중요하다. 위의 사례에 제시된 구체적 토의·토론 기법과 방법뿐 아니라, 대회 준비 단계에서는 아이디어를 발산하고 수렴하는 장면에 적합한 다른 기법과 방법을 사용할 수 있다. 또한 대회 진행 단계에서는 학생 수준에 맞는 토론 방법과 의사 결정 기법을 변형하여 활용할 수 있다. 마찬가지로 성찰 단계에서도 학생들의 자유로운 발언권이 보장될 수 있는 다양한 토의 방법으로 바꾸어 적용할 수 있다. 이를 통해 학생들은 대회 운영 과정에서 다양한 의사 결정을 경험하게 되고, 토론 주제에 대한 여러 가지 의견과 생각들을 자신의 삶에 적용하여 실천해 볼 수 있다.

대회 운영 흐름도 **교내 독서 토론 대회 운영하기**

준비하기

- **독서 토론 대회 준비 위원회 구성하기**
  - 대회 일시, 장소, 진행 방법 협의하기
  - 도서 선정 및 예상되는 토론 주제 논의하기
  - 토론 대회 홍보 및 선정 도서 알리기
- **토론 주제 떠올리기**
  - 학급별 브레인라이팅, 만다라트로 아이디어 생성하기 브레인라이팅 만다라트
- **토론 주제 수합 및 학년군별 토론 주제 선정하기** 의사 결정 그리드
- **학년군별 토론 주제 공개 및 토론 준비하기**

진행하기

- **학급별 예선전 진행하기**
  - 신호등 토론, 협력적 찬반 토론 활용 신호등 토론 협력적 찬반 토론
- **학급별 대표 학생 선정하기**
  - 다중 투표, 주먹에서 보까지 활용 다중 투표 주먹에서 보까지
- **본선 대회 진행하기**
  - 찬반 대립 토론 활용 찬반 대립 토론

성찰하기

- **독서 토론 대회 되돌아보기**
  - 월드카페 토의로 대회 전 과정 성찰하기 월드카페 토의

표 8.8 독서 토론 대회 운영안

단계	독서 토론 대회를 위한 토의·토론 기법 및 방법
준비하기	▶ **독서 토론 대회 준비 위원회 구성하기** • 담당 교사, 사서교사, 학년군별 대표 교사 3명, 학년군별 대표 학생 3명 ▶ **대회 일시, 장소, 진행 방법 협의하기** ▶ **도서 선정 및 예상되는 토론 주제에 대해 논의하기** ▶ **전교생을 대상으로 토론 대회 홍보 및** 선정 도서 알리기 • 학생들이 『짝꿍』을 읽고 토론 주제를 생각할 기간을 최소 1주 이상 제공하기 ▶ **토론 주제 떠올리기** • 『짝꿍』을 읽은 학생들은 브레인라이팅, 만다라트 등의 기법을 활용해 다양한 토론 주제 떠올리기 **토론 주제 아이디어 발산을 위한 브레인라이팅** - 저·중학년 추천 -개인당 3~4개의 카드를 갖고, 각각의 카드에 토론 주제를 한 가지씩 작성하기 - 4~6명의 모둠을 구성하고, 비슷한 주제가 적힌 카드끼리 묶어 범주화하기 - 모둠별 결과를 발표하고 전체적으로 의견 공유하기

준비하기

토론 주제 아이디어 발산을 위한 만다라트 - 고학년 추천
- 정중앙 사각형에 도서 제목 『짝꿍』을 적고, 이를 둘러싼 8칸의 사각형에 주요 장면 적기
  예 ① 짝꿍과 사이 좋음, ② 짝꿍이 나에 대해 안 좋은 이야기를 하고 다님, ③ 서로에게 욕을 함, ④ 서로를 때림, ⑤ 각자 친한 친구들을 부름, ⑥ 선생님이 오심, ⑦ 삐진 채로 지냄, ⑧ 오해라는 것을 알게 됨
- 주요 장면별로 토론 주제를 생각하여 기록함
  *8칸을 모두 채우는 것이 목표가 아니며, 장면 속 상황을 다른 장면에 전이하여 토론 주제를 생성할 수도 있음을 지도함.

▶ **토론 주제 수합 및 학년군별 토론 주제 선정**
- 독서 토론 대회 준비 위원회는 의사 결정 그리드 등의 기법을 활용해 학년군별 적합한 토론 주제 선정하기

토론 주제 선정을 위한 의사 결정 그리드
- 삶과의 관련성, 수준, 근거의 다양성 등의 판단 기준 세우기
- 각 기준을 고려하여 토론 주제 목록을 보고 의견 공유하기
- 그리드 양식에 판단 기준에 따른 점수 기록하기
- 총점을 계산하여 학년군별 토론 주제 선정하기

▶ **학년군별 토론 주제 공개 및 토론 준비하기**
- 학년군별 토론 주제를 학생들에게 알리기

학년군별 토론 주제 예시
- 저학년: 선생님이 정해 주신 짝과 앉아야 할까?
- 중학년: 친구의 잘못이나 옳지 않은 행동을 선생님께 말하는 것은 옳은 행동일까?
- 고학년: 정당한 폭력은 존재할까?

- 학생들이 토론을 준비할 수 있는 기간을 최소 1주 이상 제공하기

진행하기

▶ **학급별 예선전 진행하기**
- 신호등 토론, 협력적 찬반 토론 등을 통해 학급별 예선전 진행하기

신호등 토론 - 저학년 추천
- 토론 주제에 대해 색깔 카드로 자신의 의견을 시각적으로 나타내기
- 사회자가 지목하는 학생은 자신의 의견과 근거를 발표하기
- 상대편의 의견에 대해 반대 의견을 말하거나 질문하기
- 토론이 끝난 후 색깔 카드로 자신의 의견을 다시 나타내고 생각의 변화 이야기하기
  *사회자(교사)는 찬성, 중립, 반대의 의견을 표시한 사람을 균형 있게 지목하여 다양한 의견이 교류될 수 있도록 분위기를 조성한다.

협력적 찬반 토론 - 중·고학년 추천
- 토론 주제에 대해 모둠 내에서 찬성과 반대의 역할 분담하기
- 나의 입장을 주장하는 데 필요한 근거 수집 및 반박을 위한 질문 작성하기
- 모둠 내 찬반 토론 진행하기
- 모둠 내 입장 바꿔 다시 토론 진행하기
- 상대 주장에 대해 보완·발전할 점 조언하기
- 모둠 내 한 가지 입장을 정하고 정리하여 발표하기

진행하기	▶ **학급별 대표 학생 선정하기** • 다중 투표, 주먹에서 보까지 등의 방법으로 본선에 진출할 학급별 대표 학생 선정하기 **다중 투표** - 후보가 다수일 시 추천 - 논리성, 유창성, 순발력 등의 평가 기준을 고려하여 1인당 2~3명의 학생을 선택하여 투표하기 - 학생별 투표 수를 집계하여 결과 공유하기 *1인당 투표 수는 항목의 수를 고려하여 결정하고, 같은 대상에 중복 투표는 할 수 없음을 지도한다. **주먹에서 보까지** - 후보가 소수일 시 추천 - 토의·토론 후 모둠원끼리 0점~5점까지의 손가락 점수를 서로에게 부여하기 - 학생별 점수를 집계하여 결과 공유하기 ▶ **본선 진출 학생들을 찬성과 반대 팀으로 나누기** • 학년군별 선정된 6~8명의 대표 학생들을 찬성과 반대 팀으로 나누기 ▶ **본선 대회 진행하기** • 찬반 대립 토론 등을 통해 본선 대회 진행하기 **찬반 대립 토론** - 학년군별 토론 주제와 나의 입장을 확인하고 자료 조사 및 준비하기 - 찬성, 반대측이 차례대로 주장과 근거를 펼치기 - 작전 타임 중 상대편 주장의 단점을 찾아 논박할 내용과 방법 마련하기 - 찬성, 반대측이 차례대로 한 두차례 논박을 주고받기 - 반대, 찬성측이 차례대로 입장을 정리하고 최종 변론하기 - 청중의 투표를 통해 승자 결정하기
성찰하기	▶ **독서토론 대회 되돌아보기** • 월드카페 토의 등을 통해 대회 전 과정 성찰하기 **월드카페 토의** - 4~5명이 모둠이 되어 빈 종이를 가운데 두고 토론 대회를 실시한 경험, 생각과 느낌에 대해 이야기 나누기 - 이야기 내용을 빈 종이에 약속한 기호를 활용하여 기록하기 - 호스트 외의 나머지 모둠원들은 옆 모둠으로 이동하기 - 호스트는 나누었던 이야기를 간략히 요약 전달하고, 동일한 주제와 방법으로 이야기 나누기

참고문헌

교육부(2022). 『초중등학교 교육과정 총론』. 교육부 고시 제2022-33호[별책 1].

구현정, 전영옥(2005). 『의사소통의 기법』. 박이정.

김경훈(2018). 『토의토론 수업, 배움을 디자인하다』. 행복한미래.

김선연(2018). 『퍼실리테이션(Facilitation) 토의 기법 기반 초등영어 말하기 수업의 적용 효과』. 서울교육대학교 석사학위논문.

김숙혜, 한영철(2022). 『학생과 교사가 행복한 토의·토론 수업』. 퍼플.

김종남(2016). 『회의 없는 조직』. 플랜비디자인.

김창원, 정유진, 우주연, 함욱, 이지영, 양경희, 김수진(2005). 『국어과 수업 모형』. 삼지원.

김혜진, 송현정(2020). 「국어과 토론 수업을 위한 교실토론의 절차와 유형」. 『영주어문』 44, 251-280.

김혜진(2016). 『국어과 학습대화로서 월드카페 대화 활용 방안 연구』. 대구교육대학교 석사학위논문.

노승욱(2019). 『토의와 토론: 개념에서 전략까지』. 포항공과대학 출판부.

박소윤(2017). 『하브루타 국어수업이 초등학생의 질문 생성 능력과 읽기 능력에 미치는 영향』. 대구교육대학교 석사학위논문.

박창균(2013). 「토의 담화의 교육과정 실행 양상 점검」. 『화법연구』 23, 85-120.

박창균(2017). 「효과적인 토의수업을 위한 퍼실리테이션 전략」. 『교사역량개발 워크숍 자료집』. 대구교육대학교/대구광역시교육청, 49-62.

박창균(2020). 「토의수업 활성화를 위한 퍼실리테이션 전략」. 『학습자중심교과교육연구』 20(1), 993-1013.

박창균, 김채은, 김효석, 류효준, 손광수(2021). 「협력학습 활성화를 위한 토의·토론 프로그램 적용 및 개선」. 『2021년 대학혁신지원사업 일반연구과제 보고서』. 대구교육대학교.

박창균, 이수진, 김채은, 박종호(2020). 「협력학습 활성화를 위한 토의·토론 프로그램 개발」. 『2020년 대학혁신지원사업 일반연구과제 보고서』. 대구교육대학교.

박창균, 김채은, 박종호(2021). 『의사소통의 이해와 실천』. 교육미디어.

샘 케이너, 레니 린드, 캐서린 톨디, 사라 피스크, 두에인 버거 지음(2014)/구기욱 옮김(2017). 『민주적 결정방법론 퍼실리테이션 가이드』. 쿠퍼북스.

서영진(2016). 「초중고등학교 교사의 토론 학습에 대한 인식 및 운영 실태 연구」. 『중등교육연구』 64(3), 665-699.

성기옥, 이옥화, 한명복, 류명숙, 김세곤(2013). 『모든 교사는 컨설턴트다』. 교육과학사.

송선정(2017). 『퍼실리테이션(Facilitation) 기법을 활용한 독서토론식 한국어 통합 교육 모형 연구』. 배재대학교 박사학위논문.

송창석(2003). 「Metaplan을 이용한 새로운 토론교육 방법에 관한 소고」. 『한국민주시민교육학회보』 8, 65-84.

신희선(2012). 「의사소통교육으로서 '토론대회' 사례연구-숙명여대 교육경험을 중심으로」. 『국어교육연구』 50. 209-244.

안진형(2021). 『메타인지전략을 활용한 토의 교수학습 프로그램 연구』. 서울교육대학교 석사학위논문.

오우식(2017). 『퍼실리테이션개론 -Facilitation A to Z-』. 조명문화사.

유종열(2021). 『주제와 함께하는 토의·토론 수업』. 태일사.

이일우(2017). 『하브루타 Q&A』. 피스미디어.

장경원(2012). 「토의수업을 위한 월드 카페 활용 가능성 탐색」. 『교육방법연구』 24(3), 523-545.

장경원, 이병량(2018). 『토의와 토론으로 수업하기』. 학지사.

정문성(2021). 『토의·토론 수업방법 84(제4판)』. 교육과학사.

조은영(2018). 『하브루타 토론이 영재의 학습유형에 따라 비판적 사고력과 의사소통능력에 미치는 효과』. 순천향대학교 박사학위논문.

조혜민(2017). 『토의·토론 수업이 초등학교 학생들의 사회과 학습태도와 학업성취도에 미치는 영향』. 부산교육대학교 석사학위논문.

최영인(2007). 『토의 능력 신장을 위한 교육 내용 연구』. 서울대학교 석사학위논문.

한국화법학회 화법용어해설위원회(2014). 『화법 용어 해설』. 박이정.

Ainsworth, L.(2004). Power to the Pupil: Gallery Walks. *In Power to the Pupil: Strategies for Empowering Students to Make a Difference*(pp. 41-43). International Society for Technology in Education.

Aronson, E., et al.(1978). *The jigsaw classroom*. Sage.

Baker, L. L., & Fraser, C.(2005). Facilitator Core Competencies as Defined by the International Association of Facilitators. In Schuman, S. (ed.), *The IAF handbook of group facilitation: best practices from the leading organization in facilitation*(pp. 459-471). San Francisco: Jossey-Bass.

Bartunek, J.M. & Murnighan, J.K.(1984). The nominal group technique: Expanding the basic procedure and underlying assumptions. *Group and Organization Studies 9*, 417-432.

Bens I.(2018). *Facilitating with ease!*(4th ed.). John Wiley & Sons.

Brookfield, S. D., & Preskill, S.(2012). *Discussion as a way of teaching: Tools and techniques for democratic classroom*. John Wiley & Sons.

Brown, J., & Isaacs, D.(2005). *The world cafe: Shaping our futures through conversation that matter*. 최소영 역(2007). 『월드 카페: 7가지 미래형 카페식 대화법』. 북플래너.

Buzan, T., & Buzan, B.(1993). *The Mind Map Book*. 권봉중 옮김(2010). 『토니 부잔의 마인드맵 북』. 비즈니스맵.

D. W. Johnson & R. T. Johnson, R.(1994). Pro-Con Cooperative Group Strategy Structuring Academic Controversy with in the Social Studies Classroom. *In Cooperative Learning in Social Studies: A Handbook for teachers*, edited by R. J. Stahl, Addison-Wesley Publishing Company, 306-331.

David Hyerle.(1989). *Expand your thinking: A student resource book : teacher's guide*. Innovative Sciences.

De Bono E. (1982). *De Bono's thinking Course*. Ariel Books.

De Bono, E. (1985). *Six Thinking Hats: An Essential Approach to Business Management*. Little, Brown, & Company.

Dole, M., & Straus, D.(1976). *How to make to meeting*. Wyden Books.

Eberle, B.(1971). *Scamper: Games for imagination Development*. D.O.K. Publishers.

Fujishin, R.(2013). *Creating effective groups: the art of small group communication*(3rd ed.). Rowman & Littlefield Publishers, Inc.

Fujishin, R.(2013). *Creating effective groups: the art of small group communication*(3rd ed.). 박창균 외 옮김(2024).『협력적 의사소통의 기술』. 미래엔.

Ginnis, Paul(2002). *The Teacher's Toolkit: Raise Classroom Achievement with Strategies for Every Learner*. Crown House.

Griggs, R. E.(1985). *A storm of ideas*. Training, 22. 66.

Hartnett, T.(2010). *Consensus-Oriented Decision-Making*. New Society Publishers.

Holzer, E. & Kent, O. (2014). *A philosophy of havruta: Understanding and teaching the art of text study in pairs*. Academic Studies Press.

Hori Kimitoshi(2004). ファシリテーション 入門. 임해성 옮김(2014).『퍼실리테이션 테크닉 65』. 비즈니스맵.

Justice T., & Jamieson, D. W.(2012). *The facilitator's fieldbook: step-by-step procedures checklists and guidelines samples and temples*(3rd ed.). AMACOM.

Kagan, S.(1994). *Cooperative Learning*. Resources for Teachers, Inc.

Kaner, S.(2014). *Facilitator's guide to participatory decision-making*. John Wiley & Sons.

Kaner, S., Lind, L., Toldi, C., Fisk, S., & Berger, D.(2014). *Facilitator's Guide to Participatory Decision-Making*(3rd ed.). Jossey-Bass.

Kaner, S., Lind, L., Toldi, C., Fisk, S., & Berger, D.(2014). *Facilitator's Guide to Participatory Decision-Making*(3rd ed.). 구기욱 옮김(2017).『민주적 결정방법론-퍼실리테이션 가이드』. 쿠퍼북스.

Kent, O. & Cook, A.(2012). Havruta Inspired Pedagogy: Fostering An Ecology of Learning for Closely Studying Texts with Others. *Journal of Jewish Education 78*, 227–253.

Kent, O.(2010). A theory of havruta learning. *Journal of Jewish Education 76*(3), 215–245.

Osborn, A.(1953). *Applied Imagination: Principles and Procedures of Creative Problem Solving*. Charles Scribner's Sons.

Rawlinson, J. G.(1981). *Creative Thinking and Brainstorming*. John Wiley and Sons.

Rohrbach, Bernd. (1969). Kreativ nach Regeln: Methode 635, eine neue Technik zum Lösen von Problemen. *Absatzwirtschaft 12*(19), 73–75

Schieffer, A., Isaacs, D., & Gyllenpalm, B. (2004, July 14). The World Café – Part I. *Transformation 18*(8), 1–7.

Schieffer, A., Isaacs, D., & Gyllenpalm, B. (2004, July 21). The World Café – Part II. *Transformation 18*(9), 1–9.

Schuman, S. (ed.)(2005). *The IAF handbook of group facilitation: best practices from the leading organization in facilitation*. San Francisco: Jossey-Bass.

Schwarz, R.(2005). The Skilled Facilitator Approach. In Schuman, S. (Ed.), *The IAF handbook of group facilitation: best practices from the leading organization in facilitation*(pp. 21-34). San Francisco: Jossey-Bass.

Sparks, J. E.(1982). *Write for Power*. Communication Associates.

von Winterfeldt, Detlof & Edwards, Ward.(1986). *Decision trees. Decision Analysis and Behavioral Research*. Cambridge University Press. pp. 63–89.

웹사이트

https://theworldcafe.com/

https://serc.carleton.edu/introgeo/gallerywalk/what.html

https://www.facinghistory.org/resource-library/teaching-strategies

찾아보기

ㄱ

가치 수직선 토론 189, 190, 221, 240, 269, 282
가치 스펙트럼 190
갤러리 워크 164, 222, 245, 283
고등 사고 능력 40
공유 플랫폼 126
교사 19
교수·학습 21
교차 조사 32
교차 조사 토론 212
교차 토의 155, 222, 251
깊이 있는 학습 22, 28

ㄴ

논리 나무 110, 268
논제 선정 31

ㄷ

다르니모으니 토의 168, 245, 282
다수결 143
다중 투표 139, 282, 300
담화 유형 16
대면 기반 온라인 연계 토의·토론 수업 271
데이터마이닝 기법 133
도해 조직자 112
독서 토론 대회 299, 302
독서 토론 대회 운영안 303
동아리 운영 287
동의 척도자 145
둘 가고 둘 남기 161, 227
디베이트(debate) 206
디지털 기반 학습 22

ㅁ

마인드 맵 87, 226, 232, 239, 261, 268
만다라트 100, 251, 300
머리-몸통-다리 72, 226, 281, 290
멀티 플로 맵 123
명목집단법 84, 85, 226
모둠 편성 30
목적 지향적 18
무작위 단어법 98, 245
문제 해결 18, 19

ㅂ

반론 32, 206
밸런스 게임 64, 251, 268, 281
범교과 학습 25
벤 다이어그램 104
브레인라이팅 81, 221, 239, 251, 261, 268, 282, 300
브레인스토밍 78, 221, 239, 261
비경쟁적 토론 15
비교과 영역 278
비실시간 비대면 토의·토론 수업 264
비판적 사고력 40

ㅅ

사고 과정 18
삶과 연계한 학습 218
상호 경쟁적 14
상호 협력적 14
생각 지도 123
생선뼈 다이어그램 116, 268
서바이벌 브레인스토밍 75
세미나 205
손님 모셔 오기 68
스캠퍼 95
스토리보딩 120, 221
신문 206
신호등 토론 193, 233, 251, 301
실시간 화상 토의·토론 수업 257
심포지엄 205

ㅇ

아이디어 생성 및 확산하기 52, 78
아이디어 수렴 및 구조화하기 52, 103
아이스브레이킹 30
어항 토의 174
역브레인스토밍 81
역할 상상법 80
연꽃 기법 100
연꽃 만개법 100
온라인 비대면 수업 195
온라인 수업 도구 119
온라인 플랫폼 161, 171
온라인 학습 256
완전한 참여 46
원격 화상회의 프로그램 205
원탁 토의 150, 153, 274
월드카페 180, 239, 261
월드카페 토의 178, 179, 283, 301
육색 사고 모자 91, 245, 268, 290
의견 공유 및 합의 형성하기 52, 126
의사 결정 18
의사 결정 그리드 126, 226, 300
의사 결정 나무 132
의사 결정 매트릭스 130
의사소통 13
의사소통 능력 40
입론 32, 206

ㅈ

자기주도 학습 22, 40
자기주도 학습 능력 22
자유 토론(open debate) 52
자유 토의(open discussion) 52
주먹에서 보까지 135, 300
주인의식(ownership) 47
주제 통합 25
준비하기 51, 61
직소 토의 172
진진가 61, 232, 239, 245, 261, 273
집단 의사소통 16, 20

ㅊ

찬반 대립 토론 206, 269, 290, 301
참여적 의사 결정 50
참여 형식(participation format) 52, 53
창의적 발상 기법 78, 81
창의적 체험활동 287
촉진 전략 56~58
촉진(facilitation) 44
최종 발언 32
최후의 인물 찾기 67

ㅋ

카드 토의 153, 227
컨설팅 49
코칭 49

ㅌ

토론 12~14, 26, 32
토론 교육 25
토론 대회 294, 296
토론 방법 185
토론 수업 31, 38
토론 수업 과정 31
토론 수업 평가 35, 36
토론 수업 평가 기준 38
토론 전 31
토론 중 32
토론 평가표 37
토론 후 32
토의 12~14, 29
토의 교육 25
토의 방법 150
토의 수업 29, 34
토의 수업 과정 29
토의 수업 평가 34
토의 수업 평가 기준 36
토의 전 29
토의 중 30
토의·토론 13, 16~21, 23, 33, 34, 46
토의·토론 기법 19, 60, 221, 226, 232, 239, 245, 251, 260, 268, 273, 281, 290
토의·토론 방법 19, 53, 149, 221, 227, 239, 245, 251, 261, 269, 274, 282, 290, 301
토의·토론 수업 25, 28, 29, 33, 39, 41, 43, 44, 45, 54, 218, 256
토의·토론 수업 과정 33
토의·토론 워크숍(workshop) 54
토의·토론 학습 26
토의 후 30

ㅍ

패널 토론 202
퍼실리테이션 48~50
퍼실리테이션 기법 51, 52
퍼실리테이션 방법 50
퍼실리테이션 전략 47, 55
퍼실리테이터 19, 28, 45, 48, 51, 55
평가 방법 24
평가표 34
포괄적 해결책 47
포럼 206
프로젝트 학습 236
피드백 자료 34
피라미드 토의 158, 233, 239, 246, 282

ㅎ

하브루타 토론 185~187
학교 교육 20
학급 경영 279
학생 20
학생 주도성 279
학생 참여형 수업 21
학생 토론 평가표 37
학생 토론 활동 평가 기준 37
학습 역량 프레임워크 12
합리적 의사 결정 128
협력적 의사소통 149
협력적 찬반 토론 196, 252, 301
협업 도구 260, 267
활용 매체 267
회전목마 토론 198, 232, 290

6-3-5 법칙 83
2022 개정 교육과정 23
CEDA 토론 212
PMI 141, 282, 290
PREP 113, 261, 274
STAD 평가 173
T-차트 107, 232, 282

저자소개

박창균 대구교육대학교 국어교육과 교수

고려대학교에서 국어교육 전공으로 박사학위를 받았다. 주요 논저로 「토의수업 활성화를 위한 퍼실리테이션 전략」, 「생성형 인공지능 기반 토론 수업 모형 개발 연구」, 『소통의 이해와 실천』(공저), 『화법 교수학습 모형』(공저), 『협력적 의사소통의 기술』(공역) 등이 있다.

김채은 대구명덕초등학교 교사

고려대학교에서 국어교육 전공으로 박사과정을 수료하였다. 초등학생의 온라인 환경에서의 국어교육, 교사의 비계 등에 관심을 가지고 수업 및 연구 활동을 수행하고 있다. 저서로는 『소통의 이해와 실천』(공저)가 있다.

김효석 대구교육대학교대구부설초등학교 교사

대구교육대학교에서 초등국어교육 전공으로 석사학위를 받았다. 주요 논저로 「온·오프라인 프로젝트 학습을 활용한 '한 학기 한 권 읽기' 운영 방안」, 『지능형 교실에서의 수업』(공저) 등이 있다.

류효준 경북대학교사범대학부설초등학교 교사

대구교육대학교에서 초등국어교육 전공으로 석사학위를 받았다. 주요 논저로 「개념적 이해를 위한 국어과 탐구 단원 설계 방안 연구」, 「깊이 있는 학습을 위한 개념기반 단원 설계 프레임워크 개발」, 「개념기반 탐구 학습 단계와 사고루틴」, 『개념 기반 탐구로 IB 초등 수업하기』(공저) 등이 있다.

손광수 대구교육대학교대구부설초등학교 교사

대구교육대학교에서 초등국어교육 전공으로 석사과정을 수료하였다. 대구, 부산, 경북, 경남 지역 교육청 및 초등학교에서 국어과 학생주도수업, 프로젝트 학습, 교육과정 재구성 등의 강의와 연수를 진행하였다.